교사의 독서

교사의 독서

정철희 지음

바쁨과 순응 사이,
길을 찾는 교사들에게

Humanist

책만이 줄 수 있는 위로에 대하여

고통과 시련이 한 사람을 성장시킨다는 말은 새빨간 거짓말이다. 혹시 주변에《오셀로》에 나오는 이아고의 표정을 하고서 "어허, 조금만 더 버티면 될 것 같은데."라든지, "슬슬 마지막 남은 힘까지 짜보는 게 어때?"라는 말들을 늘어놓는 사람이 있다면, 마음속으로라도 이단 옆차기를 날려야 한다. 고통이 성장이 되려면 그 시간을 지나는 사람을 보듬어줄 수 있는 '어른'과 소신을 묵묵히 지켜봐주는 '기다림'이 필요하기 때문이다.

하지만 우리 사회에 품이 넓은 어른이 사라진 지 오래다. 한 사람의 성장을 기다리기보다 얼른 다른 사람으로 대체하는 것을 당연하게 생각한 지도 오래되었다. 이런 사회에서 고통과 시련은 사람을 성숙시키는 기회가 아니라, 묵묵히 견디던 보통 사람을 폭삭 주저앉히는 기만에 가깝다.

이러한 '주저앉음'을 가장 자주 경험하는 사람이 바로 교사일 것이다. 교사는 삶을 기르는 사람이기 때문이다. 성장을 응원하지 않는 사회에서, 아이들의 성장을 직조해야 하는 교사의 고통은, 언제나 교사의 소신을 '철퍼덕' 하고 주저앉힌다.

나 역시 교사가 되고 얼마 지나지 않아 처절하게 주저앉았다. 소통보다 봉합을, 의미보다 점수를, 존재보다 소유를, 성장보다 경쟁을, 열정보다 순응을 숭배하는 학교에서, 나는 본질보다 허위를 먼저 배웠다.

그렇게 나는 학교에 가기 싫어졌고, 수업보다 승진을 걱정하게 되었으며, 교실에서 어른으로 존재하는 것이 두려웠다. 어디 그뿐이랴. 자존감은 점점 낮아졌고, 매너리즘에 빠져서 어느 것에도 경탄하지 못하는 무색무취의 삶을 살아가고 있었다. '이러면 안 되는데……' 싶었지만, 도저히 그런 늪에서 빠져나오기 어려웠다.

그런데 이것은 나만 겪는 고통이 아니었다. 교사들이라면 누구나 이런 고통을 견디고 있었다. 하지만 우리 사회에서 교사의 고통에 관심을 가지는 사람은 거의 없다. 교사의 고통을 위로하려는 사람은 더욱더 없다. 단지 교사에게 '당신은 무엇을 했고, 무엇을 할 수 있소?'라는 것만 물을 뿐, 교사의 고통을 어루만질 생각은 하지 않는다. 그러는 사이, 교사는 점점 입을 다물게 되고, 공동체에서 멀어져 간다. 누구와도 진심으로 소통하지 않은 채, 마음속 깊은 지하실로 끝없이 걸어 내려간다. 교사에게는 진정한 위로가 필요하다. 나 역시 마찬가지였다.

주저앉아 있던 나를 일으켜준 것은 다름 아닌 책이었다. 지하에서 웅크리고 있던 나에게 손을 내민 것도 책이었다. 나는 책에서 완전한 구원을 받았고, 그 구원을 좋은 사람들과 나누면서 지하실을 벗어날 수 있었다. 그래서 이 책은 교사들이 겪고 있는 근원적 고통인 학교에 대한 거부감, 승진에 대한 고민, 어른이라는 부담감, 자존감 하락, 매너리즘 반복을 극복하는 방법으로 구성되어 있다. 모두 책에서 얻은 것들이다.

내가 이렇게 말하면 '거 참, 또 책을 읽으라는 고리타분한 말을 늘어놓겠군.'이라고 생각하겠지만, 전혀 아니다. 오히려 이 책은 '교사의 고통을 극복하려면 어떤 생각을 해야 하는가?'라는 질문으로 가득 차 있다. 나는 오랜 시간, 교사를 괴롭히는 고통의 원흉을 밝혀내기 위해서 많은 질문을 적어나갔다. 그 답을 찾기 위해서 멈추지 않고 읽어나갔고, 눈과 마음이 멈추는 구절을 발견하면 메모하기 시작했다. 떠오르는 생각이 있으면 함께 적어두었고, 그 생각을 보다 명료하게 만들기 위해서 다시 새로운 책들을 찾아나갔다. 그렇게 오랜 시간에 걸친 메모와 생각에 살을 붙인 것이 이 책이다.

나는 교사들이 겪고 있는 다섯 가지 고통의 근원과 그것을 해결할 수 있는 처방을 발견하기 위해서 철학, 역사, 문학 고전을 읽어나갔다. 하지만 고전을 읽는다는 것은 깊은 바다에 잠겨 있는 보물을 건져 올리는 일과 비슷하다. 아무리 좋은 구절이 있어도, 그것을 '현재의 시간'이라는 수면으로 끌어올리지 않으면 공염불에 그칠 뿐이다. 그래서 나는 고전에서 발견한 처방들을 보다 쉽고 넓은 관점으로 풀어나갈 수 있는 책들을 찾기 시작했다. 그렇게 발견한 책들이 이 책의 각 챕터를 구성하는 10권의 책이다. 이 책들은 고전에 숨겨진 여러 처방들에 이르는 좋은 길잡이가 될 것이다. 그러니 10권의 책만큼이나 그 사이에 풀어놓은 고전에 대한 내용도 깊이 있게 읽어주길 바란다.

이러한 처방은 교사가 자신의 소신을 굽히지 않고 교사 본연의 일에 다이빙하여 일상에서 의미를 생성하는 일을 멈추지 않도록 도와줄 것이다. 나아가 교사를 자기 삶의 주인으로 만들어줄 수 있으리라 기대한다. 이러한 위로는 책만이 줄 수 있다. 주체적 삶을 살아가야 하는 교사에게, 책만큼 주체적으로 다이빙할 수 있는 콘텐츠도 없기 때문이다.

책이 아니고도 교사가 위로받을 수 있는 콘텐츠는 많다. 하지만 책만이 줄 수 있는 위로는 다른 것들과 본질적으로 결이 다르다. 책은 작가가 만들어놓은 세상과 지속적으로 소통하는 문이다. 하지만 그 문은 아무에게나 열리지 않는다. 능동적으로 열려는 사람에게만 열린다. 다른 콘텐츠와 달리 독서의 주도권은 철저히 독자에게 있다. 그래서 독서는 단편적 쾌락이나 일시적 만족으로 그치지 않는다. 독자는 '읽어나감'과 '멈춤'을 반복하면서 그 속에 담긴 의미를 새롭게 구성하고, 책 속의 문장에서 자신을 발견하는 것이다. 그러한 재구성과 공감에서 위로가 탄생한다. 보다 자세한 내용은 본문에서 다루었으니, 천천히 읽어주길 바란다.

끝으로 이 책이 세상에 나올 수 있도록 도와주신 분들에게 감사드리고 싶다. 책의 완성도를 위해서 마지막까지 애써준 휴머니스트 출판사에 감사의 마음을 전하고 싶다. 그리고 철학은 지식이 아니라 삶의 문제를 해결하는 거점이 되어야 한다는 것을 일깨워주신 김기민 교수님과 실천가로서의 정체성을 몸소 알려주시고, 멀리 있는 후배 교사에게 손수 쓰신 원고와 함께 응원을 보내주시는 한형식 선생님께도 깊은 감사를 드린

8

다. 나아가 책에서 발견한 날것의 생각들을 고치고 발전시키는 과정에서 언제나 듬직한 벗이 되어준 '아이함께연구회' 선생님들에게도 고개 숙여 감사의 마음을 전한다.

마지막으로 언제나 내 편이 되어주는 '무서운 속독가' 아내와 우리 가족의 모든 것을 기억하는 '기억 전달자' 유진, 우리 가족의 모든 갈등을 해결하는 '기억 조절자' 현교에게 무한한 사랑과 감사를 전하고 싶다.

정철희

차례

머리말 4

1장 학교 가기 싫을 때 – 교사보다 먼저 병든 학교

01. 학교에 가기 싫은 진짜 이유 14

02. 학교와 만남 20

03. 교사의 바쁨과 순응 31

04. 사피엔스의 고장난 브레이크 48

05. 학생의 자유와 학교의 변신 70

호모테우스

교사도 학교가 두렵다

2장 승진에 도전할지 고민될 때 – 점수, 그 지울 수 없는 허무함

01. 길을 잃은 교사들 84

02. 점수라는 소유, 나눔이라는 존재 89

03. 새로운 헌신 대상과 교사의 자유 108

04. 순응과 탈주 사이 127

05. 영원히 사라지지 않는 나의 기준 147

두 개의 별 두 개의 지도

소유냐 존재냐

3장 **어른으로 산다는 것이 힘들 때** - 교사는 교실 속 유일한 어른

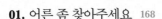

01. 어른 좀 찾아주세요 168

02. 가족 해체와 차이의 박탈 175

03. 다른 이야기를 할 수 있는 교사 188

04. 익숙함을 벗어던질 용기 209

05. 젊은 마음을 가르칠 용기 223

어머니 ‖ 어른 없는 사회

4장 **자존감이 바닥일 때** - 대체할 수 없는 자기 이야기

01. 자존감과 이방인 238

02. 가르치는 일과 교사의 정체성 246

03. 수업은 역설과 함께 추는 춤 259

04. 상실과 골방 279

05. 과잉과 구토 292

아내를 모자로 착각한 남자 ‖ 가르칠 수 있는 용기

5장 **매너리즘에 빠졌을 때** - 교사에게 필요한 광기

01. 이성만 가지고는 곤란하다 320

02. 불편함에 대하여 328

03. 꾸준함은 주체성과 사랑에서 340

04. 열정을 억압하는 이성의 독백 355

05. 균형과 파수꾼 371

광기의 역사 ‖ 김수영 전집

도움받은 책들 393

1장

학교 가기 싫을 때

교사보다 먼저 병든 학교

교사도 학교가 두렵다 | 엄기호

호모데우스 | 유발 하라리

1.
학교에 가기 싫은 진짜 이유

'왜'가 아닌 '무엇'

그럴 리 없겠지만, 전지전능한 신이 나에게 와서 "정 선생, 요즘 많이 힘들어 보이던데, 팔팔했던 20대로 되돌려줄까?"라고 묻는다면 나는 정중히 거절할 것이다. 신규 교사 시절로 돌아간다는 것은 수없이 반복했던 '맨땅에 헤딩'을 다시 반복해야 한다는 말이기 때문이다. 머쓱해서 돌아가던 신이 발걸음을 멈추고, "그럼 정 선생, 요즘 뭐가 가장 힘든가? 내가 그것을 없애주겠네."라고 한다면 나는 한참을 망설이다가 다음과 같이 말하고 싶다. "평소에는 쌩쌩하다가 학교에만 가면 갑자기 피곤해집니다."

모든 교사는 설렘으로 시작한다. 하지만 그 설렘이 '버팀'으로 바뀌는 데 오랜 시간이 걸리지 않는다. 학교로 출근하는 교사들의 표정은 전쟁에 동원된 병사들의 얼굴만큼이나 무표정하고, 유니세프에 가입 권유를 받은 히틀러의 얼굴만큼이나 일그러져 있다. 학교는 교사에게 지독한 공간이 되어버렸다.

학교가 교사에게 지독한 공간이 되었다는 사실은 출근길에서만 확인할 수 있는 것이 아니다. 급식실에서 먼산을 보고 있는 동료의 표정, 결재판으로 머리를 두드리며 교무실을 나서는 선배의 굽은 등, 교실에서 자기 혼자 떠들다 나왔다며 목을 어루만지는 동료의 손, 성난 학부모 옆에서 잔뜩 움츠러든 후배의 어깨는 어제오늘의 모습이 아니다. 교사에게 학교는 배움과 성장이 역동하는 창조의 공간이라기보다 반복과 눈치로 버텨내야 하는 매너리즘의 공간인 것이다. 그래서 교사들은 학교에 가기 싫어한다. 그것은 교장도, 교감도, 학생도 마찬가지인 듯하다.

그렇다면 학교는 왜 이렇게 가기 싫은 공간이 되었을까? 여기에 대해서는 수많은 이야기가 있지만, 유명한 드라마의 대사처럼 "그랬구나, 그랬던 거였구나!"라며 고개가 끄덕여지는 설명을 찾기란 쉽지 않다. 왜냐하면 질문 자체가 잘못되었기 때문이다.

사실 '왜'로 시작하는 질문은 가장 중요한 질문이자 교사의 고통을 해결할 수 있는 근원적인 질문이다. 하지만 근본적으로 '왜'로 시작하는 질문은 추상적이고 애매한 답변으로 끝날 가능성이 크다. 그래서인지 우리나라에서 이루어지는 '왜' 담론은 대부분 이론가나 관료들의 전유물이 되어버렸다. 교사의 입에 재갈을 물린 채 이루어지는 '왜' 담론은 추상적이고 비현실적이며, 공감력이 현저히 떨어진다.

학교라는 공간에서 살을 부대끼며 살아갈 필요가 없는 사람들은 대체로 팔짱 낀 채 적당히 대답을 얼버무리다가 "이쯤 하면 된 것 같으니, 밥이나 먹으러 갑시다!"라는 태도로 일관하고 있다. 이래서는 문제의 본질을 파악하지도, 그것을 해결하지도 못한다. 어떤 대상을 진정으로 사랑하는 사람은 문제를 해결하기 위해서 '왜'라고 묻지 않는다. 구체적이고 현실적으로 묻는다. 그 시작은 '무엇이'와 '어떻게'이다.

프랑스를 진심으로 사랑했던 토크빌은 이러한 사실을 정확하게 간파하고 있었다. 그는 프랑스가 대혁명을 통해서 자유와 희망의 공간이 되었지만 얼마 지나지 않아서 다시 혁명 이전(앙시앵 레짐)의 고통스러운 공간으로 되돌아가게 된 과정을 철저히 분석한다. 그렇게 완성한 책이 《앙시앵 레짐과 프랑스혁명》이다. 이 책을 구성하는 25개의 챕터 중에서 '왜'로 시작하는 챕터는 단 하나도 없다. 모조리 '무엇이', '어떻게'라는 질문으로 채워져 있다. 토크빌은 이 질문에 대한 답을 찾기 위해 프랑스 전역을 발로 뛰면서 현장의 자료를 수집했다. 폭포수처럼 쏟아지는 그의 문장은, 현장에서 나온 글인 동시에 진정으로 사랑하는 대상을 지키기 위한 지독한 몸부림이었다. 교사의 고통을 해결하기 위해서는 토크빌과 같은 현실적이고 구체적인 시선이 필요하다.

따라서 지금부터는 '무엇이 학교를 지독한 공간으로 만들었는가?', '어떻게 학교는 고통의 공간이 되었는가?'라는 질문에 대해서 이야기하고자 한다. 학교를 지독한 공간으로 만든 원인을 찾고 나면 그것을 어떻게 극복할 것인지에 대한 큰 그림을 그릴 수 있다. 이 과정은 교사가 학교에 가기 싫은 진짜 이유를 찾는 과정이자, 교사를 집어삼킨 절망과 허무를 극복하는 과정일 것이다.

하지만 이 작업은 절대 만만하지 않다. 절망도 일상이 되어버리면 무뎌지기 때문이다. 다시 말해, 절망은 교사를 폭삭 주저앉히지만 절망 이후에 찾아오는 반복적 허무는 주저앉은 교사에게 다시 일어나지 않아도 된다고 말하기 때문이다. 절망의 이러한 허무주의적 특성은 학교가 다시 배움과 희망의 공간으로 돌아가는 것을 가로막는 가장 큰 장애물이다.

그래서 교사는 절망과 마주해야 한다. 절망과 마주하는 가장 좋은 방법이 '솔직함'일 것이다. 자신이 고통받고 있다는 것을 솔직하게 드러내고, 학교라는 공간을 숨김없이 들여다볼 수 있어야 한다. 교사가 솔직해지지 않으면 학교는 계속 그 민낯을 숨길 것이기 때문이다. 때로는 그 솔직함이 교사의 민낯을 드러내는 것일지라도 우리는 숙연하게 그것을 받아들이고 학교가 하는 말에 귀를 기울여야 한다.

경력이 쌓인다는 것은 웃음을 잃어가는 것

그런 의미에서 나부터 솔직해지고자 한다. 나는 2007년에 신규 교사로 발령을 받았다. 군대라는 억압의 시공간을 통과한 때였기에, 학교생활은 정말로 천국이었다. 그래서 매일 웃고 다녔다. 그렇게 아무것도 모르던 시절을 보내던 나는, 그날도 밝은 얼굴로 교무실에 들어섰다. 그때 나를 보고 한 부장 교사가 다음과 같이 말했다.

"정 선생은 뭐가 그리 즐겁나요? 늘 웃고 다니네요."

경력이 한참 많은 선배였다. 그 순간 깨달았다. 내가 교사로서 웃으면서 지낼 수 있는 시간이 얼마 남지 않았다는 것을. 아니나 다를까, 시간이 지나면서, 경력이 쌓이면서 나 역시 웃음을 잃게 되었다. 그리고 마음속에 점점 어둠이 들어차기 시작했다. '혹시 나만 그런가?'라는 궁금증이 들었으나, 그게 아니었다. 학교에 신규 교사로 발령을 받은 수많은 교사들이 점점 웃음을 잃어가는 모습을 지켜보면서, '웃음의 상실'은 교사의 예정된 미래라는 생각이 들었다. 그리고 다음과 같은 질문들이 머리를 떠나지 않았다.

그토록 해맑고 열정적이던 교사들이 왜 웃음을 잃어갈까?
학교는 왜 소외의 공간이 되었을까?
교사는 왜 학교라는 시스템에 순응하게 되었을까?
이러한 결과들은 교사와 학교만의 책임일까?

이런 생각들은 교실에서도, 급식실에서도, 강당에서도, 차 안에서도 항상 나를 괴롭혔다. 이 괴로움에서 나를 구해준 것은 다름 아닌 책이었다. 엄기호의 《교사도 학교가 두렵다》와 유발 하라리의 《호모데우스》.

우리 삶에서 중요한 순간들은 늘 예고 없이 찾아오듯이, 이 책들도 예고 없이 찾아왔다. 책이 나에게 찾아오는 순간은 언제나 찰나와 같아서, 준비하지 않으면 그것은 금방 달아난다. 그것을 놓치지 않기 위해서는 삶에 대해 지속적으로 질문을 던지는 자세와 아무 책이라도 자꾸 들추어보는 습관이 필요하다. 그러다 보면 마법처럼 그러한 고민을 해결할 수 있는 문장들을 만나게 된다.

《교사도 학교가 두렵다》를 통해서는 학교라는 공간이 어떻게 '소외의 공간'이 되었는지에 대해서, 《호모데우스》를 통해서는 '알고리즘'이라는 시스템이 지배하는 사회에서 인간이 어떻게 자유를 상실하고 있는지에 대해서 이야기하고자 한다. 앞의 책이 학교라는 공간에 집중했다면, 뒤의 책은 고개를 들어 미래라는 시간 속에서 학교를 조망하는 데 도움을 주는 책이다. 이제 학교의 민낯과 마주할 시간이다.

학교와 만남

우리 만남은 우연

《교사도 학교가 두렵다》를 관통하는 주제는 '만남'이다. 우리는 살면서 수많은 만남과 헤어짐을 반복한다. 진정한 만남이라면 그것이 우연이든 아니든 별로 중요하지 않다. 만남 자체에 의미가 있기 때문이다. 대부분의 만남이 그렇듯 학교에서의 만남도 우연으로 시작한다. 문제는 학교에서 이루어지는 수많은 만남 가운데 어느 하나도 진실한 관계로 발전하지 못한다는 데 있다.

학교에 진정한 의미의 만남이 있을까? 마르틴 부버는《나와 너》에서 이 세상의 만남은 '나와 너'의 만남과 '나와 그것'의 만남 두 가지밖에 없다고 말한다. 전자가 진정한 만남이라면, 후자는 형식적 만남이다. 그는 우리의 만남이 대부분 '나와 그것'의 만남에 머문다고 주장한다.

그렇다면 '너'와 '그것'의 차이는 무엇일까? '너'는 나에게 그 자체로 목적인 대상을 의미하고, '그것'은 수단인 대상을 의미한다. 영화 〈겨울왕국〉에서 크리스토프에게 안나는 결과적으로 소중한 '너'이지만, 한스 왕자에게 안나는 아렌델 왕국을 차지하기 위한 '그것'에 불과했다. 부버는 우리가 만나는 모든 대상이 '너'와 '그것'의 상태를 오가다가, 그 대상과 진심으로 소통할 수 있을 때 영원히 변하지 않는 존재, 다시 말해 '영원한 너'가 된다고 말한다.

결국 내 앞에 있는 존재와 진심으로 소통할 수 있어야 진정한 만남이라는 것이다. 어느 공동체나 진정한 만남이 있어야 성장을 기대할 수 있다는 것이다. 그러나 학교는 진정한 만남이 이루어지기 어려운 곳이 되어버렸다. 학생과 학생, 학생과 교사, 교사와 학부모의 만남 모두가 그렇다. 엄기호는 왜 이러한 현상이 일어나게 되었는지에 대해서 자세히 설명한다.

그는 단순히 책상에 앉아서 이 책을 쓴 것이 아니다. 수많은 교사들과 직접 인터뷰를 진행하고, 거기서 발견한 단서를 바탕으로 학교라는 공간을 해부한다. 책의 1장은 '학생들이 왜 소외되는지'에 대해서, 2장은 '교사들의 바쁨과 침묵'에 대해서, 3장은 '연대하지 못하고 순응하는 교사의 문화'에 대해 다루었다. 따라서 이 책은 학교에서 만남과 소외라는 이중주가 어떻게 연주되고 있는지를 설명한 책이라고 볼 수 있다.

이야기의 시작은 교실이다. 엄기호는 교실을 '정글'로 표현한다. 그가 설명한 교실 풍경은 '널브러진 애들'과 '공부하는 애들'로 나뉘어 있으며, 이 둘은 서로 만나지 않는다고 말한다. '널브러진 애들'은 공부에 관심이 없어서, '공부하는 애들'은 필요한 공부만 하면 되기 때문에 교사와 진심으로 만나지 않는다. 수업에 참가하고자 하는 의지를 상실한 아이들도 교사가 상대하기 어려운 대상이지만, 전략적 판단으로 교사와 수업을 선택하는 학생들 역시 반갑지 않은 대상이다.

학생들이 두 그룹으로 나뉘어 있고 그들이 서로 교류하지 않는다면, 교사는 수업을 진행하기 어렵다. 배움이란 기본적으로 동질성이 아니라 이질성에서 발생하는 것이기 때문이다. 익숙한 것은 나에게 자극을 줄수 없다. 자극이 없으면 지적으로 반응하지 않는 것이 인간의 본성이다. 학생들이 여러 가지 이유로 배움을 거부하고 그들의 무리를 풀지 않는 것이 바로 교실 붕괴(수업 붕괴)이다.

교실 붕괴를 해결하기 위해서는 사회적 차원의 문제의식과 장기적 대책이 동시에 필요하다. 하지만 사회는 교실 붕괴를 교사의 탓으로만 돌린다. 교사나 학생이 크게 다치거나 죽어 나가야 잠시 관심을 보인다. 그러다가 조금 지나면 "거참, 선생이 좀 더 노력하지 않고 말이야!"라고 하면서 교실 붕괴를 강 건너 불구경하듯 바라본다.

더 큰 문제는 이러한 무감각이 교사에게도 번지고 있다는 사실이다. 교실 붕괴로 인해 가장 고통받는 교사들 역시 교실 붕괴에 익숙해지고 있다는 것이다. 엄기호는 이러한 현상이 일어나는 이유가 교실 붕괴에 대한 교사 각자의 경험이 매년, 매시간 달라지기 때문이라고 말한다. 초등과 중등이 다르고, 지역과 학교에 따라 다르며, 같은 학교라 하더라도 학생에 따라서 다르다. 그러니 교실 붕괴는 교사 각자의 고통일 수 있지만 교사 공동의 고통은 되지 못하기 때문에, 교실 붕괴가 교사 공동체

차원의 담론으로 발전하지 못한다는 것이다.

수전 손택은 《타인의 고통》에서 현대인은 타인의 고통을 이미지화한 상태로 접하기 때문에, 겉보기에는 거기에 공감하는 것 같지만 실제로는 그 고통에 동참하지 못한다고 말한다. 결국 교사들이 겪고 있는 교실 붕괴라는 고통을 극복하기 위해서는 진정한 만남과 공감이 필요하다는 것이다. 엄기호 역시 비슷한 말을 한다.

어떤 해는 수업이 잘되고, 어떤 학교에서는 완전히 망해버린다. 이 편차가 워낙 심하다 보니, 자신이 수업 붕괴를 겪으면 이것을 교육의 보편적 현상으로 여기며 심각하게 생각하다가도 다시 수업이 잘되는 학교나 학년으로 이동하면 곧 잊어버린다. 수업 붕괴에 대한 교사들의 공감과 연대가 깊어질 수 없는 이유가 바로 여기에 있다.

《교사도 학교가 두렵다》, 45쪽

삶의 서사를 빼앗긴 교사들

공감과 연대가 사라진 학교에서 교사들은 매일 널뛰기를 하고 있다. 학생들의 수업 태도와 표정에 따라 매시간 예측할 수 없는 널뛰기가 반복된다. 혹자는 "그런 널뛰기가 교사로서의 성찰과 성장의 바탕이 되는 거 아닌가?"라고 말할 수도 있겠지만, 그런 생각은 학교 현장에서 한 시간도 수업해 보지 않은 이론가나 관료들의 어설픈 착각에 불과하다. 타인과의 소통이 전제된 널뛰기라면 성찰의 밑거름이 될 수도 있다. 하지만 소통이 제거된 채 우연이라는 중력으로만 이루어지는 널뛰기는 자존감의 하락과 매너리즘으로 치달리는 급행열차일 뿐이다.

이러한 널뛰기는 교사의 경험이 연속적인 이야기로 정제되는 것을 가로막는 주범이다. 교사는 교실 붕괴로 인해 가장 큰 고통을 받고 있지만, 반복되는 널뛰기는 상처받은 교사를 다시 허공으로 날려보내고 있다.

> 그러다 보니 교사와 학생 사이의 관계뿐 아니라 한 교사의 삶도 연속적이고 성찰적으로 구성될 수 없고 상황에 따라서 단절적으로 전개된다. '삶의 서사'가 불가능해지는 것이다.
>
> 같은 책, 68쪽

교사는 교실에서 가장 많은 시간을 보낸다. 교실에 대한 이야기가 사라진다면 교사에게 남는 이야기는 무엇일까? 수업에 대한 담론과 서사가 사라진다면, 그래서 교사가 만날 수 있는 '너'에 대한 이야기가 사라진다면, 교사들이 할 수 있는 이야기는 '그것'에 대한 이야기뿐이다. 험담, 재테크, 부동산 이야기처럼 가벼운 이야기밖에 남지 않는다. 물론 가벼운 이야기는 삶의 활력소이자 사람들을 이어주는 접착제 역할을 한다. 하지만 그것은 아주 약한 접착제일 뿐이다. 바람이 불면 날아가는 포스트잇과 비슷하다. 정말 중요한 내용은 포스트잇에 쓰지 않는다. 삶에서 중요한 연결은 가벼운 이야기를 통해서는 이어지지도 유지되지도 않는다.

자기 삶에 대한 진지한 이야기야말로 나와 세계를 연결하는 가장 강력한 접착제이다. 교사가 경험하는 모든 삶은 하나도 버릴 것이 없다. 조금만 다듬으면 수업 소재가 될 수 있고, 교육적 아이디어로 변주된다. 교사는 자신의 경험을 직조하여 본업을 수행하고 그 과정과 결과 모두가 하나의 이야기로 탄생한다는 측면에서 소설가와 비슷하다. 소설가인 이순원은 '작가'의 삶에 있어서 버릴 경험은 하나도 없으며, 부끄러웠던 기억들도 하나의 '작품'이 될 수 있다고 했다. 여기서 작가를 '교사'로, 작품을 '수업'으로 바꾸어도 뜻은 그대로 통한다.

하지만 만남이 사라진 교실과 바쁨에 굴복한 학교는, 교사의 경험을 삶에서 기억하고 싶은 이야기가 아닌 지우고 싶은 '견딤'으로 만든다. '삶의 서사'는 엄기호의 책을 관통하는 주제이자 교사 개인의 삶, 나아가 교사 공동체 회복을 위한 중요한 가치다.

도덕철학자 알래스데어 매킨타이어는 《덕의 상실》에서 자신의 삶에 대한 진지한 이야기가 정체성 형성에 가장 중요한 요소이지만, 지금까지 그것이 철저히 소외되어 왔다고 비판한다. 그는 인류가 점점 비도덕적 존재로 변하는 원인도 '삶의 서사의 상실'에서 찾는다. 자기 삶의 이야기보다 절대적이고 보편적인 도덕률(자신과 한 번도 소통해 보지 못한 위인이나 유명한 인물의 삶을 숭상하는 것)을 동경하는 것이 실제 자신의 삶에서 마주하는 도덕적 판단과 인간적 감성을 무디게 만들고 있다는 것이다. 매킨타이어는 삶의 서사가 사라지면 인간은 점점 무감각해지고, 결국 부끄러움도 느끼지 못한다고 경고하는 것이다.

그가 염려한 무감각은 진정한 배움을 박탈당한 우리나라 학생들에게도 그대로 나타나고 있다. 삶의 이야기를 연결하지 못하는 공간인 학교에서, 부끄러움마저 사라지고 있다.

만남이 없으면 부끄러움도 없다

삶의 서사가 사라지는 것은 교사뿐일까? 학생들 역시 진정한 배움에서 소외되었기에 삶의 서사를 잃어버렸다. 엄기호는 이러한 피해의식이 학교 폭력이라는 왜곡된 형태로 표출된다고 말한다. 이것을 단적으로 확인할 수 있는 것이 학교 폭력 가해 학생들이 무심코 내뱉는 "장난이었어요."라는 말이다. 장난이라는 것은 자신이 하는 행위에 대해서 죄책감을 느끼지 않을 때나 할 수 있는 말이다.

> 그들의 입장에서 생각해 볼 필요가 없는 존재들이기 때문에 감정이입을 할 필요가 없다. …… 교실은, 모르는 존재를 만나 그들에게 감정적으로 이입하면서 타자가 되는 경험을 하는 공간이 아니라 다름을 배제하고 차별하는 단절의 공간이 되고 있는 것이다.
>
> 같은 책, 82-83쪽

가해 학생들은 자신의 잔인한 행동에 부끄러움을 느끼지 않는다는 것이다. 신영복은 《담론》에서, 부끄러움이라는 감정은 만남이 지속될 때 생긴다고 말한다. 부끄러움이 없는 만남은 '왜소한 만남'이 된다는 것이다. 해외나 낯선 장소에서 만난 사람에게 더욱 과감하게 행동할 수 있는 이유도 여기에 있다. 더 이상 안 볼 사람에게는 부끄러운 감정도 생기지 않는다. 학교는 매일 보는 사람을 안 봐도 될 사람으로 만드는 공간으로 바뀌고 있다.

교사와 학생의 관계도 마찬가지다. 학생 지도를 하면서 가장 많이 듣는 말 가운데 하나가 "왜 저한테만 그러세요?"이다. 교사는 이 말을 들으면 솔직히 화가 난다. 그런데 엄기호의 책을 읽으면서, 아이들이 사자후처럼 쏟아내던 '저한테만'이라는 말의 의미를 다시 생각하게 되었다. 학생에게 교사의 말은 관심과 애정이 아니라 말 그대로 지적에 불과했던 것이다. 교사는 어쩌다 한 번 그 학생의 행동을 지적하는 것이지만, 학생 입장에서 보면 다른 교사들로부터도 늘 그런 지적을 받아왔던 것이다. 교사의 '오랜만의 지적'이 그 학생에게는 '또 받는 지적'이 된다.

> 학생들은 개별 교사를 학교에 대한 총체적인 경험 속에서 만난다는 사실이다. …… 그 학생은 "자신의 삶 전체를 걸고 분노를 폭발"시켰다고 한다. 어떤 교사가 무슨 이유로 말했는가는 중요하지 않았다. 다만 그 학생에게는 '내가 또 비난받았다'는 사실 자체가 그 전에 교사들에게서 비판받았던 모든 기억을 다 끌어오는 계기가 되는 것이다.
>
> 같은 책, 98-99쪽

진정한 만남이 없으면 반성도 일어나지 않는다. 학생들에게 교사의 말은 잘못된 행동을 바로잡을 수 있는 부끄러움이 되지 못하고, 아픔을

반복해서 건드리는 화살로 작용할 뿐이다. 왜소한 만남은 필연적으로
상처만 남길 뿐이다.

설국열차보다 무서운 급행열차

왜소한 만남은 교사와 학부모 사이에도 존재한다. 과거가 '치맛바람'
전성시대였다면, 지금은 '치맛바람'과 '바짓바람'이 동시에 부는 시대이
다. 과거에는 엄마와 아빠 중 한 사람은 자녀의 교육을 지켜보는 쪽에
가까웠지만, 이제는 양쪽 모두 자녀 교육의 최전선에서 잔 다르크를 자
처하고 있다. 이러한 과도한 관심이 아이들의 삶에서 '공부'만 남기고
다른 것을 모두 빼앗아 가고 있다. 이러한 '빼앗음'은 학벌이 하이패스
가 되는 사회를 온몸으로 살아온 부모 세대의 왜곡된 사랑 표현이라고
볼 수 있다.

> 고학력 중산층 학부모는 자신의 생애 경험을 통해 한국 사회에서 학벌주
> 의가 얼마나 중요한지를 온몸으로 체득한 사람들이다. 따라서 이들은 자
> 녀를 학업에 몰입시키기 위해 일상적으로 '의식화'를 수행한다. 공부 이
> 외의 다른 것에 관심을 기울이는 것을 경계하면서 어떻게 해서든 그 관
> 심을 공부 쪽으로 돌리기 위해서 노력한다.
>
> 같은 책, 116-117쪽

바로 이 의식화에서 문제가 발생한다. 공부가 아니어도 행복하게 살수 있는 길은 많지만, 우리나라에서는 '공부'가 최고의 덕목이자 성공의지름길이 되어 있다. 이런 사회에서 교사가 학생의 소질과 적성에 대해서 솔직하게 말하기란 보통 어려운 일이 아니다. 학부모는 학생의 행복한 삶을 위해서 교사와 협력해야 하지만, 의식화는 교사와 학부모의 협력을 근본적으로 파괴한다.

학벌주의라는 의식화는 학생 각자의 개별성을 소거하고 모든 학생을 서열화라는 급행열차에 태운다. 이 열차에 타게 되면 누구도 '경쟁에 의한 서열화'라는 시스템에 저항하지 않는다. 모두가 맨 앞칸을 향해 달려갈 뿐, 시스템 자체를 손보자고 말하는 사람은 이상한 취급을 당할 뿐이다. 영화 〈설국열차〉에서 윌포드의 기차를 멈춘 것은 강자들의 억압에 저항했던 커티스의 소신이었다. 그가 저항했던 이유는 머리 칸의 사람들을 제압하여 호화로운 삶을 살기 위한 것이 아니었다. "약자들이 억압받는 시스템 자체를 뜯어고쳐서, 다른 칸에 있는 사람들까지 모두 해방시킵시다!"라는 목소리를 실천하기 위한 것이었다. 입시라는 급행열차에서 이러한 목소리는 통하지 않는다.

교사는 급행열차가 멈추지 않도록 손보는 기관사가 되었고, 학부모는 자녀의 도착지가 곧 자신의 도착지라고 착각한 채 아이 옆을 굳건히지키고 있다. 학생도 교사도 학부모도 '좋은 대학'이라는 종착역에 도착하기 전까지는 누구도 내릴 수 없는 급행열차에 타고 있는 꼴이다. 이런열차 속에서 교사는 중간에 내리고자 하는 아이가 있어도, 기차를 잘못타서 발을 동동 구르는 아이가 있어도 간이역에 멈출 수 없다.

머리 칸의 삶만을 숭상하는 사회에서 교사의 무기력은 더욱 심해질 수밖에 없다. 교사가 이러한 무기력을 극복하려면 교사의 본업인 수업에라도 집중할 수 있어야 하지만, 이마저도 교사에게는 어려운 일이다. 학교는 교사가 수업에서 자신만의 의미를 생성하도록 허락하지 않는다. 학교는 이미 비정상적으로 바쁜 공간이 되었다.

교사의 바쁨과 순응

누군가의 바쁨과 독박

이상하게 학교에만 가면 바쁘다. 복도에서 마주치는 동료 교사와의 인사가 "많이 바쁘시죠?"가 된 지 오래다. "오늘 화장실도 못 갔다."라고 말하는 교사도 많다. 물론 학교도 직장이기 때문에 바쁠 수 있다. 하지만 학교의 바쁨은 교사가 정상적인 사고를 할 수 있는 수준을 완전히 넘어서 있다. "아니, 바쁜 와중에 정상적 사고를 할 수 있는 그런 달콤한 직장이 어디 있어?"라고 반문할지 모르지만, 학교만큼은 정상적 사고를 할 수 있는 수준의 바쁨만 있어야 한다. 교사는 아이들의 삶을 기르는 일을 한다. 삶을 기르는 공간에서 여유와 정상이 사라진다면 우리 사회에서 정상적 아이를 기를 수 있는 공간은 어디에도 남아 있지 않다. 학교 업무는 오래전에 정상의 수준을 넘어섰다.

교사 업무의 기본이라 할 수 있는 수업이나 학생들과의 만남도 산만하기 짝이 없다. 학생과의 만남에는 시간과 공을 들여 정신을 집중해야 하는데, 쏟아지는 업무에 밀려 학생과 눈을 마주치고 고민을 들을 시간조차 없다.

같은 책, 140쪽

문제는 이러한 바쁨이 몇몇 교사에게 몰린다는 데 있다. 같은 학교에 있다고 해서 모든 교사가 바쁜 것은 아니다. 업무부장을 맡지 않거나 어려운 업무를 담당하지 않으면 상대적으로 여유가 있다. 부장을 맡게 되면 일단 시간이 부족하다. 수업을 마치면 온갖 회의에 불려다녀야 하고, 회의를 마치면 부서에서 올라오는 공문을 결재하느라 내 학급과 내 수업을 챙길 시간은 턱없이 부족하다. 허둥지둥하다 보면 어느덧 퇴근 시간이 된다. 본업인 수업도 제대로 하기 어려운 상황에서 정상적 사고와 판단을 내리기란 쉽지 않다.

할 일이 많아도 집중해서 처리할 수 있는 상황을 '바쁨'이라고 한다. 정신만 없고 어느 하나 제대로 처리하지 못하는 상황은 '분주함'이다. 교사의 바쁨은 분주함에 가깝다.

교사들의 바쁨은 분주함에 더 가깝다. 이 일 저 일을 좌충우돌로 처리하다 보면 근무시간이 다 가게 된다. …… 수업이나 학생들과의 만남에 충실하려는 교사들은 당연히 더 바쁠 수밖에 없다. 그런 노동은 근무시간 바깥에서만 준비할 수 있기 때문이다. 따라서 교사이고자 할수록 더욱 바빠진다.

같은 책, 152-153쪽

이 책을 읽는 독자라면 대부분 위 내용에 공감할 것이다. 상황이 이렇다 보니, 오랜만에 여유가 생기면 교사들은 불안해한다. "뭔가 할 일이 있는 것 같은데……."라든지, "내가 뭔가 놓치고 있는 게 있을 거야."와 같은 말을 자주 하게 된다.

열정적인 교사들은 수업에 집중하기 위해서 학교에 남아서 일을 하거나 집에까지 챙겨 간다. 그런데 집에서는 일이 되지 않는다. 아이들 목욕시키고, 설거지하고, 음식물 쓰레기 버리고, 집안일을 하다 보면 금방 밤 10시가 된다. 잠깐만 누웠다 일어나야지, 하면 다음 날이다. 꺼내지도 않은 서류가 담긴 가방을 들고 학교에 출근하는 일이 반복되면 교사의 얼굴은 다스베이더에 가까워진다.

학교 일이라는 것이 대부분 빠른 처리를 목적으로 하는 것이기에, 빠릿빠릿한 사람에게 자꾸 더 모이게 된다. 교장은 학교의 안정적인 관리를 최상의 가치로 여기는 경우가 많다. 그러니 일에 있어서 창의성보다 안정성을, 완벽함보다 신속함을 추구하는 경향이 높다. 그래서 학교에 새로운 일이 생기면 언제나 그 일은 소리소문 없이 대충 꼼꼼하게(?) 처리하는 사람에게 달라붙는다.

교사의 바쁨은 공동의 바쁨, 공통의 바쁨이 아니라 누군가의 바쁨이다. 이것이 교사의 바쁨을 교사 집단 전체의 바쁨으로 이해할 수 없는 이유다. 오히려 우리가 여기서 주목해야 할 것은 교사들의 바쁨이, 교사의 노동이 전혀 공유되지 않고 있다는 데서 기인한다는 사실이다.

교사의 바쁨이 비극적인 이유는 '누군가의 바쁨'이 '누군가의 독박'으로 연결된다는 것이다. 이것이 업무 중심으로 돌아가는 학교 시스템의 본질적 한계이다.

학교는 다양한 삶이 공존하는 공간이기 때문에, 교사가 열정적으로 교육 활동을 하면 여러 문제가 발생하기 마련이다. 그런데 그런 문제가 발생했을 때 학교는 교사의 편이 되어주지 않는다. 같이 있어주는 것만으로 힘이 되지만, 학교는 문제가 터진 교사가 그 문제를 자기만의 공간에서 자기만의 방법으로 조용히 처리하도록 방관한다. 이런 일을 겪은 교사들은 될 수 있으면 일을 맡으려 하지 않고, 그 일은 다시 힘없는(순종적인) 교사에게 돌아간다. 바로 이 지점에서 교사는 공동체와 멀어지기 시작한다.

외면과 소외

어쩔 수 없이 일을 맡게 된 교사는 꾸역꾸역 맡은 일은 해내지만, 자기 일 이외의 문제, 다시 말해 학교 공동체의 문제에는 관여하지 않으려고 한다. 독박을 경험한 교사는 연대와 모임을 강박적으로 경계하게 되는 것이다. 모든 비극은 이러한 외면에서 출발한다. 알베르 카뮈의 소설 《전락》은 외면이 비극의 시작이라는 것을 말해준다. 소설에 등장하는 클라망스는 한 여인의 고통을 외면하게 되고, 그 사건을 기점으로 철저히 파괴된다.

교사들이 겪고 있는 고통의 심연에는 학교가 업무 중심의 시스템이 되었다는 사실이 자리하고 있다. 이러한 공간에서 살아가는 교사는 외면이라는 무의식적 기제가 자신의 삶을 지배하고 있다는 사실을 인식해야 한다. 나아가 외면이라는 무의식적 기제가 교환과 소외라는 '자본주의적 사고방식'의 결과물이라는 것을 인지해야 한다. '업무 전담팀'을 떠올리면 이해가 빠를 것이다.

한 혁신학교에서 아무도 업무 전담팀을 맡지 않으려고 해서, 일주일에 10시간 수업을 하는 조건으로 겨우 전담팀을 만들었다고 한다. 수업과 업무를 교환한 것이다. 이는 감당하기 어려운 학교 업무에 치여서 살고 있는 교사들을 학생들에게 돌려준다는 명목으로 여러 학교에서 보편적으로 시행하고 있는 방식이다. 업무라는 것은 누군가는 해야 하지만, 아무도 하지 않으려고 하니 그렇게라도 처리하고 있는 것이다. 그런데 이것이 과연 지속 가능한 처방인지는 심각하게 고민해 보아야 한다. 왜냐하면 수업이라는 본질적 가치를 교환가치로 바꾸기 시작하면, 그것은 필연적으로 소외를 불러오기 때문이다.

업무는 행정적인 일이기 때문에 비교하고 눈치 보고 가격을 매기는 가치가 될 수 있다. 다른 사람으로 쉽게 대체하는 것도 가능하다. 하지만 수업이라는 교사 본연의 일은 절대로 대체할 수도 없고 교환할 수도 없는 것이다. 이러한 사실을 덮어두고 일에 파묻혀 지내는 동료 교사를 외면한 채 나머지 교사들이 수업에 집중한다면, 그 공동체는 지속적인 성장을 담보할 수 없다. 결국 계약적 독박은 교환을 통해서 유지되고 있는 것이다.

이러한 방식은 모두 자본주의 논리다. 다른 가치는 모두 없애고 효율성을 잣대로 값을 매기는 것이 자본의 논리이기 때문이다. 자본주의는 수업의 가치를 교환가치로 바꾸라고 유혹한다. 학교에 존재하던 모든 본질적 가치는 이제 대부분 교환가치가 되었다. 70년의 세월 동안 이러한 과정을 묵묵히 지켜볼 수밖에 없었던 학교는, 교사보다 먼저 병들었을 것이다.

어떤 대상이 본질적 가치를 잃고 교환가치가 되었을 때 어떤 비극이 닥치는지를 통찰력 있게 분석한 사람이 마르크스이다. 그의 분석을 한마디로 줄이면 '교환하기 시작하면 끝이다.'라고 볼 수 있다. 그가 분석한 바에 따르면, 인간은 교환의 편리성을 위해서 자본을 만들었다. 그런데 어느 순간 자본이 인간을 통제하기 시작했으며, 이제는 주객이 완전히 바뀌었다는 것이다.

이러한 주객전도 현상이 마르크스가 헤겔에게서 물려받은 '소외' 개념이다. 학교에서 수업보다 업무가 더 중시되는 것, 교사를 수업이 아닌 업무로 평가하는 것, 업무를 위해서 수업을 줄이는 것, 그래서 교사가 자신의 본업이 아닌 다른 곁가지들에 에너지를 쏟고 그 결과로 평가받는 현상 모두가 마르크스가 말한 '소외'이다. 마르크스는 소외를 불러오는 교환가치는 모두 외부에서 들어온 것이라고 말한다.

공동체의 파괴와 《맥베스》의 마녀들

교환과 화폐가 없는 마을에서는, 남는 곡식이 있으면 가난한 집에 무료로 나누어주었다. 하지만 그 마을에 화폐라는 교환 수단이 들어오기 시작하면 사람들은 주변에 굶어 죽는 사람이 있어도 그 고통을 외면한다. 교환을 위해서 남은 것을 시장에 내어놓기 시작한다.

이렇게 되면 그 마을 공동체는 파괴된다. 학교 업무는 수업과 달리 본질적으로 교환적 가치를 가지고 있다. 그리고 그 중에 많은 것이 원래부터 학교에 있던 것이 아니라 외부에서 들어온 것이다. 이 말을 못 믿겠다면 업무 분장표를 찬찬히 살펴보라. 어느 순간 학교 업무가 되어버린 일들 중에서 교사가 전문성을 발휘할 수 있는 일이 몇 개나 될까? 대부분 사회적 요구로 갑자기 들어온 것이거나 소모적인 행정들이다.

교육부와 교육청의 관료들은 이것을 해결하겠다고 업무 간소화를 추진하고 있지만, 현장 교사들이 체감하는 효과는 그리 크지 않다. 가지를 줄인다고 업무가 줄어드는 것이 아니다. 교사가 할 수 없는 것, 교사가 해서는 안 되는 일들을 뿌리째 도려내야 한다. 업무의 범주 자체를 교사가 감당할 수 있는 수준으로 돌려놓지 않은 상태에서 가지들만 조물거려 봐야 헛일이다.

더 큰 문제는 업무의 가짓수를 줄이는 속도보다 학교에 새로운 업무가 추가되는 속도가 더 빠른 데 있다. 이는 학교를 욕구의 쓰레기통으로 여기는 일부 정치인들로 인해서 더욱 심해지고 있다. 사회에 큰 사건만 터지면 그것이 업무가 되어서 학교로 내려온다. 물론 그것이 교육과 관런된 것이라면 응당 수용해야 하겠으나 대부분은 그렇지 않다. 정치 논리에 의한 것이거나 자신의 책임을 면하기 위한 경우가 많다. "아, 그것은 학교의 책임이 아닙니다."라고 한다거나 "그것은 사회 시스템을 근본적으로 개선해야 해결할 수 있는 것입니다."라고 말하는 정치인은 드물다. 일단 문제를 학교로 떠넘기고, 그 이후는 알아서 하라는 식이 한두 번이 아니었다. 그러는 사이 관리자와 교사, 교사와 교사, 교사와 행정직원은 끈끈한 공동체로 뭉치지 못하고 끝없이 눈치만 보는 왜소한 관계가 되어버렸다.

이렇게 외부에서 들어온 잡다한 업무들은 학교의 바쁨을 정상에서 비정상으로 만든 주범이자 교환가치가 아니었던 교육적 가치까지 교환가치로 만든 원흉이다. 이러한 것들이 학교 공동체를 파괴하고 있다. 고병권 역시 《화폐라는 짐승》에서 "교환가치는 공동체 밖에서 왔으며, 이러한 교환가치는 공동체의 관계를 파괴한다."라고 했다. 그러니 뭐가 되었든 교환하기 시작하면 그 공동체는 끝인 것이다.

'누군가의 바쁨'을 겪어보지 않은 이론가들과 교사의 목소리를 듣지 않는 관료들은 "선생님, 우리는 자본의 논리에 따르지 않고 명확한 국정철학에 의해서 소신 있게 일하는 사람들입니다. 그러니 힘들더라도 조금만 더 노력해 주십시오."라고 하면서 매년 달콤한 약속들을 쏟아내고 있다. 하지만 그들의 약속은 맥베스가 광야에서 들었던 마녀들의 예언으로밖에 들리지 않는다. 마녀들은 맥베스의 실제 삶을 몰랐다. 그래서 그들의 예언은 대부분 빗나갔으며, 그것을 맹신했던 맥베스는 철저히 파괴되었다. 파괴된 사람은 입을 다물게 되어 있다.

침묵의 교무실과 교사의 무기력

일정 연수를 받고 오자 선배들이 이런저런 이야기를 많이 해주었다. 그 중에 다음 말들은 아직도 귓가에 생생하다.

"회의 가면 좋은 아이디어가 있어도 말하지 마!"
"경력이 낮은 교사가 나서면 좀 그렇죠?"
"아니! 그게 아니고, 말하면 네가 해야 해."

나는 그렇게 침묵과 순응을 배웠다. 민주사회에서 어떤 생각을 말한다는 것이, 그 결과를 모두 내가 책임지겠다는 것을 의미하는 것은 아니다. 그것은 공론화를 위한 하나의 절차에 불과하다. 누구의 생각일지라도 일단 공론장에 내어놓으면 모두가 함께 풀어나가야 할 공동의 문제가 되는 것이다.

하지만 학교의 바쁨은 그런 소신 있는 발언자를 기꺼이 그 문제 해결을 위한 잔 다르크로 만들어준다. 그 말을 먼저 한 사람이 선봉에 서서 책임지고 깔끔하게 처리해야 한다. 그리고 다른 교사들에게 도움을 요청하지 않으면 "야, 능력자야!"라는 말을 들을 수 있다. 아무리 강골 교사라 하더라도 몇 번 잔 다르크가 되어 전장에서 몸을 불사르다 보면 어느 순간 입을 다물게 된다. 교사는 그렇게 소통보다 침묵을 먼저 배운다. 이런 침묵의 절정은 회의 시간일 것이다.

그 시간은 어느 학교를 막론하고 침묵, 눈짓, 추상화의 향연이 펼쳐진다. 교육청에서 아무리 '민주적 교직원 회의 문화 조성'이라는 공문을 내려보낸다 하더라도 현장에는 그것을 가로막는 장애물이 무수히 많다. 회의가 절정(보통 누군가의 독백이 길어지는 타이밍)에 달하면 교사들 각자의 수첩에는 형태와 의미를 알아볼 수 없는 다양한 추상화가 완성되어 간다. 학교의 회의 문화에는 소통이 없고 전달만 있을 뿐이다.

민주주의는 충분한 시간과 기다림에 의해서 성숙되지만, 많은 업무를 효율적으로 처리해야 하는 학교에서 그러한 시간과 기다림은 허락되지 않는다. 이러한 바쁨에 적응하기 위해서 교사들 역시 소통보다는 전달을 선택하고 있다. 전달이 판치는 공간에서 교사는 자신의 진심을 꺼내 놓지 못한다.

교사끼리의 소통 단절도 교사의 침묵을 더욱 공고하게 하는 장치다. 이것은 학교에 없었던 메신저가 들어오고 나서 더욱 심화되고 있다. 학교 업무가 대부분 메신저를 통해서 이루어지다 보니, 교사들은 바로 옆에 있는 동료와도 대화하지 않는다. 메시지로 하는 독촉이 서로 불편하지도 않고 깔끔하기 때문이다. 이는 얼핏 보면 편해 보이지만, 교사 공동체의 관점에서 보면 상당히 심각한 문제점을 가지고 있다. 엄기호는 메시지를 통한 의사소통이 개인을 공론장에서 조금씩 밀어낸다고 말한다.

쿨메신저(학교마다 다르긴 하지만)를 통해 일대일로 업무를 전달하면서, 교사들은 학교에서 무슨 일이 어떻게 돌아가는지를 당사자가 아니면 알 수 없는 구조가 되었다. …… 교사 각자는 학교 전체의 이야기와 단절되어 자신의 개별적인 업무만 보게 되는 셈이다.

같은 책, 176쪽

엄기호는 메신저를 통한 업무 진행 문화가 교사를 개인적 영역에 머물도록 만들고 있으며, 이것이 교사가 학교 전체의 이야기에 적극적으로 참여하지 않는 이유라고 말하고 있다. 그는 메신저 외에도 교사가 침묵하는 원인에 대해서 여러 가지 재미있는 분석을 제시한다.

하지만 그는 교사들이 침묵하는 결정적 원인을 놓치고 있다. 내부자의 경험에 비추어 볼 때, 교사들이 침묵하는 가장 큰 이유는 '무력감이 주는 고통' 때문이다. 이 고통은 '자신의 고통'과 '동료 교사의 고통' 두 가지가 얽혀 있는 것이다. 교사는 자기의 진심을 말할 수 없는 것에 대해 매순간 무력감을 느끼지만, 그러한 고통을 겉으로 드러내는 것을 꺼린다. 그러니 교사의 가장 큰 고통은 '침묵의 고통에 대한 침묵'이다. 교사의 침묵은 '자신의 고통'에서 시작된다.

교사들이 처음부터 침묵하는 것은 아니다. 교사들은 젊은 시절 누구나 열정적 시간을 보낸다. 학교 일에 적극적으로 참여하고, 어느 정도 경력이 쌓이면 소신을 말하기도 한다. 하지만 그러한 목소리가 학교에 반영되는 일은 거의 없다. 교사의 목소리에 적극적으로 화답하는 관리자를 만나는 일이 생각보다 어렵기 때문이다.

아무리 많은 교사의 의견이 모여도 관리자 한 명의 고집을 꺾기 어렵다. 바쁨과 분주함에 치인 교사들이 마지막 열정을 짜내도, 보수적이고 관료적인 학교 문화 앞에서는 결국 좌절하고 만다. 이런 무기력한 경험이 쌓이면 교사들은 더 이상 말을 하지 않게 된다. 그냥 시키는 대로 하는 것이 시간도 적게 걸리고 마음도 편하다. 그렇게 교사의 가슴에서 열정은, 따뜻한 나이프로 버터를 자르듯 소리 없이 잘려나간다.

자신의 고통이 동료 교사의 고통에 대한 공감으로 발전하는 것이다. 교사들은 회의 시간에 동료 교사의 의견에 이의를 제기하거나 질문하기를 꺼린다. 새로운 제안을 하는 것이 그 일을 맡는 교사에게 얼마나 큰 스트레스가 되는지 알고 있기 때문이다. '우리 인간적으로 우리끼리는 그러지 말자!'라는 생각이 암묵적으로 깔리기 시작한다. 아직 무력감을 만나지 않은 교사에게 학교 일은 '그것이 교육적으로 어떤 의미를 가지지?'라는 열정이 되지만, 무력감에 잠식된 교사에게 학교 일은 '어찌 되었든 일단 적당히 끝내기만 하자.'라고 하는 의례가 된다. 엄기호는 이러한 과정을 통해서 교육 활동이 '해치우는 것'으로 바뀐다고 말한다. 학교는 점점 자극의 공간이 아니라 익숙함의 공간이 되고 있는 것이다. 익숙함이 순응으로 이어진다.

서열화와 순응

언제부터 그랬는지 정확히 기억나지 않지만, 성과급 등급을 알리는 메일이 도착하는 날이면 나는 언제나 영화 〈맨 인 블랙〉을 떠올리게 된다. 정확하게 말하자면, 영화에서 기억을 지우는 장치인 '뉴럴라이즈'를 떠올린다. 교사들은 성과급을 받는 날, 일 년의 삶과 기억을 한순간에 잊어버리는 비극적 경험을 한다. 남는 것은 알파벳 하나뿐이다.

성과급의 가장 비극적인 면은 그것이 개인의 '삶과 기억'을 자본이라는 등급으로 바꿔치기한다는 데 있다. 교사들 대부분은 학생들과의 의미 있는 수업, 열정적 생활지도, 창의적인 업무 추진을 위해 밤낮으로 동동거리면서 일 년을 보낸다. 하지만 성과급 메일을 받는 순간, 교사의 일 년은 무색무취의 알파벳 집단에 귀속된다.

교사의 시간과 기억에 강제로 등급을 매기는 순간, 교사에게 학교는 기억과 만남의 공간이 아니라 모든 것이 등급으로 분류되는 공장이 된다. "분명히 작년에 했는데 왜 기억이 안 나지?"와 같은 교사 특유의 기억상실증은 교사의 기억력 문제 때문에 일어나는 현상이 아니다. 교사의 기억은 연결되지 못하고, 자본주의적 분류 방식에 의해서 철저히 분쇄되고 있는 것이다.

소중히 간직해야 할 감정과 기억이 모두 박탈된다는 측면에서, 교사가 사는 세계는 로이스 로리의 디스토피아 소설《기억 전달자》에 나오는 세계와 비슷하다. 이 마을에서는 기억 보유자를 제외하고는 누구도 과거를 기억하지 못한다. 마을 사람들은 감정이 없는 순응적 삶을 살아간다. 이 소설은 기억을 빼앗기면 감정과 삶까지 송두리째 빼앗긴다는 것을 말하고 있다. 문학평론가 황현산도 기억이 쌓이지 않는 현대인의 고통을 "그날의 기억밖에 없는 삶은 그날 벌어 그날 먹는 삶보다 슬프다."라고 표현했다.

성과급은 교육 현장에 들여서는 안 되는 것이었다. 하지만 신자유주의는 학교 역시 상품이 되라고 주문했으며, 교사는 학교를 더 좋은 상품으로 만들어야 하는 사람이 되었다. 이 거대한 파도는 교사의 교육 활동도 평가 대상이 될 수 있다는 신념을 심어주었다. 사회는 수업을 포함한 교사의 일거수일투족을 모두 평가하여 교사를 한 줄로 세우고 있다. 평가는 필연적으로 비교를 동반한다. 비교가 지배하는 학교에서 "우리, 업무 이야기는 그만하고 수업에 대해서 좀 이야기해 볼까요."라고 말하는 교사는 미국식 유머를 일삼는 사람으로 오해받기 쉽다.

> 교사들 사이에서 "어쨌든 업무는 잘 봐야 하지 않느냐?"라거나 "수업을 잘하라는 교육부의 요구는 맞는 것 아니냐?"라는 식의 동의가 있는 것은 '무엇이 좋은 수업인가?'에 대한 질문이 효율적으로 봉쇄된 결과라고 볼 수 있다.
>
> 같은 책, 248쪽

성과 중심의 학교 문화에서 교사의 선택은 '순응'일 수밖에 없다. 교사가 아무리 발버둥쳐 봐도, 평가와 비교라는 과학적이며 이성적인 잣대에서 벗어나기 어렵다. 이러한 잣대로는 교사의 헌신과 열정을 평가할 수 없다. 정작 평가해야 할 것(실제로는 평가가 불가능함)은 평가하지 않고, 줄 세우기 편한 부수적인 것들만 평가하고 있는 것이 지금의 교원평가와 성과급 시스템이다.

간혹 그러한 단편적 평가 결과에 불만을 제기해도, 학교라는 관료 시스템은 그것을 진지하게 수용하지 않는다. 적당히 들어주는 시늉만 할 뿐, 결국 돌아오는 대답은 "그럼 더 열심히 했어야지!"이다. 인정받고 싶으면 눈에 보이는 점수를 모으는 방법밖에 없는 것이다. 이 지점에서 교사는 순응을 선택할 수밖에 없다. 교사는 순응하고 싶어서 순응하는 것이 아니다. 자신의 열정과 헌신을 인정하지 않고 곁가지들로 능력을 인정하는 서열화 집단에서 소외당하지 않기 위해서 어쩔 수 없이 순응을 선택하는 것이다.

소외의 극복은 연대에서

그렇다면 교사에게 남은 것은 순응뿐인가? 교사가 순응을 극복하기 위해서는 먼저 소외를 극복할 수 있어야 한다. 엄기호는 이를 위해 '교사의 연대'를 제안한다. 교사의 연대는 너무나 당연한 것인 동시에 가장 시급한 일이다. 교사가 급변하는 미래사회에서 살아남기 위해서 연대가 아니고는 희망이 없다. 미래사회에는 기존의 방법으로 해결할 수 없는 많은 문제가 기다리고 있다. 이러한 위험을 극복하기 위해서 교사에게 가장 필요한 것이 건강한 교사 공동체 회복이다. 교사가 고립된 상태에서 독박을 쓰는 것이 아니라 공동체 속에서 그것을 함께 해결해야 한다. 위기의 극복은 성찰에서 시작하고 성찰은 연대에서 시작하기 때문이다.

성과를 내는 데 방해가 되는 것이 토론과 숙의의 과정이다. 토론은 언제나 성과를 내는 속도를 늦추기 때문이다. …… 토론은 언제나 성과를 내는 속도를 늦출 것을 요구하기 때문이다. …… 교사들이 둥그렇게 모여

엄기호의 책을 덮고 나니 학교가 새롭게 보이기 시작했다. 그동안 무
감각하게 넘겼던 일상의 고단함이 어디에서 시작되는지 깊이 생각할 수
있었다. 하지만 엄기호의 마지막 처방에는 조금의 아쉬움이 남았다. 학
교가 성과를 추구하는 조직이 아니라 가르침과 배움의 공간이 되어야
하며, 그러기 위해서는 교사의 둘러앉음(연대)이 필요하다는 그의 생각
도 일리는 있다. 하지만 뭔가 추상적이라서 손에 잡히지 않는 느낌이다.

무엇보다 그가 말하는 '위험'이 정확히 무엇인지 감이 잡히지 않는다.
그가 말한 위험은, 학교가 시대의 변화를 수용하고 거기에 반응하는 과
정에서 의도치 않게 놓치게 되는 여러 가지 오류를 말한다. 그는 미래사
회라는 추상적 위기에 대해서 언급하고 있지만, 우리가 미래에 마주할
위험이 구체적으로 무엇인지는 말하지 않았다.

나아가 위험과 위기를 해결하기 위해서 제시한 연대에 대해서도 조
금 더 구체적으로 살펴볼 필요가 있다. 연대는 그냥 이루어지는 것이 아
니기 때문이다. 사람들을 모으기 위해서는 그들을 묶어주는 접착제가
필요하다. 가장 좋은 접착제는 공동의 문제의식과 공감일 것이다. 니체
가 《비극의 탄생》에서 말했던 것처럼, 연대는 이것저것 이성적으로 재
는 아폴론적 태도가 아니라, 함께 섞여서 감정적으로 도취하는 디오니

소스적 태도에서 시작되는 것이다. 모든 일에서 "일단은 우리 이성적으로 생각해 봅시다."라고 말하는 학교에서, 사라진 공감과 애착을 회복하는 것이 매우 시급하다는 생각이 들었다.

그래서 엄기호의 책을 덮고 나니 새로운 질문이 생겼다. '사회의 위험, 나아가 학교의 위험이란 구체적으로 무엇인가?', '학교는 어떤 공간이 되어야 하며, 무엇이 교사와 교사를 연결해 줄 수 있는가?'라는 물음이다.

사피엔스의 고장난 브레이크

교육은 개인을 성장시킬 수 있는가?

지금부터 살펴볼 책은 유발 하라리의 《호모데우스》이다. 세계 지성사에 혜성처럼 등장한 유발 하라리의 글은 학술적인 내용이 많이 포함되어 있음에도 비교적 쉽게 읽힌다. 아마도 그의 뛰어난 통찰력과 스토리텔링 능력 덕분이라고 생각된다. 인류의 과거와 미래에 대한 방대한 내러티브도 그의 손을 거치면 쉽고 재미있게 변신한다. 그는 엄청난 사료와 데이터, 그리고 재미있는 비유들을 씨줄과 날줄로 엮어서 자신의 생각을 끝까지 밀고 나간다. 한마디로 탁월한 이야기꾼이다.

내가 그의 책 가운데 《호모데우스》를 선택한 이유는, '미래사회가 주는 위협에서 인간은 자유로울 수 있는가?'라는 물음을 던지기 때문이다. 그의 문제의식은 우리 사회, 학교, 나아가 교사에게 깊은 생각거리를 제공한다.

일단 유발 하라리는 "미래사회에서 인간의 자유는 사라질 것이다."라고 선언한다. "그게 뭐가 어쨌다고?"라고 반문할지 모르지만, 인간이 자유로운 존재라는 인본주의적 가정이 사라진다면 교육은 존재 의미를 상실하게 된다. 인류의 역사가 '자유를 위한 투쟁'이었다면 교육의 역사는 '자유의 유지와 신장을 위한 투쟁'이기 때문이다. 인간이 자유로운 존재라는 가정이 성립하지 않으면 교육은 애초에 시작될 수 없다.

유발 하라리는 개인의 자유가 차지하던 자리를 비유기적 알고리즘인 '시스템'이 대체할 것이라고 말한다. 미래사회에서 개인의 자유는 통제될 것이고, 막대한 부와 권력을 소유한 소수의 사람만이 알고리즘을 통제하는 혜택을 누릴 것이라는 내용이 이 책의 핵심이다.

이런 사회에서 인간은 어떻게 살아야 할까? 나아가 교사는 어떤 준비를 해야 할까? 다행히 유발 하라리는 여러 가지 처방을 제시한다. 이 책의 메시지를 잘 이해하기 위해서는 먼저 유발 하라리의 이전 책인《사피엔스》의 마지막 문장을 잠시 살펴보아야 한다.

우리가 마주하고 있는 진정한 질문은 '우리가 어떤 존재가 되고 싶은가가 아니라 우리는 무엇을 원하고 싶은가?'일 것이다.

《사피엔스》, 586쪽

'우리가 어떤 존재가 되기를 원하는가?'라는 질문이 중요한 이유는, 인류가 거기에 대한 명확한 정체성을 지니지 못하면 총체적 파국을 면하기 어렵기 때문이다. 그는 《사피엔스》에서, 인류는 지금까지 원하는 것을 대부분 성취해 왔지만 그러한 성취가 우리에게 행복한 결과만을 가져다주지는 못했다고 말한다. 그는 대표적인 사례로 '농업혁명'을 들었다. 농업이 시작된 이후로 인류는 배고픔과 사냥의 고통에서 벗어날 수 있었지만, 그러한 풍요로 인해 빈부 격차와 계급사회가 등장하게 되었다는 것이다. 나아가 농업이라는 시스템은 한번 시작하면 멈출 수 없기 때문에, 인간은 오히려 그 시스템의 통제를 받는 존재가 되었다고 말한다.

물론 이러한 파격적인 생각을 비판하는 사람도 있지만(대표적인 사람이 빌 게이츠이다.), 이후 이어지는 〈인류의 통합〉과 〈과학혁명〉 챕터를 읽어보면 인류가 성취한 것이 통제할 수 없는 비극으로 다가올 수 있다는 것을 알 수 있다. 따라서 인류가 진정으로 원하는 것이 무엇인지 묻지 않은 상태에서 어떤 것을 성취한다면, 인간은 그 리바이어던(Leviathan)의 노예가 될 수 있다는 것이 유발 하라리의 생각이다.

그의 가정이 옳다면, 미래사회에서 인류가 추구할 정체성(가치)이 무엇인지에 대해서 매우 진지한 고찰이 필요하며, 특히나 교사에게 이 일은 필수적이다. 사회에서 추구하는 가치는 학교에 그대로 투영되기 때문이다. 하지만 유발 하라리는 인류가 그것을 숙고할 시간도 없이, 미래사회가 추구할 가치는 이미 정해져 있다고 말한다.

전례 없는 수준의 번영, 건강, 평화를 얻은 인류의 다음 목표는, 과거의 기록과 현재의 가치들을 고려할 때 불멸, 행복, 신성이 될 것이다.

《호모데우스》, 39쪽

죽지 않는 인간, 행복을 추구하는 인간, 신격화된 인간이라는 정체성은 낯선 것이 아니다. 이것들은 인류의 시작부터 함께했던 욕망들이다. 인류 최초의 신화《길가메시 서사시》의 주인공인 길가메시는 친구였던 엔키두의 갑작스러운 죽음을 지켜보면서 그동안 자신이 누렸던 부귀, 영화, 행복에 대해서 질문을 던진다. 나아가 한 번도 생각해 보지 않았던 죽음을 생각하게 된다. 그는 삶이 주는 고통을 해결하는 방법을 고민하게 되었고, 이것을 해결하기 위해서 먼 여행을 떠난다. 그러니 태초부터 불멸, 행복, 신성은 모든 인간의 무의식에 각인되어 있는 꿈이었다고 볼 수 있다.

달라진 것이 있다면, 과거에는 그것이 단순히 꿈에 그쳤지만 미래사회에는 그것이 현실이 될 수 있다는 사실이다. 과학기술은 모든 것을 가능하게 만들었다. 하지만 문제는 발전한 과학기술이 인류에게 어떤 결과를 가져다줄지 아무도 모른다는 것이다. 영원히 죽지 않는 것이 축복일까? 늘 행복한 것이 진정한 행복일까? 신의 능력을 갖춘다면 어떻게 될까? 이것이 모두 실현된다고 했을 때 우리의 미래는 영화 〈블레이드 러너〉처럼 인간이 되고 싶은 로봇을 때려잡아야 하는 사회가 될 수도 있다.

물론 전문가들은 아직 인공지능 같은 과학기술을 염려할 단계가 아니라고 말하지만, 전문가들의 예측은 빗나갈 수도 있다. 그들은 언제나 '인간의 욕망'이라는 강력한 동력을 과소평가해 왔기 때문이다. 사실 미래사회는 누구에게나 두려움의 대상이다. 그래서 대부분의 평범한 사람들은, 누군가 폭주하는 과학기술에 '브레이크'를 밟아주길 원한다. 하지만 아무도 그렇게 하지 못한다. 이유가 무엇일까? 유발 하라리는 인류가 브레이크를 밟을 수 없는 이유를 다음과 같이 설명한다.

> 첫째, 브레이크가 어디에 있는지 아무도 모른다. …… 전문가들도 인공지능, 나노기술, 빅데이터, 유전학 중 한 분야에서 어떤 일이 일어나는지 알 뿐, 모든 것을 알지는 못한다. …… 시스템을 이해할 수 없으니 멈출 사람도 없다. 둘째, 만일 어떻게든 브레이크를 밟는다면, 경제가 무너지고 그와 함께 사회도 무너질 것이다. …… 무한 성장에 기반한 경제에는 끝나지 않는 프로젝트가 필요하다. 불멸, 행복, 신성은 이러한 프로젝트에 안성맞춤이다.
>
> 같은 책, 80-81쪽

사회에서 사라진 브레이크가 학교에 있을 리 만무하다. 교육 현장에 그토록 수많은 문제가 발생하고 있지만, 이러한 현상을 종합적으로 파악하여 조망적 시각을 제시하는 사람은 아무도 없다. 정부는 학교의 문제를 해결하기 위해서 여러 관료와 각계 전문가들을 불러서 대책을 마련하고 있다고 말하지만, 내가 보기에 그들은 머리만 맞대고 올 뿐 문제의 본질을 제대로 해결하지 못한다. 그래서 그들이 내어놓는 대안은 언제나 근시안적이고 현장과 괴리되어 있다. 열린 교육은 교실 벽만 허물었고, STEAM 교육은 수증기처럼 사라졌으며, 그 많던 서양 이론들은 잡다한 수업 모형만 남기고 사라졌다. 시스템에 대한 종합적 시각의 부재가 정책에 대한 불신만 키우고 있다.

이러한 불신이 자본주의라는 폭주 기관차와 만나면 멈출 방법이 없다. 《교사는 학교가 두렵다》에서 자본이 교사의 기억과 삶의 의미를 빼앗아 가는 존재라면, 《호모데우스》에서 자본은 인류의 브레이크를 빼앗아 가는 존재이다. 한병철은 삶에서 브레이크가 사라진 비극을 '가속화'로 표현한다. 모든 것에 속도가 붙은 가속화는 시간을 쪼갠다는 것이다.

> 시간은 더는 의미를 머금지 못한 채 잘게 쪼개지고 밋밋해지며 나중에는 먼지가 되어 사방으로 흩어진다. …… 이 가속화하는 롤러코스터에 몸을 실은 우리 모두는 정신을 쏙 빼놓을 만큼 바빠진다.
>
> 《시간의 향기》, 126쪽

알고리즘의 등장

학교도 롤러코스터를 타고 있다. 다른 공간은 모르겠지만 적어도 학교만큼은 거기에서 내려야 한다. 삶을 숙고하는 지성의 공간으로 돌아와야 한다. 학교를 그러한 공간으로 돌리기 위해서 가장 시급한 일은 학교라는 시스템을 정확하게 이해하는 것이다. 학교는 근본적으로 알고리즘의 지배를 받으면 안 되는 공간이지만, 이미 그 자체로 시스템적 알고리즘이 되었으며, 그 과정에서 인본주의적 관점과 자유가 박탈되고 있다는 사실을 인지해야 한다. 이것을 보다 잘 이해하기 위해서는 알고리즘과 자유, 인본주의의 관계에 대해서 살펴볼 필요가 있다.

알고리즘은 무엇을 말하는 것일까? 한마디로 '선택이 만들어지는 기본 원리'를 말한다. 조금 더 쉽게 말하면, '무엇이 더 좋은지 가장 효율적으로 판단하는 것'이라고 볼 수 있다. 핵심은 '효율성'에 있다. 이 말을 잘 기억해야 한다.

> 알고리즘은 계산을 하고 문제를 풀고 결정을 내리는 데 사용할 수 있는 일군의 방법론적 단계들이다.
>
> 《호모데우스》, 122쪽

유발 하라리는 알고리즘을 유기적(의식이 존재하는) 알고리즘과 비유기적(의식이 없는) 알고리즘으로 구분하여 설명한다. 전자의 대표가 인간이라면, 후자의 대표는 AI 같은 기계적 시스템이다. 인간의 알고리즘은 기계적 알고리즘과 달리 생존과 번식을 목표로 한다. 그 핵심 원리는 감각과 감정이다.

> 감각과 감정이라는 것은 실은 알고리즘이다. …… 배우자, 직업, 거주지 같은, 인생에서 가장 중요한 선택들을 포함해 우리가 내리는 결정의 99퍼센트는 감각, 감정, 욕망이라고 불리는 매우 정교한 알고리즘을 통해 이루어진다.
>
> 같은 책, 125-126쪽

유발 하라리는 인간 알고리즘의 핵심을 이성이 아닌 감정에서 찾고 있는 것이다. 인간은 이성적이고 합리적인 존재라고 생각하지만, 실제 우리가 내리는 대부분의 판단은 감각, 감정, 욕망과 같은 직관에 의존하는 경우가 대부분이다(여기에 대해서는 5장에서 구체적으로 다루었음). 때문에 스피노자는 데카르트를 중심으로 한 서양철학이 지나치게 이성 중심으로 흘러왔다고 비판한다. 그가 《에티카》를 통해서 인간이 지니고 있는 수많은 감정의 본질에 대한 철학적 정의를 시도한 것도 바로 이 때문이다. 스피노자의 철학을 쉽게 풀어낸 발타자르 토마스 역시 인간이 정서적 삶을 사는 존재라고 말한다.

> 우리는 정서적 삶에서 결코 도망칠 수 없다. 중립적이며 초연한 이성과 지성만 가지고는 우리 삶에서 판단을 내릴 수 없으며 나를 넘어서는 세계에 대해서도 이해할 수 없다.
>
> 《비참한 날엔 스피노자》, 18쪽

결국 인간의 알고리즘은 '본능적 직관'이라고 볼 수 있다는 것이다. 중요한 것은 알고리즘이라는 본능적 직관이 유지되기 위해서는 반드시 '자유'라는 조건이 필요하다는 사실이다. 자유가 사라지면 인간은 눈에 보이지 않는 거대한 시스템의 통제를 받는 존재로 전락하기 때문이다. 자유가 없으면 선택도 없고, 선택할 수 없는 인간은 서로 협력할 수도 없기 때문이다. 보통의 시민들이 강자에게 저항하는 이유도 여기에 있다.

인간의 역사는 노예가 아닌 자기 삶의 주인으로 살아가기 위한 투쟁의 기록이다. 고대사회는 개인보다 국가가 우선시되었기 때문에 개인의 자유가 억압되었다. 플라톤의《국가론》을 읽어본 사람이라면, 그가 제시한 이상적 사회가 개인의 자유를 철저히 통제하는 전체주의 사회라는 점에 소스라치게 놀랄 것이다. 그가 추구한 사회에서 개인은 국가의 안정을 위해서 타고난 계급에 맞는 일만을 죽을 때까지 반복해야 하고, 불안을 유발하는 계급 간의 이동은 원천적으로 차단되어 있다. 민주사회와 개인의 자유를 외치는 목소리는 끝없이 존재했지만, 거대한 권력은 이것을 철저히 탄압했다. 칼 포퍼가《열린 사회와 그 적들》에서 플라톤을 "닫힌 사회의 창시자이자 스승인 소크라테스의 민주주의를 왜곡한 배신자"라고 비난한 이유도 여기에 있다.

고대사회가 공동체의 힘으로 개인을 억압했다면, 중세 시대는 신이라는 절대적 존재와 규율로 개인을 억압했다. 그래도 인류는 끝없이 자유를 추구했고 구시대의 유물을 부여잡고 있던 절대자와 귀족들은 점점 힘을 잃어갔다. 시민들은 저항과 혁명의 역사를 멈추지 않았고, 그렇게 근대와 인본주의가 탄생했다.

인본주의와 유연한 협력

근대의 시작은 개인의 탄생과 같다. 개인의 탄생은 개인이 공동체로부터 독립하여 모든 것을 주체적으로 결정해야 한다는 말과 같다. 이때부터 인간은 자신의 결정이 나름대로 최선의 선택이라는 것을 증명할 필요가 생겼으며, 이 증명은 두 가지 조건을 요구했다.

우선, 개인은 자신을 둘러싼 환경과 상황을 가장 정확히 파악할 수 있는 존재라는 것이 증명되어야 한다. 다음으로, 인간은 스스로 판단하고 주체적으로 행동할 수 있는 존재라는 것이 증명되어야 한다. 이러한 요구를 모두 충족하면서 등장한 것이 '인본주의'다. 인본주의는 한마디로 '인간이 세상의 중심이다.'라는 생각의 시작을 말한다.

> 농업혁명이 유신론적 종교를 탄생시킨 반면, 과학혁명은 신을 인간으로 대체한 인본주의 종교를 탄생시켰다. 자유주의, 공산주의, 나치즘 같은 인본주의 종교들의 창립 이념은 호모사피엔스라는 특별하고 신성한 본질을 지니고 있으며 우주의 모든 의미와 권위가 거기서 나온다는 것이다.
>
> 《호모데우스》, 142쪽

인본주의는 《사피엔스》의 핵심 개념인 인지혁명, 농업혁명, 과학혁명과 연결된다. 인간은 무리 생활을 시작하면서 점점 거대한 조직을 꾸리게 되었다. 거대한 조직을 유지하기 위해서 등장한 것이 신앙과 제도이다. 나아가 사회를 지속하기 위해 언어가 발명되었고, 이것이 인지혁명이다. 인지혁명은 기본적으로 인간을 '협력하는 존재'로 만들었다. 이후 일어난 농업혁명과 과학혁명으로 인간은 동물 중에서 최고의 정복자로 군림한다. 동물을 포함한 자연을 철저히 정복하여 그것을 자유롭게 이용할 수 있다는 생각은 근대와 함께 등장한 과학적 사고의 전형이다.

동양과는 달리, 서양에서 시작된 과학의 본질은 '조작(Manipulation)'이다. 자연을 있는 그대로 두는 것이 아니라 거기에 힘과 변형을 가해서 지속적으로 관찰하는 것이 서양의 과학이다. 그러니 인간은 주체가 되고 자연은 객체가 되는 것이다. 과학기술의 발전은 인본주의와 정확하게 맞아떨어진다.

유발 하라리는 인본주의가 중요한 이유는 '자유'를 본격적으로 확장시켰다는 점에 있다고 말한다. 자유의 확장이 인간의 협력으로 발전된다. 자유는 사피엔스를 더욱 유연하게 만들어주었으며, 이로 인해 발생한 인지혁명과 과학혁명은 인간이 서로 협력하는 능력을 키워주었다는 것이다.

인간을 기르는 학교가 기계적 알고리즘의 지배를 받는 공간이 되었다는 것을 설명하다 보니 이야기가 길어졌다. 협력 이야기로 넘어가기 전에 잠시 지금까지 설명한 내용을 정리해 보자. 인간 알고리즘의 핵심은 생존과 번식을 위한 본능이고, 그 선택이 옳은 것으로 받아들여지기 위해서는 인간은 자유롭게 판단할 수 있으며, 그것이 최선의 선택이라는 전제가 성립되어야 한다. 이러한 요구에 부응한 것이 근대의 시작과 함께 탄생한 인본주의고, 인본주의는 인간의 자유와 함께 서로 협력하는 능력을 증진시켰다는 것이다.

중요한 것은 여기부터이다. 학교가 알고리즘의 지배를 받는 공간이 되었다는 것, 그래서 교사가 의미를 생성할 수 없다는 현실을 이해하기 위해서는 '협력의 본질'에 대해서 제대로 이해해야 한다. 학교는 공동체가 함께 만들어가는 공간이기 때문에 교사 혼자 노력한다고 되는 것이 아니다. 학교가 알고리즘의 통제를 벗어나기 위해서는 먼저 교사들이 어떻게 유연한 협력을 할 수 있는지부터 살펴보아야 한다.

인간이 하는 협력의 본질은 무엇인가? 사실 협력은 인간만 할 수 있는 것이 아니다. 동물들도 협력을 통해 자신의 무리를 유지한다. 그런데 다른 동물들은 왜 호모사피엔스처럼 발전하지 못했을까? 그것은 인간과 동물은 협력하는 방식이 다르기 때문이다. 유발 하라리는 그 이유를 '유연함'에서 찾는다.

(동물의 협력은) 유연하지 않기 때문이다. 벌들은 매우 정교한 방식으로 협력하지만, 하루아침에 사회제도를 새롭게 고치지 못한다. 벌떼는 새로운 위협이나 새로운 기회를 맞아도 여왕벌을 단두대에서 처형하고 공화국을 세울 수 없다.

같은 책, 188쪽

유연한 협력이란 공동체가 중요하게 생각하는 가치를 능동적으로 만들어가는 과정을 말한다. 인류는 절대군주가 제시하는 획일적인 가치를 그대로 받아들이는 것이 아니라, 자신들이 추구할 가치를 스스로 만들어가는 존재로 살고자 했다. 유발 하라리는 유연한 협력에서 '의미'가 탄생한다고 말한다. 의미라는 것은, 눈에 보이지 않지만 사회 구성원들이 소중하게 생각하는 가치를 말한다. 돈, 법, 신, 제국 같은 것들이 유연한 협력에 의해서 만들어진 가치들이다. 이러한 가치들은 '의미'라는 '믿음'이 전제되어야 유지가 가능하며, '믿음'이 사라지면 이것들도 함께 무너진다.

그림과 숫자가 인쇄된 종이를 물건과 바꿀 수 있는 것은 돈에 그러한 가치를 부여했기 때문이다. 경제 위기로 인해 그 믿음이 사라지면 돈은 의미를 상실한 종이로 돌아간다. 바로 이 점 때문에 인간 사회에서 '의미'는 매우 중요하다. 유발 하라리는 의미를 형성하는 과정을 '의미의 그물망'으로 설명한다. 나는 이 개념을 통해 교사의 연대가 왜 그토록 힘든 일이 되었는지 알게 되었다.

> 많은 사람이 공동의 이야기망을 짤 때 의미가 생겨난다. …… 다른 사람이 믿는 것을 믿지 않을 수 없을 때까지 상호 확증을 거듭하며 의미의 그물망을 팽팽하게 만든다. …… 역사를 공부한다는 것은 이런 의미의 그물망들이 생기고 풀리는 것을 지켜보고, 한 시대 사람들에게 가장 중요한 가치였던 것이 후손에 이르러 완전히 무의미해진다는 것을 깨닫는 일이다.
>
> 같은 책, 207쪽

연대를 좀먹는 교사 패싱

개인들이 연대하여 공동체를 꾸리기 위해서는 의미의 그물망이 필요하다. 그 그물망은 연대를 구성하는 사람들이 직접 짜야 한다. 하지만 교사들은 자신들의 그물망을 스스로 짜지 못한다.

찰스 디킨스의 소설 《두 도시 이야기》를 읽어보면 프랑스대혁명의 주체인 시민들이 기요틴(단두대)을 숭상하는 장면이 나온다. 그들은 자유와 평등을 실현한다는 이유로 뚜렷한 죄가 없는 귀족들까지 감옥에 가두고 형식적 재판을 거쳐 기요틴에 세운다. 디킨스는 그 장면을 통해서 프랑스대혁명의 광기를 비꼬고 있지만, 교사라면 이 장면에서 묘한 부러움을 느낄 것이다. 그들이 숭상하던 기요틴은 단순히 집단적 광기를 상징하는 것이 아니라 '저항'과 '변화'를 상징하는 것이다. 하지만 그것보다 더 중요한 것은 기요틴에 부여한 이러한 의미가 귀족들이나 지식인들이 부여한 것이 아니라는 사실이다. 그것은 시민들 스스로 만들어낸 것이다. 프랑스 시민들의 강력한 연대는 이러한 주체적 의미 생성 과정에서 출발했다.

나는 이 장면에서 교사들이 연대하기 위한 강력한 접착제를 발견할 수 있었다. 그 접착제는 교사들이 추구해야 할 공동의 가치이며, 이는 다른 누구도 아닌 교사들 스스로 만들어야 한다는 것을 알 수 있었다. 교사들이 살아갈 세계, 즉 학교 현장에서 추구해야 할 가치는 교사들 스스로 만들어야 한다는 말이다. 하지만 우리나라 교사들은 그러한 가치 형성 과정에서 철저히 소외되어 있다.

교육정책을 토론하고 결정하는 회의만 하더라도, 교사들이 학교에서 한창 수업할 시간에 열린다. 교사들은 오지 말라는 말이다. 장기적인 시각을 가지고 교육 방향을 결정하기 위해 출범한 '국가교육회의'에도 교사의 자리는 생색내기 용도에 불과하다. 이론가들과 관료들만 교육에 대한 의미의 그물망을 짜고 있는 꼴이다. 존 듀이는 교사가 소외된 상태에서 생성된 교육 목적만 존재할 때 어떤 폐단이 일어나는지에 대해서 다음과 같이 경고한다.

교사들은 상부 당국으로부터 그 목적을 받아들이고 상부 당국은 현재 사회에서 통용되는 것에서 그것을 받아들인다. …… 이러한 상황이 가져오는 가장 큰 문제는 교사의 지성이 자유롭게 발휘되지 못한다는 점이다. …… 이것은 곧 교사의 경험에 대한 불신이며, 이 불신은 학생의 반응에 대한 불신으로 번지게 된다.

《민주주의와 교육》, 184쪽

불신의 시간 속에서 교사는 타인이 만들어놓은 가치를 흉내 낼 뿐이며, 주도적으로 자신들의 의미망을 형성하지 못하고 있다. 그래서 교사들은 공동체를 묶어줄 접착제를 잃어버린 채 끝없이 파편화되고 있다. 이러한 파편화 과정을 가장 객관적으로 관찰하고 있는 존재가 학교일 것이다.

교사가 파편화되면서 인간적이고 직관적인 요소들은 종적을 감추게 되었다. 선배 교사의 경험이나 직관적 판단은 구시대의 유물처럼 취급받지만, 문서에 깔끔하게 정리된 숫자들은 한없이 숭상받고 있다. 듀이의 말을 빌리면, 과학적 언어만 남고 예술적 언어는 완전히 사라진 것이다. 학교에서 이루어지는 대부분의 결정은 다양한 구성원의 이야기와 상황적 맥락에 대한 숙고에 의한다기보다, "우선 설문 돌려서 통계부터 보고 이야기합시다."와 같은 방식으로 처리되고 있다. 이러한 방식은 누구도 책임질 필요가 없지만, 누구의 진심도 담을 수 없다. 감정적 호소와 인간적 마주함이라는 인간적 요소가 수치와 통계라는 기계적 알고리즘의 지배를 받고 있는 것이다.

알고리즘이 되어버린 학교

알고리즘은 '효율적 결정 체계'이다. 이는 비유기적 알고리즘인 시스템도 마찬가지다. 문자가 등장하기 전에는 모든 결정과 의사소통이 말로 이루어졌다. 하지만 사회 구성원이 많아지고 저장할 정보가 많아지면서 문자가 등장했다. 문자의 등장은 사회를 문서 사회로 바꾸었으며, 문서 사회는 조직의 거대화를 부추겼다. 거대해진 조직은 막대한 양의 정보를 효율적으로 처리하여 신속한 판단을 내리는 것이 중요해졌다. 이것이 시스템의 알고리즘이다.

알고리즘은 정보 처리를 위해 개인의 이야기보다 데이터화된 문서를 숭상한다. 이러한 현상은 사회와 학교를 포함한 모든 조직에서 공통적으로 나타나고 있다. 개인의 기억과 이야기보다 문서를 믿는 것이다. 그러다 보니 내가 누구인지, 어떤 이야기를 가지고 있는 사람인지, 그리고 내 말을 듣는 상대방이 어떤 사람인지는 전혀 중요하지 않은 것이 되었다.

> 문자 사회 사람들은 네트워크로 조직되어 있어서, 각 개인들은 거대한 알고리즘의 한 단계일 뿐이며 알고리즘이 중요한 결정을 내린다. 이것이 바로 관료제의 본질이다. …… 이러한 알고리즘 체계에서 접수원, 당직 간호사, 또는 의사가 누구인지는 중요하지 않다. 이들의 성격 유형, 정치적 견해, 순간적 기분은 결과에 영향을 미치지 않는다. …… 병원에 해당하는 사실은 군대, 교도소, 학교, 기업에도 해당한다.
>
> 《호모데우스》, 225쪽

관료제의 본질이 알고리즘이라는 것이다. 관공서나 대형 병원과 같은 거대한 조직에 가면 관료제의 본질을 체감할 수 있다. 자신이 어디에 있는지도 모르고, 어디로 가야 하는지를 들어도 한참을 헤매게 된다. 그곳에서 일하는 사람도, 그곳을 방문한 사람도, 그 조직의 전체 모습과 맥락을 그리지 못하는 것이 비유기체적 알고리즘의 본질이다.

유발 하라리의 분석에 의하면 학교도 알고리즘이 지배하는 공간이다. 이렇게 말하면, "교육도 사회 시스템의 하나인데, 시스템을 운영하기 위해서 학교가 알고리즘이 되는 것은 당연한 것 아닌가?"라고 반문할 수 있다. 하지만 알고리즘은 '주객의 전도'를 불러온다는 점에서 자본의 논리와 똑같은 문제점을 가지고 있다. 가장 비극적 주객전도는 이야기와 문서의 전도일 것이다.

> 조세 당국이나 교육부서 같은 복잡한 관료 조직을 상대해 본 사람이라면 진실은 그다지 중요하지 않다는 것을 잘 안다. 서식에 적힌 내용이 훨씬 중요하다. …… 관료들은 권력을 축적하면서 실수에 무뎌진다. 그들은 실제에 맞춰 이야기를 바꾸는 대신 이야기에 맞춰 실제를 바꾼다.
>
> 같은 책, 233쪽

학교도 서식을 심하게 따지는 관료 조직이다. 이는 교사들이 무의식적으로 내뱉는 "빨리하지 마라!"라는 말에 잘 녹아 있다. 이 말은 학교 일을 할 때 천천히 숙고하면서 하라는 말이 아니다. 생각하지 말고 양식이 결정될 때까지 기다렸다가 한꺼번에 끝내라는 말이다. 이는 학교가 내용보다 형식을 중시한다는 말이며, 형식을 중요하게 생각한다는 것은 학교 조직이 차분한 숙고보다 빠른 취합과 결정을 숭상하는 관료 조직 이라는 말이다.

내용은 탁월성의 영역이지만 형식은 취향의 영역이다. 형식이 내용을 압도하다 보니 교사도 교육 활동의 탁월성보다 관리자의 취향에 더 신경을 쓰는 일이 반복되고 있다. 학교에서 내용의 방향을 지도해 주는 관리자를 만나는 일은 생각만큼 쉽지 않다. 방향보다 취향이 판치는 학교에서 주객전도 현상은 교사의 피할 수 없는 고통이다.

목적과 수단의 뒤바뀜은 사람을 비참하게 만든다. 불필요한 것에 에너지를 쓰게 해서 정작 중요한 것을 하지 못하도록 한다. 그렇다면 이러한 가치 혼돈 현상은 언제부터 일어난 것일까? 유발 하라리는 그 기원을 '근대 계약'에서 출발한 '더 많이' 신조에서 찾는다. 전근대 사회는 개인의 자유를 신에게 맡겼다. 그 대신 안정된 삶이라는 의미(십자군 전쟁에 동원된 수많은 젊은이들은 자신이 죽을 것을 알았지만 희생의 대가가 있을 것이라고 철석같이 믿었다.)를 얻었다.

'더 많이' 신조와 학교의 눈물

과학기술의 발달은 인간이 신에게서 독립하도록 도와주었고, 이후 인간은 개인의 자유와 의미를 추구하게 되었다. 이제 과거에 신이 부여했던 삶의 의미를 개인이 찾아야 하는 시대가 열린 것이다. 유발 하라리는 이것을 '불확실성에 대한 계약'이라고 말하고, 이것이 '더 많이' 신조로 연결되었다고 설명한다.

> 근대라는 계약은 이렇듯 인간에게 굉장히 유혹인 동시에 무지막지한 위협이다. 한 걸음만 내디디면 전능함을 거머쥘 수 있지만, 발밑에는 완전히 무의 심연이 입을 벌리고 있다. …… '더 많이' 신조는 개인, 기업, 정부에게 경제 성장에 방해가 되면 그것이 무엇이든(사회 평등이든 경제 화합이든 부모 공경이든) 무시하라고 몰아친다.
>
> 같은 책, 280-289쪽.

'더 많이' 신조가 바로 자본주의의 교리다. 이것은 사회 평등, 경제 화합, 부모 공경과 같은 공동체적 가치를 말살시킨다. 이러한 공동체를 위한 가치는 교육에서 매우 중요한 가치지만, '더 많이' 신조가 학교마저 조종하고 있다.

가치 전도에 의한 소외 현상은 말할 것도 없고, 이제는 모든 교육 활동이 실적으로 평가되고 있다. 더 많이 해야 더 잘한 것으로 착각하는 것이다. 이러한 상황을 타개하려면 관리자들이라도 소신을 지켜야 하지만, 현재의 양적 평가 시스템에서 자유로울 수 있는 관리자는 드물다. 거기다 자신만의 탁월성을 구현해 본 경험이 없는 일부 관리자들은, 다른 학교와의 차별성을 위해서 새로운 학교 사업을 무차별적으로 추진하고 있다. 학교는 더 많은 실적과 사업을 유지하기 위해서 끝없이 조급한 결정과 조잡한 보고서를 쏟아내고 있다. 조급함은 언제나 조잡함과 함께 온다. 그렇게 잠시 학교에 돈이 돌다가, 그 돈이 바닥나고 나면 학교는 다시 초라한 모습으로 돌아간다. 자본주의의 교리를 덜어내지 못하는 학교에서 가장 고통받는 존재는 학생이지만, 그에 못지않은 것이 교사일 것이다.

자본주의에 잠식당한 사회와 학교에서 과연 교사는 "돈보다 인간적 가치를 존중하는 사람이 될래요."라고 말하는 아이들을 기를 수 있을까? 교사만큼은 이러한 시스템에 저항하고 인간적 가치를 가르쳐야 한다. 이러한 삶을 선택한 교사에게 안톤 체호프의 단편 〈내기〉는 깊은 위로를 건넬 것이다. 이 소설에는 돈의 가치보다 인간적 가치를 선택하는 젊은 변호사가 등장한다. 한 늙은 은행가는 젊은 변호사에게 자신의 별채에 15년 동안 감금되어 있으면 200만 루블을 주겠다고 제안한다. 젊은 변호사는 돈을 벌기 위해서 자발적으로 감금 생활을 시작한다. 하지만 별채에서 오랜 시간 수많은 책을 읽으면서, 자신이 그동안 자본의 가치에 매몰되어 있었다는 것을 깨닫는다. 그리고 그러한 삶의 방식에 휘둘리지 않기로 결심하고 15년을 몇 시간 남기지 않은 시점에 다음과 같은 편지를 남기고 홀연히 사라진다.

나는 그대들의 삶의 방식에 경멸을 표현하기 위해, 내가 한때 천국을 갈 망했으나 이제는 하찮게 보이는 200만 루블을 거부하겠다. 그 돈에 대한 자신의 권리를 스스로 박탈하기 위해 나는 약속한 기한이 다 되기 다섯 시간 전에 여기서 나갈 것이며 그럼으로써 스스로 계약을 위반하는 바이다.

《체호프 단편》, 145쪽

여기에 학교가 어떤 공간이 되어야 하는지 잘 나와 있다. 변호사는 살면서 많은 학교를 다녔지만, 그가 학교에서 배운 것은 자본의 논리였다. 별채에서 그동안 읽어보지 못했던 책을 읽으면서 그는 완전히 새로운 사람이 된다. 그에게는 별채가 진정한 학교였다. 별채는 그에게 '숙고'와 '시간'을 주었던 것이다. 이 두 가지를 통해서 그는 새로운 삶을 살아갈 수 있었다. 교사는 이 소설을 통해서 학교는 인간의 존엄을 파괴하는 알고리즘의 공간이 아니라, 숙고와 여유의 공간이 되어야 한다는 것을 배울 수 있다.

하지만 교사만큼 고통받는 존재가 있다면 학교일 것이다. 짐승이 되어버린 자본의 통제를 받으면서, 학교는 교사보다 먼저 자신의 서사를 빼앗겼다. 학교는 아이들의 삶과 교사의 열정이라는 자발적 동력을 잃어버리고, 그 자리를 돈이라는 대체 에너지가 메우고 있다. 자발적 동력을 잃어버린 학교에 돈이 돌기 시작하면 온갖 공사와 현황판 교체가 시작된다. 이런 몸살이 지나면, 갑자기 시작되는 페인트칠로 인해서 몇 번이나 얼굴을 바꾸는 세월을 견디고 있다.

이러한 상황에서도 학교가 그나마 버틸 수 있었던 것은, 운동장에 울려 퍼지던 아이들의 웃음소리와 서로를 다독이던 교사들의 따뜻한 손길 때문이었다. 학교에서 이마저도 사라진 지 오래다. 교사보다 먼저 병든 학교에서, 교사를 치유해 줄 공간은 어디에도 없다.

학교를 포함한 사회 자체가 거대한 알고리즘이 되었다. 알고리즘은 휴머니즘을 파괴한다. 자본이 공동체를 파괴하듯, 손님이었던 알고리즘이 인간적 가치를 밀어내고 주인 자리를 꿰차버렸다. 문제는 지금부터

다. 미래사회라는 거대한 알고리즘은 인간에게서 가장 중요한 자유마저 빼앗을 것이다.

학생의 자유와 학교의 변신

진심을 묻지 않는 미래사회

인본주의는 인간이 자유로운 존재라는 것을 증명하는 가장 강력한 토대였다. 그래서 개인이 내린 판단을 적극적으로 응원하는 마지막 보루라고 볼 수 있다.

> 윤리학에서 인본주의의 모토는 '좋게 느껴지면 해라'이다. 정치학에서 인본주의는 '유권자가 가장 잘 안다'고 가르친다. 미학에서 인본주의는 '아름다움은 보는 이의 눈에 달려 있다'고 말한다. ……… 인본주의 교육은 학생들에게 스스로 생각하라고 가르친다. ……… 자유를 강조한다는 점에서 인본주의 정통 분파를 '자유 인본주의' 또는 '자유주의'라고 부른다.
>
> 《호모데우스》, 319-343쪽

인본주의에서 자유주의가 시작된다는 것이다. 자유주의는 개인을 능동적 주체이자 삶의 개척자로 만들어주는 기원이었다. 하지만 유발 하라리는 미래사회에서 개인의 자유와 이야기가 사라질 것이라고 경고한다. 대신 그 자리를 알고리즘이 대체할 가능성이 높다는 것이다. 그는 알고리즘의 독백이 다음과 같은 세 가지 위협을 줄 것이라고 말한다.

① 인간은 경제적·군사적 쓸모를 잃을 것이고, 따라서 경제적·정치적 시스템은 그들에게 큰 가치를 부여하지 않을 것이다.
② 시스템은 인간에게 집단으로서의 가치는 여전히 발견할 테지만, 개인으로서의 가치는 발견하지 못할 것이다.
③ 시스템은 일부 특별한 개인들에게서 가치를 발견할 테지만, 그런 개인들은 일반 대중이 아니라 업그레이드된 초인간들로 이루어진 새로운 엘리트 집단일 것이다.

같은 책, 420쪽

여기서 말하는 시스템이 '알고리즘'이다. 위의 내용을 읽다 보면 '유발 하라리가 너무 과한 걱정을 하는 것은 아닌가?'라는 생각이 들 수 있다. 하지만《호모데우스》곳곳에는 이러한 변화를 증명할 수 있는 과학적 증거와 사례가 넘쳐난다. 특히 구글과 IBM이라는 거대 기업을 중심으로 이루어지고 있는 연구 프로젝트에 대한 설명을 읽어보면, 앞서 제기한 위협들이 현실이 되고 있음을 알 수 있다.

증권사 직원보다 분석을 잘하는 인공지능의 출현, 정교한 3D 프린터,

순식간에 엄청난 양의 판례를 검색하는 기계 변호사, 인간 의사가 놓친 암까지 찾아내는 알고리즘 의사(IBM의 '왓슨'이 대표적인 사례), 인내심을 잃지 않는 알고리즘 교사까지, 그가 제시한 사례는 정확했고 논증은 빈틈이 없었다. 알고리즘의 마수를 벗어날 수 있는 인간은 더 이상 존재하지 않는다.

문제는 이러한 알고리즘의 독주를 막을 방법이 없다는 것이다. 개인은 시스템이 내리는 판단을 그대로 따를 수밖에 없다. 인간의 자유의지와 보헤미안적 통찰은 미래사회에 더 이상 인정받을 수 없다. 아직도 이것이 실감나지 않는다면 우리의 일상을 한번 들여다보자.

처음 가는 여행지에서 길을 헤맬 때, "지난번에 와본 적이 있으니 내가 알려줄게."라고 말하는 가족의 말을 믿는가, 아니면 스마트폰의 안내를 믿는가? 우리는 이미 사람의 기억과 판단보다 알고리즘의 목소리에 귀를 기울이는 시대를 살고 있다. 내가 내리는 모든 판단이 나의 자유의지에 의해서 이루어진다고 생각하지만, 실제는 시스템이라는 거대한 알고리즘의 통제를 받고 있는 것이다. 어디까지가 나의 판단이고 어디서부터 알고리즘이 개입되었는지 명쾌하게 구분할 수 없는 시대다.

한 가지 사례만 더 살펴보자. 유발 하라리는 알고리즘이 인간의 판단을 통제하고 있는 현상을 설명하기 위해서 안젤리나 졸리의 유방 절제술 사례를 든다. 가족력 때문에 불안감에 떨던 그녀는 유전자 검사를 통해서 발병 인자를 확인하고 암에 걸리지 않은 상태였음에도 불구하고 수술을 받기로 결정한다. 물론 그녀도 수많은 고민을 했을 것이다. 하지만 어려운 결정의 순간 그녀를 움직인 것은 내면의 목소리일까, 아니면 알고리즘일까? 그녀는 알고리즘의 판단을 믿고 수술대에 올랐다. 차가운 알고리즘은 인간의 진심을 묻지도 않고 궁금해하지도 않는다. 그냥 '하라!'라는 명령을 내릴 뿐이고 우리는 그것을 따르게 되어 있다.

인류는 스스로 개발한 알고리즘의 노예로 전락하고 있다. 스마트폰 중독도 마찬가지다. 우리는 SNS를 하면서 나의 판단에 따라 능동적으로 접속과 차단을 선택하고 있다고 생각하지만 실제로는 그렇지 않다. 우리는 거대 기업이 만들어놓은 알고리즘('좋아요' 버튼과 구독자 수, 맛집과 각종 후기에 대한 집착 등)이라는 매트릭스 안에서 허우적거리고 있을 뿐이다. 이는 새로운 비극의 시작이다.

우리는 이러한 비극이 점점 심해질 것을 알고 있지만, 자본과 시스템이라는 괴물은 알고리즘의 독주를 멈추지 않을 것이다. 자본은 필연적으로 증식을 목적으로 하기 때문이다. 그 매개는 상품과 인간이다. 유발 하라리는 돈도 원래 가졌던 자들에게 더욱 몰릴 것이며, 비싼 비용을 지불할 수 있는 소수가 특혜를 누릴 것이라고 말한다. 그 특혜는 《사피엔스》에 나오는 '길가메쉬 프로젝트'와 같은 '영생의 삶'이 될 수도 있고, 영화 〈업그레이드〉에 나오는 주인공처럼 초인적 능력으로 구현될 수도 있다.

소수만이 누릴 수 있는 특혜는 우리 사회가 감수하고 있는 불평등에 대한 인내심을 무력화시킬 것이다. 양극화가 심화됨에도 불구하고 사람들이 버틸 수 있었던 것은 '죽음에 대한 평등' 때문이었다. 다시 말해, '네가 아무리 잘나봐야, 너도 언젠가는 죽는다.'라는 믿음이 가난하고 힘없는 사람을 버티게 만들었다. 미래사회는 이러한 마지막 보루 역시 빼앗아 갈 것이다.

알고리즘의 독주와 소프트웨어 교육

나는 알고리즘 자체가 나쁘다는 말을 하는 것이 아니라, 알고리즘만의 독주가 문제가 된다는 이야기를 하고 있다. 알고리즘의 독주는 이미 학교 현장에도 나타나고 있다. 지금 학교 현장에서 가장 핫한 주제가 소프트웨어 교육이다. 물론 4차 산업혁명 교육, 코딩 교육과 같은 주제는 미래사회에 필요한 핵심 역량을 기르기 위해서 필요한 것이다. 문제는 학교에 코딩이라는 '효율적 사고방식'에 브레이크를 잡을 수 있는 교육 주제가 거의 없다는 것이다.

소프트웨어 교육이 가르치는 것은 알고리즘이며, 알고리즘은 긴 코딩보다 짧은 코딩을 선호한다. 버그를 줄이려면 당연히 간결한 것이 좋다. 그리고 한번 실행된 알고리즘은 입력된 경로를 마칠 때까지 멈추지 않는다. 조금 거칠게 표현하면, 속절없이 내리꽂는 효율성을 훈련하는 것이 소프트웨어 교육의 핵심이라고 볼 수 있다. 이러한 교육은 논리적 사고력을 기르는 좋은 방법이다. 하지만 순서, 효율, 속도만 가르치고 있는 지금의 학교에서, 소프트웨어 교육은 거기에 기름을 붓는 꼴이다.

현재 우리나라 아이들의 지적 세계는 효율과 속도에 매몰되어 있다. 진득함과 고독을 견디지 못한다. 잠시만 짬이 나면 스마트폰을 들여다본다. 자기에게 주어진 여백을 생각으로 채우지 못하고 짧고 자극적인 영상에만 반응한다. 그러니 자연스럽게 책도 읽지 않는다. 이것은 어른들도 마찬가지다. 공공장소에서 책을 읽는 어른을 발견하는 것은 유니세프 회의장에서 조커를 만나는 것만큼이나 어렵다. 책에 빠져들기 위해서는 예열 기간이 필요하다. 첫 문장을 읽는다고 바로 빠져들지 않는다. 작가의 세계에 다이빙하기 위해서는 시간이 필요하다.

　지금 아이들은 이렇게 시간이 걸리는 지적 유희를 즐기지 않는다. 입시 위주 공부와 또래 간 경쟁에 익숙해진 아이들에게 속도와 효율이라는 가치는 당연한 것이 되어버렸다. 알고리즘은 우리 삶에서 고독과 숙고를 소리 없이 빼앗고 있지만, 우리는 여기에 상당히 무감각하다. 폴란드 출신 사회학자 지그문트 바우만은 고독과 숙고를 즐길 줄 모르는 현대인의 모습을 다음과 같이 표현한다.

> 고독의 맛을 결코 음미해 본 적이 없다면 그때 당신은 당신이 무엇을 박탈당했고 무엇을 놓쳤으며 무엇을 잃었는지조차도 알 수 없을 것이다.
>
> 《고독을 잃어버린 시간》, 31쪽

　속도는 우리에게서 많은 것을 빼앗아 가기 때문에 그것을 상쇄할 힘이 필요하다. 그 힘은 인문학에서 나온다. 문제는 교육부를 비롯한 정책 기관에서 이러한 큰 그림을 그리지 못한다는 데 있다. 장기적이고 균형적인 관점에서 정책을 추진하지 못하고 있다. 인문학 교육은 거창한 것이 아니다. 아이들의 진심을 천천히 묻는 것이다. 이는 아이들에게 자신의 삶에 대해서 진지하게 생각할 시간을 갖게 한다.

　너는 어떤 삶을 살고 싶어?
　네가 소중하게 생각하는 가치는 뭐야?

네가 꿈꾸는 사회는 어떤 모습이야?

이러한 질문에 대해서 깊이 생각하고 솔직하게 답하는 시간이 우리 아이들에게 필요하다. 지금 우리 사회에서 이렇게 묻는 어른은 거의 없다. 사회가 "교사는 정치적 중립을 지켜야 합니다."라면서 교사의 입에 재갈을 물리고 있는 한, 이러한 질문을 하기는 어려울 것이다. 이 같은 현실에 비추어 볼 때, 유발 하라리의 글은 교사에게 많은 생각거리를 던져준다.

데이터를 축적하지 못하는 교사

유발 하라리는 시스템이라는 알고리즘이 개인을 압도하는 상황을 '데이터교(데이터를 숭배하는 종교)'라고 표현한다. 재미있으면서도 섬뜩한 표현이다. 시스템이 신의 위치에 올라섰다는 것이다. 시스템은 인간을 거대 조직의 부품으로 전락시킬 가능성이 높고, 이러한 변화는 거부하거나 되돌릴 길이 없다. 따라서 교사는 이러한 상황에 어떻게 대처해야 할지를 고민해야 한다.

개인은 점점 누구도 진정으로 이해하지 못하는 거대 시스템 안의 작은 칩이 되어가고 있다. …… 따라서 우리가 경험을 분주하게 데이터로 전환하는 것은 당연한 일이다. 그것은 추세의 문제가 아니다. 생존의 문제이다. …… 가치는 경험을 하는 데 있지 않고, 경험들을 자유롭게 흐르는 데이터로 전환하는 데 있다.

《호모데우스》, 528-530쪽

요약하면, 교사는 자신의 경험을 데이터로 전환해야 한다는 것이다. 그 방법은 기록, 업로드, 공유다. 이 세 가지가 없으면 미래사회에서 경험은 큰 의미가 없다는 것이다. 그렇다면 교사는 어떻게 해야 할까? 그리고 학교는 어떻게 바뀌어야 할까? 학교는 이제 '지성의 공간'으로 돌아가야 한다.

이 지성은 거창한 것이 아니다. '교사가 학교에서 하는 실제 교육 활동에 대한 기록' 정도로 볼 수 있다. 교사의 지성을 축적하고 그것을 공유하기 위해서는, 우선 '보여주기식' 보고서나 알맹이 없는 문서부터 걷어내야 한다. 그 자리에 아이들과 교사의 실제 삶이 기록되어야 한다. 교사는 자신의 경험을 끊임없이 기록하고 나누어야 하며, 학교는 그것을 데이터로 축적해야 한다. 이것이 학교의 본래 기능일 것이다.

법조인과 의사가 전문가로 인정받는 이유는 여러 가지가 있겠으나, 경험과 지성의 축적, 그리고 그에 대한 사회적 인정이 가장 큰 부분을 차지한다고 생각한다. 법조인들에게는 판례가 쌓이고, 의사들에게는 임상 데이터가 축적된다. 전문가 집단은 자신들의 경험을 기록으로 축적한다. 그 기록은 경험을 데이터로 만든 것이다. 그러한 데이터는 누구에게나 공평한 접근성을 가지고 있어서 보고 싶은 사람은 누구라도 언제든지 볼 수 있다. 교사들에게는 그러한 지성의 축적 공간이 없다. 더 큰 문제는, 학교에 기록되고 쌓이는 것들이 교사 본연의 일상과 거리가 있는 것이라는 데 있다.

판례는 법조인의 본업인 재판과 관련된 기록이며, 임상 기록은 의사 본연의 일인 치료와 연구에 대한 기록이다. 하지만 교사들이 기록한 자료들은 교사의 일상과 본업이라고 할 수 있는 수업, 생활지도와는 거리가 먼 내용들이다. 에듀넷과 같은 통합정보망에 공유되어 있는 데이터도 많은 예산과 치밀한 기획, 일의 독박을 감수할 수 있는 구성원이 갖추어진 상태에서 만들어진 기록들이다. 교육부 산하 직속 연구기관의 데이터도 마찬가지다. 그곳에 등록된 연구는 하나같이 정부가 시행하는 정책을 열렬히 찬양하는 내용들로 가득하다. 교육정책이 가지고 있는 한계, 그것을 수행하는 교사들의 고통, 교사 공동체의 고민을 대변하는 내용은 거의 없다. 그런 데이터는 줏대 없는 관료들을 위한 것은 될 수 있겠지만, 현장 교사들의 삶에는 거의 도움이 되지 않는다.

이러한 비극은 교사에게 머무르지 않고 교사의 꿈을 키우는 예비 교사들에게로 번지고 있다. 예비 교사들은 교원 양성 기관에서 선배 교사들의 경험과 축적된 지성을 배우지 못한다. 낡은 이론과 서양의 사례만 줄줄 외다가 교사가 된다. 그러니 신규 교사들은 선배 교사들이 했던 '맨땅에 헤딩'을 똑같이 반복할 수밖에 없다.

이제는 정말 바뀌어야 한다. 학교마다 살아 있는 실제 기록과 데이터가 축적되어야 하고, 실제 교사의 삶이 기록되고 쉽게 공유할 수 있는 공식적 공간이 구축되어야 한다. 그렇지 않으면 교사들은 알고리즘을 통제하지 못하고 관료제의 부품으로 전락하게 될 것이다.

데이터도 좋지만, 일단은 회복 탄력성

《호모데우스》를 읽고 미래사회에 닥칠 위협과 시스템적 알고리즘의 문제점까지 살펴보았다. 특히나 교사의 경험을 데이터로 전환하고 그것을 지속적으로 축적하는 것은 교사 공동체가 지속할 수 있는 동력이 될 수 있다는 생각이 들었다. 그런데 이 책에는 미래사회를 살아갈 아이들을 위해서 교사는 무엇을 가르쳐야 하는지에 대해서는 나와 있지 않았다. 여기에 대한 실마리는 유발 하라리가《호모데우스》다음으로 내놓은《21세기를 위한 21가지 제언》에서 찾을 수 있었다. 그는 아이들에게 '회복 탄력성'을 가르쳐야 한다고 일갈한다. 이것의 핵심은 유연함이다. 유연함은 불확실성이 지배하는 미래사회를 살아가는 데 가장 중요한 능력이라는 것이다.

> 그런 세계에서 살아남고 번성하기 위해서는 강한 정신적 탄력성과 풍부한 감정적 균형감이 필요할 것이다. 반복해서 지금 자신이 가장 잘 아는 것 중에서도 어떤 것은 버리고, 그 전에는 자신이 몰랐던 것도 편안히 받아들일 수 있어야 한다.
>
> 《21세기를 위한 21가지 제언》, 398쪽

그런데 아이들은 무엇을 기준으로 버릴 것과 받아들일 것을 구분해야 할까? 유발 하라리는 아이들이 이러한 막대한 임무를 수행하기 위해서 시스템이라는 기계적 알고리즘이 개인이라는 유기적 알고리즘을 침해하지 못하도록 해야 하는 것이 중요하다고 말한다. 그 방법은 "우리 자신의 운영 체계를 더욱 잘 알기 위해서 노력해야 한다"는 것이다. 이를 위해서는 "내가 누구인지, 내가 인생에서 바라는 것이 무엇인지를 알아야 한다"고 했다.

조금 진부한 말일 수 있지만, 결국 학교는 아이들이 자신의 진심을 끊임없이 묻도록 만드는 공간이 되어야 한다는 것이다. 이런 훈련을 통해서 정신없는 변화와 속도를 걸러내는 필터를 스스로 장착할 수 있도록 도와주어야 한다. 이러한 필터가 없는 상태에서 세상에 나가면, 아이들은 영원히 스마트폰에서 고개를 들지 못할 것이다.

다시, 학교로

지금까지 학교를 지독한 공간으로 만든 주범들을 살펴보았다. 교사가 학교에 가기 싫은 것은 학교가 교육을 할 수 없는 공간이 되었기 때문이다. 학교가 다시 교육의 공간이 되기 위해서는 교사의 지성이 축적되는 공간으로 바뀌어야 한다. 이를 위해서는 '한국의 교육'이라는 거대 공동체를 생각하기 전에, 우선 '우리 학교'라는 지역 공동체에 먼저 집중해야 한다. 거대한 조직이 지성의 축적 공간이 되기 위해서는 우선 단위 학교부터 지성의 공간이 되어야 한다.

단위 학교부터 교사의 지성이 축적되는 공간이 되어야 하는 이유는 지성의 본질적 특성에 있다. 지성은 가장 친근한 공간에서, 그리고 가장 가까운 사람들과의 소통에서 탄생하기 때문이다. 아무리 훌륭한 사례와 이론이 있어도 그것이 멀리 떨어진 곳의 이야기라면 우리 학교와 아이들에게 적용하기 힘들다. 지성은 가까운 사람들과 친근한 공간에서 생성되고 축적되어야 한다. 지성의 이러한 특성을 듀이는 '유대'와 '애착'이라고 설명한다.

> (거대한 공동체를 형성하기 위해서 지역의) 공동체는 언제나 얼굴을 마주하는 상호작용이 중요하다. …… 유대는 직접적인 교제와 애착에서 성장해야 한다. …… 우리는 거대한 지성의 무릎 위에 있다. 그러나 그 지성은 지역 공동체를 통해서 자신을 만들어낼 수 있을 때까지 잠들어 있으며, 그때까지 지성의 소통은 파괴되고, 명확하지 않으며, 희미한 상태로 이루어지게 된다.
>
> 《공공성과 그 문제들》, 208-214쪽

자신이 근무하고 있는 학교와 지역 공동체부터 지성의 공간으로 만들어야 한다는 것이다. 이렇게 단단한 지성이 구축되면 필연적으로 다른 지역의 학교와 소통하게 되어 있다. 소통을 반복하다 보면 지역 공동체가 유기적으로 연결된 '거대한 공동체(Great Community)'가 된다. 앞으로 시대가 아무리 바뀌더라도 인간은 기본적으로 '애착'을 추구하게 되어 있다. 인간의 삶은 기댈 수 있는 곳을 찾는 과정이기 때문이다. 삶의 에너지를 얻는 곳도 애착의 공간이다.

교사에게는 학교가 애착의 공간이 되어야 한다. 시스템이 교사들을 줄 세우려고 해도, 그것을 거부하는 것은 자신이 속하는 학교에서 시작해야 한다. 교사는 학교라는 생태계에서 견뎌낼 수밖에 없다. 나의 수업과 고민을 가장 잘 이해하고, 내가 힘들 때 도와줄 수 있는 사람도 학교에 있다. 이제 학교는 그러한 일상의 경험을 기록하고 경험을 데이터로 변환하여 동료들과 공유하는 공간으로 변신해야 한다. 그러기 위해서는 업무 중심의 학교가 교육 중심의 공간으로 다시 태어나야 한다. 이것은 정부의 도움 없이 불가능하다. 정부는 불필요한 행정 업무를 없애고, 교사들이 수업과 생활지도에 집중할 수 있도록 도와주어야 한다. 그래야 교사의 일상이 데이터가 되며, 그 데이터는 교사들의 '맨땅에 헤딩'을 막아줄 것이다.

오늘도 교사들은 학교에 가기 싫지만 묵묵히 학교로 걸어간다. 그런 교사들의 출근을 학교는 묵묵히 지켜본다. 교사보다 먼저 병든 학교이지만, 고통받는 교사를 위로할 수 있는 공간도 학교밖에 없다. 그러니 이제 교사가 학교를 어루만져야 한다. 그래야 학교도 자신의 잃어버린 이야기를 다시 이어나갈 수 있다.

승진에 도전할지 고민될 때

점수, 그 지울 수 없는 허무함

소유냐 존재냐 | 에리히 프롬

두 개의 별 두 개의 지도 | 고미숙

길을 잃은 교사들

교육장의 침묵과 단테

 교사들이 모이면 많이 하는 이야기 중의 하나가 '승진'이다. 일단 마음을 먹는 것이 어렵기 때문에, 승진에 도전할지 말지에 대한 선택은 많은 교사의 마음을 복잡하게 만든다. 이 선택이 어려운 이유는 승진이라는 트랙이 가지고 있는 특성 때문이다. 그곳에 한번 발을 디디면 끝을 볼 때까지 나올 수 없다. 승진을 위해서는 현재의 행복, 동료와의 관계, 수업과 성찰, 심지어 소박한 취미 생활까지 포기해야 할지도 모른다. 그래서 교사들에게 승진은 목에 걸린 가시처럼 늘 불편한 말이다.

 젊어서는 괜찮지만 나이가 들수록 승진에 대한 고민은 점점 깊어진다. 처음에는 승진에 관심이 없다가 뒤늦게 시작하는 경우도 많다. 평생 교사로 살아가는 것도 괜찮은 삶이지만, 동료와 학부모의 시선 때문에 마음을 바꾸는 경우도 있다. 나는 그런 선배들을 지켜보면서 '승진하면 행복할까?'라는 질문을 떠올렸다.

이 질문은 한 교육장의 침묵을 목격한 이후에 더욱 증폭되었다. 그분은 아주 똑똑하고 일 잘하기로 소문난 분이었다. 이른 나이부터 승진 가도를 달려온 전형적인 일꾼이었다. 실력과 인품도 두루 갖추어 많은 교사로부터 존경을 받았다. 발령을 축하하기 위해서 같이 근무했던 분들과 찾아뵈려고 약속을 잡았는데, 그날 일이 생겨서 조금 늦게 도착했다. 다른 일행들은 모두 다녀간 이후라 교육장실에 나와 그분만 어색하게 마주 앉았다. 침묵이 불편해서 말문을 열었다.

"교장 선생님, 축하드립니다. 교육장실이 아주 멋집니다."

그분은 한참을 창밖을 보다가 이렇게 대답했다.

"정 선생, 요즘 너무 허무해. 그리고 승진하면 외로워. 교사일 때가 제일 좋은 거야."

나는 그때 속으로 '다 이루신 분이 왜 이러실까?'라고 생각했다. 승진 트랙에서 승리한 사람이 왜 그런 말을 하는지 이해가 되지 않았다. 결혼한 사람이 이제 막 결혼을 꿈꾸는 사람에게 "살아보니 좋지 않으니 결혼을 다시 생각해 보는 것이 어떤가?"라고 말하는 느낌이었다. 당시에는 그냥 그분이 허무함에 예민한 사람이라고 생각하고 넘어갔다.

하지만 시간이 지나면서 허무함과 외로움을 호소하는 관리자가 많다는 사실을 알게 되었다. 승진한 사람들과 솔직하게 마음을 터놓고 이야기하다 보면, 어김없이 '허무하다'는 말을 빼놓지 않았다. 그 말을 할 때는 언제나 길을 잃은 사람의 표정을 짓고 있었다. 삶의 정점에 서 있지만 외로워 보였다. 이상하게 들릴지 모르겠지만, 그분들의 표정을 볼 때마다 나는 단테의 문장이 떠올랐다.

나는 삶의 행복이 최고에 달한 순간 그 길에서 벗어나고 말았다. 문득 정신을 차려보니 어두운 숲속을 헤매고 있었다.

《단테의 신곡》, 12쪽

위 문장은 단테의 삶을 압축해서 표현해 놓은 것이다. 이탈리아에서 승진 가도를 달리던 단테는 권력 싸움에서 밀려나 피렌체에서 영원히 추방당한다. 그는 거기에 좌절하지 않고 그동안 외면하고 있던 자신의 삶과 행복을 찾아 나선다. 《신곡》은 '나'라는 인물이 길을 잃은 다음에 지옥, 연옥, 천국을 거쳐서 다시 자신의 삶으로 돌아오는 이야기다. 여기서 '나'는 바로 단테 자신이다.

그는 성찰의 시간을 통해서 자신이 길을 잃은 이유를 발견한다. 그것은 돈, 권력, 욕망 때문이었다. 끝없이 높은 자리를 갈구했던 것이 자신을 추락하게 만들었다는 것을 깨닫게 된다. 이러한 깨달음을 바탕으로 진정한 행복을 찾아 나가는 이야기가 바로 《신곡》이다.

교사의 새로운 길

그렇다. 우리는 살아가면서 대부분 길을 잃는다. 어떻게 보면 삶 자체가 길을 찾아가는 과정이다. 삶의 모든 순간은 선택이다. 어떤 결과가 나올지 모르기 때문에 망설이는 것은 당연하다. 교사의 삶에서 승진도 하나의 선택이다. 따라서 어떤 길이 옳다고 잘라 말할 수는 없다. 자신의 성향과 철학에 따라 결정하는 것이다.

하지만 문제는 이러한 판단을 너무 빨리하는 교사들이 많다는 점이다. 다시 말해, '승진 도전'이냐 아니면 '평범한 교사의 삶'이냐의 선택을 너무 젊은 시기에 해버린다는 것이다. 이러한 선택은 최대한 천천히, 될수 있으면 늦게 하는 것이 좋다. 그렇다면 이런 선택의 시기는 언제가 적당하고, 그동안 교사는 무엇을 해야 할까? 결론부터 말하자면, 교사는 '도전과 포기'라는 이분법적 선택이 아닌, 그 '사이'의 새로운 선택지를 찾아야 한다.

'사이'는 '도전과 포기'라는 양극단에 치우친 이분법적 선택이 아니라, 양쪽을 모두 아우르고 자유롭게 오갈 수 있는 상태를 말한다. 그러니까 이때의 '사이'는 명사가 아닌 형용사에 가깝다. 그렇다면 교사가 승진과 포기 '사이'에서 자유롭게 살아가기 위해서는 어떻게 해야 할까? 그 핵심은 '소유보다는 존재'에 가치를 두는 것이다. 존재에 가치를 두기 위해서는 조급한 선택보다 느긋한 선택을 해야 한다. 판단을 미루고 그 시간 동안 내면의 목소리에 귀 기울이면서 '나는 누구인지'를 아는 것이 중요하다. 그리고 교사의 본업에 집중해야 한다. 젊은 시절에 이렇게 하지 않으면 평생 다른 사람을 흉내 내는 삶을 살아야 할지도 모른다. 스스로 '사이'에 존재하지 못하면 평생 타인의 기준에 휘둘려야 한다는 말이다.

이번 장에서 다룰 책은 에리히 프롬의 《소유냐 존재냐》와 고미숙의 《두 개의 별 두 개의 지도》이다. 에리히 프롬의 책은 철학, 역사, 심리학 연구 결과를 바탕으로 '소유 양식의 삶'보다 '존재 양식의 삶'이 더 행복 하다는 것을 말하고 있다. 고미숙의 책은 같은 시대를 살았지만 한 번도 교류한 적이 없는 연암 박지원과 다산 정약용의 삶을 분석하여 둘의 삶 이 다른 궤적을 가지고 있으면서 묘한 교차점도 가지고 있다는 것을 말 하고 있다. 에리히 프롬의 책은 타인의 시선에 휘둘리지 않는 삶의 방식 을 알려주고, 고미숙의 책은 양극단을 선택한 삶이 영원할 수 없음을 알 려준다.

승진이라는 화두가 목에 걸려 신음하던 나에게, 나아가 한 인간으로 서 어떻게 살아야 할지에 대한 깊은 고민에 빠져 있던 나에게, 두 권의 책은 《신곡》에 등장하는 두 명의 인도자와 같았다. 《신곡》에는 단테를 안내하는 두 명의 인도자가 등장한다. 둘 다 실제 인물에서 따온 이름이 다. 지옥과 연옥을 인도하는 베르길리우스는 로마 시대 최고의 시인이 자 단테가 존경한 작가였고, 천국을 인도하는 베아트리체는 단테가 어 린 시절 사랑했던 여인이다. 《신곡》을 연구한 다니구치 에리야는 "베르 길리우스는 인간의 이성과 철학을, 베아트리체는 신앙과 신학을 상징한 다."라고 설명한다. 교사로서의 삶을 고민하던 나에게 에리히 프롬은 베 르길리우스였고, 고미숙은 베아트리체였다.

점수라는 소유, 나눔이라는 존재

존재를 위한 나라는 없다

《소유냐 존재냐》를 읽기 전에 '존재하는 삶'이 왜 중요한지에 대해서 먼저 생각해 보면 좋다. '존재하는 삶'을 생각할 때, 코엔 형제의 〈노인을 위한 나라는 없다〉만한 영화는 없을 것이다. 이 영화는 코맥 매카시의 동명소설을 원작으로 한 영화이다. 그런데 영화를 본 사람이라면 이 작품의 제목이 왜 '노인을 위한 나라는 없다'인지 궁금해할 수 있다. 영화는 시종일관 도망, 추적, 살인으로 채워지기 때문이다. 이 영화의 제목을 이해하기 위해서는 보안관인 에드의 대사에 주목할 필요가 있다.

그는 한때 유능한 보안관이었지만 이 영화에서 벌어지는 살인 사건을 하나도 해결하지 못한다. 노인이 되었기 때문이다. 젊은 시절의 날렵함이 세월 앞에 무뎌진 것이다. 영화의 마지막은 그가 부인에게 꿈에서 아버지를 본 이야기를 하는 장면으로 채워진다. 그의 아버지는 어둠 속에서 헤매는 자신을 위해 홀로 어둠을 지치고 나가서 그를 인도해 주었다는 내용이다. 아버지의 역할은 아이가 잘 성장하도록 도와준 다음에 사라지는 존재라는 것을 말하고 있었다. 영화는 노인의 역할도 이와 마찬가지라는 메시지를 준다.

이 영화는 공동체가 무너진 현대사회에서 노인을 '사라짐'의 존재로만 인식하는 세태를 풍자하고 있다. 그런데 나는 이 영화를 조금 더 넓게 해석할 필요가 있다고 생각한다. 영화를 관통하는 묵시록적 분위기는, 사라지는 것은 '노인'만이 아니라 '가치를 인정받지 못하는 모두'라는 메시지를 던지고 있다. 영화에서는 사용 가치가 사라진 인물들이 무차별적으로 죽임을 당하지만, 그들을 지켜줄 보루는 어디에도 존재하지 않는다. 이는 눈에 보이는 효용 가치로 모든 것을 판단하는 현대사회의 음울한 모습을 그대로 보여준다고 생각한다. 그러니 이 영화에서 말하는 '노인'은 단지 '늙은 사람'뿐만 아니라 나이와는 상관없이 '존재하지 못하는 모든 사람'인 듯하다.

존재보다 효용 가치를 먼저 계산하는 현대사회에서 행복을 추구하는 것이 가능할까? 여기에 대한 답을 주는 책이 《소유냐 존재냐》이다. 에리히 프롬은 작가이자 세계적인 정신분석학자이다. 그는 인간의 자유와 심리적 해방을 평생의 모토로 삼았다. 그래서 그의 글을 읽으면 온전한 나로 존재할 수 있는 현실적인 방법들을 배울 수 있다.

《소유냐 존재냐》의 내용을 한마디로 요약하면, 우리가 행복해지려면 '돈, 권력, 지위' 같은 소유적 가치를 추구하지 말고 '나눔, 관계, 이해' 같은 존재적 가치를 추구해야 한다는 것이다. 나아가 프롬은 이러한 삶의 방식이 개인의 노력만으로 되는 것이 아니라 사회 전체가 바뀌어야 한다고 주장한다. '존재를 추구하는 삶'은 '존재의 나라'라고 하는 보편적 패러다임 안에서 실현될 수 있기 때문이다. 존재의 나라, 말만 들어도 가슴 뛰는 표현이다.

> (인류의 끝없는 발전이라는 약속이 오히려 인간의 삶을 황폐하고 만들고 있는 지금) 만약 하나님의 나라와 지상의 나라가 각각 '정(正)'과 '반(反)'이라면 새로운 '합(合)', 다시 말해 중세 후기 세계의 정신적 핵심과 르네상스 이후의 합리적 생각 및 과학 발달의 종합이 대혼란을 대신할 수 있는 유일한 대안이다. 이 종합은 '존재의 나라'이다.
>
> 《소유냐 존재냐》, 265쪽

위의 문장은 이 책의 내용을 압축해서 표현하고 있다. '하나님의 나라'는 하나의 종교에 매몰된 편파적 시각에서 벗어나 타인에 대한 사랑과 나눔으로써 어울려 살아가는 사회를 말한다. '합리적 생각 및 과학의 발달'은 토론과 토의를 통해서 결론을 도출하는 이성적 사고방식을 말한다. 프롬은 소유적 가치의 추구가 종교의 왜곡과 이성적 능력의 불신을 불러왔지만, 인간이 다시 존재적 가치를 추구한다면 종교와 이성도 본래의 기능을 회복할 수 있다고 말하는 것이다. 존재적 삶의 추구가 모든 사람의 보편적 가치로 확립된 나라가 바로 '존재의 나라'이다. 그는 이것이 우리 인류의 미래가 되어야 한다고 제안하는 것이다.

'존재의 나라'에서의 인간은, '얼마나 가치가 있나?'로 평가되는 비교의 대상이 아니다. 그 자체로 인정받는 의미이자 존재가 되는 것이다. 그러니 존재의 나라에서 삶은 '아, 그래도 내가 참 의미 있는 삶을 살고 있구나!'라는 생각을 할 수 있는 삶이다. 우리가 살아 있다고 느끼는 것은 사실 거창한 것을 이룩한 순간이 아니다. 작은 일이라도 그 속에서 의미를 발견할 수 있어야 우리는 살아 있음을 느낀다. 사실 이러한 '존재로서의 삶'은 모든 사람이 꿈꾸는 삶이다. 교사 역시 마찬가지다. 하지만 이런 삶을 살기가 쉽지 않다.

존재하는 삶을 살기 위해서는 타인에게 인정받는 것도 중요하지만, 자신이 하는 일에서 스스로 의미를 발견할 수 있어야 한다. 자신의 삶에서 의미를 발견할 수 있는 사람은 타인과 비교하지 않는다. 하지만 교사는 진정 자기가 해야 하고 하고 싶은 일을 제대로 하지 못하고, 안 해도 되거나 열심히 할수록 해가 되는 것을 더욱 많이 해야 하는 상황에 처해 있다. 이러한 교사의 삶은 학생에게도 피해를 주겠지만, 그 삶의 주체인 교사 본인에게 가장 큰 고통을 준다. 교사의 본업인 수업과 생활지도에서 의미를 찾지 못한다면 교사들은 어디에서 의미를 찾아야 할까?

피드백 없는 교사의 연구

교사가 삶의 의미를 찾을 수 있는 것들은 많다. 그 중에서도 큰 부분을 차지하는 것이 승진이다. 조금 더 구체적으로 말하면, 승진 점수를 모으는 일이다. 조금 더 솔직하게 말하면, 승진 이외의 다른 가치는 잠시 뒤로 미루는 것이다. 나는 승진을 선택하는 교사의 삶을 비판하는 것이 아니다. 내가 말하고자 하는 것은 '잠시 뒤로 미루는 것에 대한 가치'다. 그리고 교사가 승진을 통해서만 의미를 발견하도록 하는 현재 교원 정책의 남루함도 함께 생각하고자 한다.

그 시작은 우리를 둘러싸고 있는 수많은 가치 중에서 교사들이 어느 가치를 더 우위에 두는지를 살피는 것이다. 에리히 프롬은 가치 선택에 의해서 삶이 좌우되고, 이러한 가치 선택의 양상이 '생존 양식'이 된다고 말한다. 그는 인간의 생존 양식을 두 가지로 설명한다.

> 삶의 소유 양식에서는 세계와 나의 관계는 소유나 점유의 관계이며, 이 관계 속에서 나는 나 자신을 포함한 모든 사람, 모든 물건을 내 소유물(재산)로 만들고 싶어 한다. 삶의 존재 양식에서는 우리는 존재의 두 가지 형태를 확인해야만 한다. …… 살아 있다는 것, 세계와 진정으로 결부되어 있다는 것을 의미한다. …… 사람 혹은 물건의 진정한 본성, 진정한 실재를 가리키는 것이다.
>
> 같은 책, 48쪽

에리히 프롬은 우리가 삶에서 더 가치를 두는 것이 '소유'인지, 아니면 '존재'인지를 기준으로 삶의 양식을 구분한다. 그는 일상의 경험에서 소유와 존재가 어떻게 다른지를 증명하기 위해서 8가지 사례를 제시한다. 그 가운데 '학습'에 대한 내용만 살펴보자.

소유 양식을 가지고 있는 학생은 단 한 가지 목표 밖에 갖고 있지 않다. '배운 것'을 고수하는 일이며, 그러기 위해서 그들은 그것을 단단히 기억하거나 노트를 소중히 보존한다. …… (존재 양식을 추구하는 학생은) 스스로 말과 관념의 수동적인 장소가 되는 대신에 귀를 기울이고 '듣는다'. 그리고 이것이 가장 중요한 것이지만, 능동적이고 생산적인 방법으로 그들은 '받아들이고' '반응한다.'

같은 책, 54-55쪽

프롬은 학생을 예로 들어서 설명하지만, 학생을 교사로 바꾸어도 이야기는 같다. 학습은 성장의 과정이며 내가 탐구하는 대상에 능동적이고 적극적으로 반응하는 과정이다. 소유 양식은 새로운 사상이나 다양한 생각을 불편하게 여기게 하지만, 존재 양식은 새로운 의문, 새로운 관념, 새로운 전망에 관심을 갖도록 한다는 것이다.

그렇다면 이러한 '의문'과 '관심'은 어디서 출발할까? 나는 '피드백'이라고 생각한다. 의문과 관심은 나의 행위에 대한 타인의 반응에서 출발한다. 반응이 없으면 그다음 단계로 나아가지 못한다. 진지한 반응이 돌아오면 누가 시키지 않아도 반복해서 하게 된다. 전문가에게 가장 중요한 피드백은 연구와 실천에 대한 피드백일 것이다. 하지만 교사는 자신의 연구와 실천에 대한 피드백을 받을 수 없다. 특히 연구에 대한 피드백은 더욱 그렇다. 피드백이 주어지더라도 단편적인 '등급'이나 '점수'로 주어질 뿐이다. 나는 이것이 문제라고 생각한다.

교사가 공식적으로 가장 많이 수행하는 연구는 각종 연구대회에 참여함으로써 이루어진다. 연구대회의 취지는 좋지만 거기에 참여해 본 교사라면 '이러한 연구가 과연 교사의 성장에 도움이 될까?'라는 물음을 지울 수 없을 것이다. 이러한 고민은 다른 전문 직종에서 이루어지는 연구와 비교하면 더욱 깊어진다.

소위 말하는 전문가들이 참가하는 대회에는 반드시 그 과정과 결과물에 대한 자세한 피드백이 주어진다. 오디션 프로그램을 보아도 전문가들이 구체적인 조언을 해준다. 최종 결과는 구체적 피드백 이후에 통보한다. 셰프들의 요리와 학자들의 논문 발표도 마찬가지다. 짧게나마 그 연구가 어떤 이유 때문에 그런 결과를 받게 되었는지에 대해서 피드백이 주어진다.

하지만 교사의 연구대회에는 이런 피드백이 없다. 최종 결과만 1등급, 2등급, 3등급으로 주어질 뿐이다. 1등급을 받은 사람은 자신의 연구에 무한한 자긍심을 가지게 되고, 3등급을 받는 사람은 깊은 좌절감을 맛본다. 사실 심사위원이 다른 사람으로 바뀐다면 등급 역시 바뀔 수도 있을 것이다. 그러니 교사의 연구에서 중요한 것은 등급이 아니라 이러한 연구를 통해서 교사가 전문가로 성장할 수 있는 발판을 마련해 주는 것이다. 피드백이 없는 연구에는 성장도 없다.

이런 상황이 반복되다 보니 교사들의 연구와 공부는 연속성을 가지기 어렵다. 대부분의 연구는 1년을 기준으로 이루어지고(같은 주제를 가지고 2년 이상 연구하면 안 된다), 그러한 연구 결과는 다음 연구의 성찰과 발전에 반영되지 못한다. 대부분의 연구가 인스턴트 음식처럼 후딱 데워진 상태에서 심사위원 앞에 차려지고, 심사위원들은 그것을 허겁지겁

먹어치우기 바쁘다. 심사위원이라고 꼭 전문가는 아니다.

그러니 당장 보기 좋게 꾸며서 좋은 결과를 받는 것이 중요해진다. 결과와 등급 외에 다른 것은 뒤돌아볼 필요가 없다. 교사가 기억하는 것은 대회의 결과이고, 그 숫자만 인사기록카드에 기록된다. 이러한 과정이 반복되면 교사는 연구대회의 의미보다 등급 자체를 갈망하게 된다. 이렇게 소유가 존재를 압도한다.

> 삶의 소유 양식에 있어서 문제가 되는 것은 소유하는 여러 가지 '대상'이 아니고 인간으로서의 우리의 전반적인 태도이다. 모든 것이 갈망의 대상이 될 수 있다. 우리가 일상생활에서 사용하는 물건들, 재산, 의례, 좋은 행동, 지식, 사상 등이 모두 갈망의 대상이 될 수 있다. 그것들은 그 자체로서는 '나쁘지' 않은데 나쁘게 변한다. 즉 우리가 그것들에 집착할 때, 그것들이 자유를 해치는 쇠사슬이 될 때 그것들은 우리의 자기실현을 방해하는 것이다.
>
> 같은 책, 98쪽

승진을 위해서 하는 많은 연구와 노력, 교육 활동 자체가 나쁜 것이 아니라, 거기에 매몰되는 삶이 우리의 삶을 소유 양식으로 바꾼다는 것을 기억해야 한다. 소유 양식이라는 쇠사슬은 우리가 살아가는 일상의 삶을 남루하게 느끼도록 만든다. 그러다 보면 교사의 본질적인 일에서 의미를 찾기보다 남들이 부러워할 만한 일에서 의미를 찾게 된다. 나의 삶이 아닌 타인의 반응에서 의미를 찾는 것이다. 이렇게 교사는 자유로운 삶을 박탈당하는 것이다. 자유로운 삶은 집착과 소유의 유혹을 뿌리친 사람만이 누릴 수 있는 품격 있는 삶이라고 볼 수 있다.

커트 보니것의 단편인 〈포스터의 포트폴리오〉를 읽어보면 소유의 유혹을 뿌리치는 것과 품격 있는 삶이 어떻게 연결되는지를 확인할 수 있다. 이 소설의 화자인 '나'는 부자들의 자산을 관리하는 세일즈맨이다. 그는 어느 날 허버트 포스터라는 인물의 집을 방문하여 자산 컨설팅을 하면서, 그가 먼 친척에게 물려받았던 채권의 가격이 엄청나게 올랐다는 것을 알게 된다.

'나'는 포스터에게 그 사실을 알리지만, 포스터는 아무 반응을 보이지 않는다. '나'는 포스터에게 "당신은 엄청난 부자가 되었어요."라고 말하지만, 포스터는 허름한 식당에서 피아노를 연주하는 일상을 그대로 이어나간다. 포스터에게 채권은 단지 '물려받은 것'일 뿐 자신의 삶에 '의미'가 되지 못했던 것이다. '나'는 그가 식당에서 피아노를 연주하면서 무아지경에 빠진 모습을 지켜보고 나서야 포스터를 이해하게 된다. 그는 돈과 관련 없이 이미 자신이 존재하기 위한 모든 것을 가지고 있었던 것이다.

누구도 허버트를 위해 할 수 있는 것은 아무것도 없었다. 허버트는 이미 자신이 원하는 것을 가지고 있었다. 내가 개입하기 훨씬 이전에, 아니 어쩌면 상속받기 훨씬 이전에 그는 이미 그것을 가지고 있었던 것이다.

《몽키 하우스에 오신 것을 환영합니다》, 117쪽

포스터는 자기 본연의 일을 통해서 '온전한 나'를 유지할 수 있었던 것이다. '어제 내가 했던 일들이 오늘도 나에게 여전히 의미가 있구나!' 라는 감정이 우리를 살아 있는 존재로 만든다. 이러한 감정이 바로 '자기 동일성'이다. 자기 본연의 일에서 자기 동일성을 보장받지 못할 때, 우리는 동일성을 유지하기 위해서 소유 행위를 반복하게 된다. 교사 역시 수업에서 의미를 형성하지 못하면 소유 행위를 통해서 자신의 동일성을 부여잡게 되는 것이다. 이런 왜곡 현상에 기름을 붓는 것이 현재의 교원정책이다.

지금의 교원정책은 교사가 자신의 본업에서 동일성을 찾도록 지원하지 못하고 있다. 교사의 자기 동일성에는 아예 관심이 없다. 조금 거칠게 표현하면, 지금의 교원정책은 교사가 점수에서 자기 동일성을 찾도록 방치하고 있다. 이렇게 되면 교사는 수업이라는 불확실한 의미보다 점수라는 확실한 소유를 추구하게 된다.

나이스에 적히는 것과 적히지 않는 것

교사의 삶을 챙기는 교원정책이 중요한 이유는, 교사는 근본적으로 자기 동일성을 유지하기 어려운 여건에서 일하기 때문이다. 교사는 다른 직업과 달리 주기적으로 근무지를 옮긴다. 수시로 바뀌는 상황과 공간에 적응하는 삶을 살아가야 한다. 그러다 보니 이전의 학교에서 핵심적 역할을 했다고 하더라도, 새 학교에서 그러한 인정을 그대로 받는다는 보장이 없다. 새 학교로 옮기면 신규의 처지로 돌아가는 것이다.

　이러한 교사의 특성은 교사가 '과거의 나'와 '현재의 나'가 같은 존재라는 동일성을 느끼는 데 상당한 장애물이 된다. 그렇다고 자신의 능력을 주야장천 말로 설명할 수도 없다. 이런 상황에서 어떤 교사를 가장 잘 설명해 주는 것이 나이스(NEIS)에 기록된 각종 점수이다. 그 사람의 능력을 실제로 알기 전까지는 거기에 적힌 기록들을 보고 그 사람의 능력과 경험들을 판단한다.

　하지만 나이스에는 교사의 본업인 수업과 생활지도에 대한 능력과 평가는 기록되지 않는다. 주로 적히는 것은 연구학교, 연구대회, 연수, 학교 근무 실적, 표창 같은 가산점 항목이다. 물론 이러한 내용들이 교사의 본업과 완전히 관계없는 것은 아니다. 이런 점수들도 교사의 능력을 증명할 수 있는 지표가 될 수 있다.

　하지만 이러한 점수 중심의 기록만으로 교사를 평가하는 현재의 인사 제도가 교사의 삶의 양식을 존재 양식이 아닌 소유 양식으로 만드는 주범이라고 생각한다. 교사는 자신의 동일성을 유지하고 능력 있는 교사로 '존재'하기 위해서 자신의 본질과 거리가 먼 것들을 '소유'해야 하는 비극적 상황에 놓여 있는 것이다.

　소유 양식에 있어서는 나와 내가 가지고 있는 것 사이에는 살아 있는 관계가 없다. 그것과 나는 물건이 되어버리며, 나는 '그것'을 가지고 있다. 왜냐하면 나는 그것을 내 것으로 할 수 있는 힘을 가지고 있기 때문이다. 그러나 또한 반대의 관계도 성립한다. 즉 '그것이 나를 소유하는' 것이다. 왜냐하면 나의 동일성, 말을 바꾸면 내가 '그것'(그리고 가능한 한 많은 것)을 소유한다는 사실에 의존하고 있기 때문이다.

《소유냐 존재냐》, 113쪽

필요와 의미를 생각하기보다 일단 소유하는 것에 목적을 두는 소유 양식은 이미 교사 문화 속에 독버섯처럼 퍼져 있다. 이는 교사들이 가장 많이 들었던 말 중의 하나인 "혹시 모르니 일단 받아둬."라는 말에도 녹아 있다. 지금 당장은 필요 없지만 나중에 그 점수가 어떻게 쓰일지 모르니 일단 받아두라는 말이다.

학교 현장은 매우 예측 불가능하며, 정책 또한 정권에 따라서 수시로 널뛰기를 한다. 사회적으로 중요한 이슈가 터지면 그것은 어김없이 학교의 업무가 되어 들어오지만, 그것을 맡을 사람을 찾기가 쉽지 않다. 관료들은 점수로 그것을 해결하려고 하지만, 시간이 지나면 그 점수가 갑자기 사라지기도 한다. 이런 불확실한 시대를 살아온 교사들이 온몸으로 얻은 지혜는, 일단 받아놓은 점수는 사라지지 않는다는 것이다.

하지만 점수는 그 사람을 설명하지 못한다. 나이스에도 교사의 진짜 실력을 기록하는 칸은 없다. 이러한 생각은 다음 문장을 읽고 더욱 확고해졌다.

푸른 유리는 빛이 통과할 때 파랗게 보이는데, 그것은 유리가 다른 빛깔을 모두 흡수해서 통과하지 못하게 하기 때문이다. 즉 우리가 유리를 '푸르다'고 하는 것은 바로 그것이 푸른색의 파장을 보유하지 않기 때문이

다. 그것은 소유하고 있는 것에 의해서가 아니라 방출하는 것에 의해서
명명되기 때문이다.

같은 책, 126쪽

멋진 표현이다. 가지고 있는 것으로는 우리를 표현하지 못한다는 것
이다. 오히려 내가 가질 수도 있지만 타인에게 양보하고 나눠주는 것이
자신을 표현하는 것이다. 어떤 것을 더 갖는 것보다 내가 하는 일과 그
것이 만들어내는 의미가 나를 표현한다는 것이다. 그러니 소유하기보다
나누려는 태도가 삶의 품격이 된다.

값비싼 외제차를 가지고 있다고 인품까지 높은 것은 아니다. 장관이
라는 높은 자리에 있다고 해서 그 사람의 자질까지 장관인 것은 아니다.
옷은 허름하지만 평생 모은 돈을 기부하는 사람들, 아픈 이웃을 위해서
소중히 기른 머리카락을 아낌없이 내어놓는 사람들, 지위는 낮지만 자
신의 일을 끝까지 해내는 사람들이 훨씬 품격 있다.

자기중심적 사고와 《리어왕》의 비극

소유는 자기중심적 사고이다. 이런 구심력에서 벗어나려면 강력한 원
심력이 필요하다. 그 원심력은 '공감'이어야 한다. 고통은 자신만 겪는
것이 아니라는 것을 알아야 하고, 모두가 각자의 삶을 치열하게 살고 있
다는 사실을 깨달아야 한다. 그래서 나의 노력과 헌신을 기준으로 타인

의 삶을 평가하지 않고, 타인의 고통에 공명하는 시선을 가져야 한다. 지금 교사 문화에서 가장 필요한 것도 이러한 원심력이다.

승진을 위한 점수는 파이가 정해져 있다. 누군가 가지려면 누군가는 갖지 못한다. "가장 헌신한 사람이 점수를 받아가는 것은 당연한 것 아니냐?"라고 반박할 수도 있다. 틀린 말은 아니지만, 이 세상에서 어떤 일에 가장 헌신한 사람을 객관적이고 공정하게 가릴 수 있는 방법이 있을까? 정말 중요한 것은 눈에 보이지 않을뿐더러, 본질은 언제나 평가라는 무대에 서지 못하기 때문이다.

특히 교육에 있어서는 더욱 그렇다. 마하트마 간디의 제자이자 인도의 위대한 교육자였던 비노바 바베는 《아이들은 무엇을 어떻게 배워야 하는가》에서 진정한 교육을 '소화'라고 표현한다. 진짜 교육은 소화되어 아이들 삶에 녹아들기 때문에 계량화할 수 없다는 것이다. 교육의 결과를 계량화하고 평가할 수 있다는 것은 어른들만의 슬픈 착각이다. 지금의 승진 체계는 계량화할 수 없는 것을 계량화해서 교사 간의 불필요한 경쟁을 유발하고 있다. 그 결과 교사 공동체는 점점 파괴되어 가고 있을 뿐이다.

지금의 승진 체계는 "점수로 너의 능력을 증명해 봐!"라는 말과 같다. 눈에 보이는 것으로 증명하지 못하면, 아무리 실력이 있는 교사도 처음부터 무능력한 선생이 되는 것이다. 이런 측면에서 지금의 승진 체계는 《리어왕》에 등장하는 리어의 편협한 시각과 같다. 그는 자신에 대한 사랑을 말로써 증명하지 못하는 코딜리아에게 "없음은 없음만 낳느리라." 라고 말한다. 코딜리아는 답답한 마음에, 자신의 사랑은 설명하거나 보여줄 수 있는 영역의 것이 아니라고 말하지만, 리어는 그 말을 듣지 않고 그녀를 머나먼 땅으로 추방한다.

이것이 모든 비극의 출발점이다. 확인할 수 없는 것은 처음부터 없는 것이 되는 것. 교육의 본질에 헌신하는 교사는 누구보다 교육을 사랑하지만, 결국 '인정'이라는 무대에는 서지 못하고 추방된다. 점수를 통해서만 교사의 능력과 헌신을 평가하는 현재의 시스템은 교사를 점점 '자기중심적' 존재로 만들고 있다. 교사가 삶의 이야기보다 숫자들의 총합에 매달리기 시작하면, 아무리 숫자를 채워도 불안함은 가시지 않는다. 그러니 소유를 통한 동일성의 유지는 교사를 더욱 남루하게 만들 뿐이다.

자신을 소외시키고 있지 않나요?

프롬은 타인과의 나눔이 존재 양식에서 가장 중요한 요소라고 설명한다. 나아가 존재 양식만이 그 사람을 설명할 수 있으며, 동일성을 유지하는 유일한 길이라고 주장한다. 학생들을 위해서 뒤로 미룬 것, 동료 교사를 위해서 양보한 것, 개인보다 집단을 위해서 양보한 것은 나이스에 기록되지 않는다. 하지만 나이스에 적히지 않는 것이야말로 그 사람을 더욱 잘 설명할 수 있는 것이다.

이어서 프롬은 우리 삶이 존재 양식이 되기 위한 조건으로서 내면의 목소리에 귀를 기울이는 '능동성'을 강조한다. '소유'는 '분주함'과 같은 말이고, '나눔'은 '능동성'과 같은 말이기 때문이다.

능동성의 현대적 의미는 '능동성'과 단순한 '분주함'을 구별하지 않는다. 그러나 이 둘 사이에는 근본적인 차이가 있으며, 그것은 능동성과 관련을 가진 '소외된'과 '소외되지 않은'이라는 용어에 대응하고 있다. …… 소외되지 않은 능동성에 있어서는 '나 자신'을 능동성의 '주체'로서 경험한다. 소외되지 않은 능동성은 무엇인가를 생산하는 과정이며, 무엇인가를 생산하여 그 생산물과의 관계를 유지하는 과정이다.

같은 책, 128-129쪽

능동성은 내가 하고 싶어서 선택하는 바쁨이고, 분주함은 억지로 하게 되는 바쁨이다. 능동성은 나의 진심에 바탕을 두기 때문에 나를 소외시키지 않지만, 분주함은 행위를 시작하는 원인이 외부에 있기 때문에 경험의 과정과 결과에 의미를 두지 못한다. 단지 결과를 소유하는 것에만 의미를 둘 뿐이다. 분주함은《교사도 학교가 두렵다》에서 말한 교사의 바쁨과 연결되는 개념이다.

승진을 위해서 하는 많은 노력은 그 행위 자체에 내재적 목적이 있는 것이 아니다. 그런 끝없는 질주를 진심으로 원해서 하는 사람은 거의 없다. 그 질주를 버티는 이유는 승진이 가져다줄 축하와 대접, 그리고 '나이 듦'과 비교가 불러오는 두려움을 이기기 위함이다. 이 과정에서 철저하게 소외되는 것은 바로 자신의 진심이다. 그러니 승진에 대한 선택은 나를 소외시킬 것인가, 아니면 내면의 목소리에 솔직해질 것인가 사이의 선택이라고 볼 수 있다.

하지만 이러한 선택은 절대 쉽지 않다. 내면의 목소리에 솔직해지려면 수많은 유혹을 뿌리쳐야 하기 때문이다. 그래서 문학작품에서 '소신'은 마르지 않는 샘과 같은 주제이다. 조선 최고의 문장가였던 허균 역시 소신 있는 삶을 선택하는 것에 대한 고민을 다음과 같은 시로 남겼다.

> 예교(禮敎)로 어찌 자유를 구속하리
>
> 부침을 오직 정(情)에 맡길 뿐
>
> 그대들은 그대들의 법을 따르라
>
> 나는 내 삶을 살아가리니

허균,《나는 나의 법을 따르겠다》, 64쪽

허균의 결단처럼 자신을 소외시키지 않는 삶이, 그래서 자신의 소신을 끝까지 밀고 나가는 태도가 존재 양식의 핵심이라고 볼 수 있다. 그렇다면 이러한 존재 양식을 가로막는 가장 큰 장애물은 무엇일까? 나는 그것을 '보편의 틀'이라고 생각한다.

현대라는 불확실성의 시대를 살아가는 사람이라면 누구나 자신의 진심을 의심하게 된다. 교사도 예외일 수 없다. 그래서 다른 사람들이 만들어놓은 보편적인 틀에 의지할 수밖에 없다. 이러한 틀은 교사가 자신의 진심과 대화할 시간을 허락하지 않는다. '그래, 괜히 골치 아프게 생각하지 말고 다른 사람들처럼 살자.'라고 생각하도록 만든다. 이것은 신규 교사든 경력이 많은 교사든 마찬가지다. 틀에 젖어 살다 보면 어느 순간 외부에서 주어진 조건에 순응하고 있는 자신을 발견하게 된다.

교사가 승진에 몸을 던지려고 하는 것도 결국은 보편의 틀에서 벗어나지 않으려고 하는 몸부림이라고 보았을 때, 그러한 선택의 밑바닥에는 무리에서 소외되지 않으려는 절규가 숨어 있다고 볼 수 있다. 집단을 리드하거나 거기에서 존재감을 발휘하려는 생각은 누구나 가지고 있는 본능이기 때문이다.

젊은 시절에는 괜찮지만 나이가 들어가면서 점점 비슷한 처지의 사람끼리 모이기 마련이다. 학교라는 관료 조직은 업무 중심으로 운영되기 때문에 승진 트랙에 있는 사람들이 주류 담론을 형성하게 되어 있다. 과거에는 좀 덜했지만, 학교가 바빠지면서 이러한 양극화 현상은 더욱 심해지고 있다. 승진의 길을 걷지 않는 사람들은 자연스럽게 그 무리에 끼기 힘들어진다. 평생을 교사로 살아가고 싶어도 소유 양식이라는 보편적 틀은 그러한 교사의 마음을 가만두지 않는다. 학교는 이미 '존재'보다 '소유'를 우대하는 공간이 되어버렸기 때문이다. 프롬은 이런 비극이 산업사회의 시작과 함께 시작되었다고 설명한다.

(산업사회는) 소유 지향의 사회적 성격을 낳고, 일단 이러한 양식이 우위를 확립하면 아무도 그 밖으로 추방되기를 바라지 않으며, 그 속에서 따돌림을 받는 사람이 되기를 바라지 않는다. 이 위험을 피하기 위해서 모든 사람이 다수자에게 순응하지만 그들이 공유하는 것은 단지 상호 간의 적개심뿐이다.

같은 책, 149쪽

산업사회는 소유를 최고의 가치로 숭상하도록 만들었다는 것이다. 따돌림당하지 않으려면 생산과 소유라는 자본주의 공식을 신봉해야 한다. 그래서 생산과 소유의 메커니즘에서 벗어나서 자신의 소신을 추구하려는 사람은 은근한 압박을 받게 된다. 이와 관련해서 구스타보 에스테바는 〈발전, 두 개로 나뉜 세계〉라는 글에서, 현재 사회는 "수많은 사회생활 형식의 하나에 불과한 공장제 생산 양식이 사회 진화라는 일방통행로의 최종 단계로 정의되었다"고 비판하고 있다.

소유 양식을 장려하고 그것으로 모든 것을 평가하는 세상에서, 존재 양식을 추구하는 사람은 바보가 될 수밖에 없다. 소소한 나눔을 통해서 행복을 추구하는 사람은 너무나 순진하고 세상 물정 모르는 고고한 선비처럼 보일 뿐이다. 이런 시대에 선비로 남는다는 것은, 기독교적 교리가 세상을 지배하기 시작한 시기에 알렉산드리아 도서관을 지키겠다고 나선 히파티아의 삶만큼이나 고될 것이다. 무리에서 소외되는 고립과 나의 가치관을 지속적으로 의심해야 하는 끝없는 불안을 감수해야 하기 때문이다. 승진에 뛰어들고 거기에 매몰되는 교사들 역시 이런 시대에서 살아남기 위해서 자신만의 달리기를 멈추지 못하는 것이리라.

그렇다면 교사는 어떻게 살아야 할까? 교사에게 존재 양식은 불가능한 것일까?

새로운 헌신 대상과 교사의 자유

헌신 대상을 잃은 교사와 버팀의 시간

프롬은 자신의 삶을 존재 양식으로 바꾸는 노력이 필요하다고 말한다. 이것이 선행되지 않으면 언제나 무언가를 소유하는 것에 그치고, 어떤 것을 가지고 있다는 것에 만족하게 된다. 무언가를 가지고 있다는 안도감에는 그것을 잃어버릴 수 있다는 두려움이 함께 숨겨져 있다.

> 가지고 있는 것을 잃어버릴지도 모른다는 위험으로부터 생기는 걱정과 불안은 '존재 양식'에는 없다. 만일 내가 존재하는 나이고, 내가 소유하고 있는 내가 아니라면 아무도 나의 안정감과 동일성의 감각을 빼앗거나 위협할 수 없다. 나의 중심은 내 속에 있다.
>
> 같은 책, 152쪽

존재 양식을 추구하는 과정에서 반드시 생각해야 할 것이 '시간의 자유'이다. 보통 시간은 과거, 현재, 미래로 나뉜다. 하지만 소유 양식에는 현재가 없다. 현재의 시간은 과거의 내가 가지고 있는 것을 잃어버리지 않기 위해서 애쓰는 시간이자 미래에 소유할 것들을 위해서 투자해야 할 기회비용이다. 현재를 살아가고 있다는 안정감, 어제의 나와 오늘의 내가 같은 존재라는 동일감은 소유 양식에서 벗어나야만 누릴 수 있다. 그러기 위해서는 소유에 집착하지 않아야 한다.

많은 사람이 "나는 그래도 내 시간만큼은 적절히 통제해서 내 의지에 따라 사용합니다."라고 말하지만, 그것은 착각인 경우가 많다. 소유 양식에서는 시간이 우리를 통제한다. 프롬은 이것을 '가석방 상태'라고 했다.

소유 양식에서 우리는 '과거'에 축적한 것, 즉 돈, 토지, 명성, 사회적 지위, 지식, 자녀, 기억 등에 얽매인다. …… '미래'는 이윽고 과거가 될 것에 대한 예측이다. …… 존재 양식에서 우리는 시간을 존중하지만 시간에 굴복하지 않는다. 그러나 이 시간의 존중이 소유 양식이 지배하게 되면 '굴복으로 변한다'. …… 우리는 대개 일을 조직화하듯이 여가 시간까지도 조직화한다. 혹은 완전히 게으름을 피움으로써 시간이라는 전제군주에게 반항한다. 시간의 요청에 거역하는 것 이외에는 아무것도 하지 않음으로써 우리가 자유롭다는 환상을 갖지만 실제로는 시간이라는 감옥에서 가석방되어 있는 데 불과하다.

같은 책, 174-177쪽

교사라면 '아무것도 하지 않는 것'이라는 구절이 가슴에 와닿을 것이다. 프롬은 우리가 아무것도 하지 않는 시간을 자유라고 생각하는 것이 착각일 수 있다고 말한다. 그것은 자유가 아니라 시간의 통제를 받은 결과라고 볼 수 있다는 것이다. 소유 양식을 살아온 사람은 아무것도 하지 않는 것을 자신의 자유의지라고 생각하지만, 실제로는 시간의 가석방 상태에 놓여 있는 것에 불과하다.

분명한 것은, 승진을 추구했다고 모두가 소유 양식을 사는 것은 아니다. 젊은 시절부터 열심히 수업과 학교 일에 헌신하다 보니 자연스레 점수가 쌓여서 승진하는 경우도 많다. 혹은 우연히 승진 트랙에 들어섰지만 누구보다 헌신적으로 수업을 연구하고 동료들에게 나눔을 실천하는 사람도 많다.

하지만 승진 트랙에 있는 사람들 중에서 소유 양식을 추구한 사람들에게 반드시 찾아오는 시간이 있다. '버팀의 시간'이다. 헌신의 대상을 잃은 사람에게 공통으로 찾아오는 통과의례가 바로 버팀의 시간이다.

승진 점수를 다 채운 사람들 중에서 "나는 교감 발령까지 버텨야 한다."라거나 "이제 좀 자유롭게 쉬어보자."라고 말하는 사람이 제법 많다. 젊은 시절부터 열심히 점수를 모아서 필요한 것을 모두 채웠으니 아무것도 하지 않고 발령만을 기다리는 것이다. 젊은 시절부터 치열하게 달렸으니 그러한 휴식도 필요할 것이다.

하지만 프롬의 입장에서 보면 그러한 버팀의 시간을 보내는 사람들은 삶을 소유 양식으로 살아왔다고 볼 수 있다. 그동안 자신이 추구했던 목적을 달성했다고 생각하는 순간, 자신을 지탱했던 헌신의 대상이 한

순간에 사라지는 것이다. 헌신의 대상을 잃은 사람에게 찾아오는 것이 지독한 버팀의 시간이다.

그렇다면 존재 양식을 추구해 온 교사에게는 이런 버팀의 시간이 찾아오지 않을까? 아닐 것이다. 현장에는 젊은 시절부터 수업과 학급 경영에 헌신하는 교사들이 더 많다. 이들은 학교의 크고 작은 일에도 언제나 적극적으로 헌신한다. 점수보다 학생에, 겉치레보다 의미에, 경쟁보다는 관계에 더욱 의미를 두는 사람들이다.

하지만 이들도 시간이라는 괴물을 피할 수는 없다. 김영하가《살인자의 기억법》에서 "악보다 더 무서운 것이 시간이다."라고 적었듯이, 시간이라는 풍화작용을 견딜 수 있는 것은 아무것도 없다. 수업과 학급 경영에 헌신했던 교사들도 나이가 들면 점점 소외당하게 된다. 젊은 후배들과 소통하는 시간은 줄어들고, 그동안 자신이 헌신했던 수업도 예측 불가능한 것으로 다가온다. 그러다 보면 에너지가 고갈되는 시점이 오기 마련이다.

교사가 소유 양식을 추구하든 존재 양식을 추구하든 간에 헌신의 대상이 하나뿐이면 버팀의 시간은 반드시 찾아온다. 그러니 교사에게는 지금보다 훨씬 다양한 헌신 대상이 있어야 한다.

새로운 헌신 대상

프롬은 인류의 발달 과정을 바탕으로 인류가 생존을 위해 독특한 기제를 발전시켰다고 말한다. 그것은 '지향 구조'와 '헌신의 대상'이다. 지향 구조란 인간이 세계를 인식하는 틀을 말한다. 사회를 유지하는 체계, 문화 같은 것을 떠올리면 쉬울 것이다. 프롬은 인류의 삶에서 지향 구조보다 헌신의 대상에 조금 더 무게를 둔다. 지향 구조가 전체를 볼 수 있는 지도라면, 헌신의 대상은 목적지가 되기 때문이다.

> 지도는 행위의 지표로서 충분하지 않다. 우리에게는 어디로 가야 하는지를 알려주는 목적도 필요하기 때문이다. …… 헌신의 대상이 필요한 것은 에너지를 한 방향으로 통합하기 위해서이며, 온갖 의혹과 불안을 지닌 우리의 고립된 존재를 초월하기 위해서이며, 인생에 대해서 의미를 찾는 우리의 요구에 대답하기 위해서이다.
>
> 같은 책, 187쪽

흔히 헌신의 대상이라고 하면 특정 종교를 떠올리기 쉽다. 틀린 말은 아니지만 프롬이 말한 헌신의 대상은 좁은 의미의 종교를 말하는 것이 아니다. 자신의 삶을 통틀어서 열정적으로 에너지를 집중할 수 있는 대상이나 경험을 말한다. 그는 헌신의 대상 중에서 가장 중요한 것이 '자신의 고유한 자아'라고 말한다. 이것은 앞에서 말한 동일성의 개념과 일치한다. 프롬은 우리가 고유한 자아를 가지지 않으면 하나의 상품으로 전락하게 된다고 말한다.

자본주의 사회에서의 성공은 자신의 능력을 얼마나 포장하느냐에 따라 좌우된다. 따라서 현대인은 자신의 가치를 타인과 비교하게 된다. 이런 과정이 반복되다 보면 자신의 소신에 전념하지 못하고, 팔리기에 적합한 상품이 되기 위해서 끝없이 자신을 착취하게 된다. 이러한 현상을 잘 설명한 책이 한병철의 《피로사회》이다. 우리가 흔히 사용하는 '스펙'이라는 말도 이러한 비극이 숨어 있는 말이다. 스펙은 제품의 사양을 나타내는 'specification'의 앞글자를 따온 말이다. 잘 팔기 위해서 끊임없이 사양을 높이는 제품의 특성을 인간에게 그대로 옮긴 말이다.

프롬은 이러한 시장 중심의 사회에서 자신만의 고유하고 변하지 않는 자아를 형성하지 못하면 계속해서 자본의 노예로 살아가게 된다고 경고한다. 이러한 '동일성의 위기'는 관료제 사회에서 더욱 극대화된다.

현대사회에 있어서의 '동일성의 위기'는 그 구성원이 자아를 갖지 않는 도구가 되고 그들의 동일성이 회사 '혹은 다른 거대한 관료제 조직'의 일원이 됨으로써 빚어진 것이다.

같은 책, 200쪽

학교도 관료제라는 거대한 알고리즘의 부속품이 되었기 때문에 교사는 학교라는 공간에서 고유한 자아를 형성하기 어렵다. 그렇다고 교육 조직과 학교라는 관료제를 해체할 수도 없다. 교사가 학교라는 공간에서 고유한 자아를 형성하기 위해서는 교사가 진정으로 헌신할 수 있는 대상과 그 수행 결과를 나눌 수 있는 유연한 교사 공동체가 필요하다. 하지만 현재의 관료적 학교 조직과 단선적 승진 체계는 교사의 자아 형성을 근본적으로 가로막고 있다.

따라서 교사에게는 유연한 학교 조직과 함께 다양한 헌신의 대상이 필요하다. 나는 이것을 '조직 크기의 축소'와 '다양한 루트'라는 말로 구체화하고자 한다.

먼저 관료제의 폐단을 줄이기 위해서는 교육부에서부터 단위 학교로 이어지는 거대 조직 체계를 작게 만드는 작업이 필요하다. 거쳐야 하는 단계가 많을수록, 그리고 그것이 수직적일수록 관료제의 폐단은 심해진다. 중앙에서 통제할 것이 아니라 지역의 자율성을 대폭 보장할 필요가 있다. 이런 측면에서 볼 때, 현재 이루어지고 있는 교육부의 권한 축소와 지역별 교육 자치권의 강화는 긍정적인 변화라고 볼 수 있다. 다만 이것이 지금 논의되고 있는 양적인 변화에 그쳐서는 안 된다. 조직과 조직, 구성원과 구성원 관계의 질적 개선이 수반되어야 한다.

이보다 더 중요한 것이 교사에게 다양한 루트를 제공하는 것이다. 기존에 교사가 헌신할 수 있는 대상은 '승진 아니면 수업' 두 가지뿐이었다. 하지만 앞에서 언급했듯이, 하나의 헌신 대상이 교사에게 변하지 않는 의미를 제공하지 못한다. 시간의 흐름은 필연적으로 그 의미를 왜곡시키기 마련이다. 그래서 교사에게 조금 더 다양한 루트를 제공할 필요가 있다.

다양한 루트를 제공한다는 것은 교사에게 다양한 헌신의 대상을 제공하는 것을 말한다. 여기서 중요한 점은 그것이 어떤 루트든 간에, 마지막은 다시 '교사로 돌아오는 길'이어야 한다는 것이다. 돌아오는 길이 없으면 '사이'에 머물 수 없다.

케르베르스의 개와 진짜 자격증

전문가는 자신의 자리가 아니라 자신이 하는 행위로 전문성을 인정받는 사람이다. 그러니 자기 본연의 자리로 돌아오지 않는 전문직은 진짜 전문직이 아니다. 대부분의 전문직은 관리자의 임기를 마치면 다시 처음 위치로 돌아온다. 교수, 의사, 과학자, 법조인을 비롯하여 전문가라고 칭하는 집단은 대부분 임기를 마치면 자신의 자리로 돌아온다. 교사 역시 전문가로 인정받기 위해서는 이러한 전문가 집단의 궤적을 따라야 한다. 다시 교사로 돌아온다는 전제가 있어야 새로운 대상에 전적으로 헌신할 수 있으며 그 자리에 집착하지 않는다.

굳이 전문성을 거론하지 않더라도, 인간의 삶에 있어서 자신의 삶이 시작되었던 위치로 돌아간다는 것은 매우 고귀한 가치를 지닌다. 삶의 서사는 단순히 이어져 있다고 완성되는 것이 아니라, 처음과 끝이 만나야 비로소 완성되는 것이다. 서사의 완결에 이르렀을 때 자신의 시작을 반추할 수 있으려면 자신의 원래 자리로 돌아와야 한다.

이는 삶의 여정을 가장 극적으로 표현한《오디세이》를 읽어보면 쉽게 확인할 수 있다. 이 작품은 트로이전쟁을 승리로 이끈 오디세우스가 자신의 고향으로 돌아오는 10년의 이야기다. 그의 여정에는 그를 주저앉히는 수많은 유혹이 있었지만, 오디세우스는 그 안락함을 모조리 걷어내고 고향으로 발길을 옮긴다. 그의 삶에서 돌아감은 후퇴가 아니라 삶의 서사를 완성하기 위한 위대한 나아감에 가깝다. 따라서 처음으로 돌아오는 유연성을 상실할 때, 교사의 삶은 매듭짓지 못한 실처럼 이리저리 날릴 뿐이다.

하지만 현재의 승진 제도는 이러한 유연성을 이중으로 차단하고 있다. 일단 승진 문턱을 통과하려면 처음부터 굳은 마음을 먹어야 한다. 타노스에 버금가는 집념을 발휘하여 모든 점수를 모으거나, 셜록 홈즈에 버금가는 집중력을 발휘하여 전문직 시험을 통과해야 관리자의 세계에 진입할 수 있다. 더 큰 문제는 일단 승진한 사람은 다시 교사로 돌아오지 않는다는 데 있다. 현재의 교사 문화에서는 관리자를 하다가 교사로 돌아가는 것을 견디기 어려운 상황으로 취급하고 있다. 이래서는 어떤 루트든 도피의 길밖에 되지 않는다.

다행스럽게도 이러한 승진 제도의 문제점을 해결하기 위해서 '교감 공모제'와 승진 대상자의 검증 강화 같은 보완책이 마련되고 있지만, 이러한 방법들도 유연성의 상실이라는 근본적 문제를 해결하기에는 역부족이다. 교사와 관리자 사이에 건널 수 없는 강이 놓여 있는 한 승진 제도의 폐단은 교사의 존재 양식을 끝없이 좀먹을 뿐이다.

그래서 나는 현재의 승진 제도를 그리스신화에 나오는 '케르베르스의 개'라고 표현하고 싶다. 이 개는 하데스가 관장하는 저승 문을 지킨다. 케르베르스 때문에 죽은 사람은 다시 인간의 세계로 나오지 못하고, 살아 있는 사람은 그 안으로 들어가지 못한다. 철저한 분리를 담당하는 무서운 존재이다.

지금의 교원정책은 '갈 수 있는 길'과 '갈 수 없는 길'을 너무나 명확하게 갈라놓고 경계를 허락하지 않는다. 뒤에서 박지원의 삶을 다루면서 이야기하겠지만, 길은 어디에나 있어야 하고 그 길은 스스로 만들어가는 것이어야 한다. 그 길은 일방통행이 아니라 반드시 처음으로 돌아갈 수 있는 유연한 길이어야 한다.

교사의 길은 누군가를 배제하는 길이 아닌 함께 걷는 길이 되어야 한다. 교육은 배제가 아니라 아우름이기 때문이다. 그러한 길의 끝이 다시 교사이어야만 경쟁보다 협력을, 눈치보다 진심을, 소유보다 존재를 추구할 수 있다. 이제 이러한 다양한 루트가 어떻게 가능한지 구체적으로 살펴보자.

교사는 대부분 하나 정도의 특기를 가지고 있다. 기획력이 좋은 사람, 수업을 잘하는 사람, 예체능을 잘하는 사람, 연구력이 뛰어난 사람, 공동체를 잘 아우르는 사람 등 그 분야는 무궁무진하다. 예체능만 하더라도 분야가 매우 다양하다. 교사들은 자신이 좋아하는 분야에서 꾸준히 탁월성을 발휘하고 있다.

하지만 이러한 특기는 승진 제도 앞에서는 무기력하다. 현재의 승진 제도는 만능 교사를 원하기 때문이다. 연구력이 아무리 뛰어나도 상한선이 정해져 있다. 학생 지도력이 아무리 특출나도 도서 벽지에 근무해야 한다. 학술적 연구력이 뛰어나도 연구학교에 근무하지 않으면 어렵다. 그 사람의 재능과 장점을 어느 선까지만 인정해 준다. 그러니 교사들은 모든 영역에 걸쳐서 소유를 위한 경쟁을 지속해야 한다. 파견 기관에서 전문 역량을 갖춘 교사를 뽑기도 하지만, 이 자리 역시 대부분 승진 점수를 모으는 사람들이 거쳐 가는 자리가 되어버렸다.

전문 분야에서 오랜 시간 경험을 쌓은 교사들이 그것을 발휘할 수 있는 자리를 많이 마련하고 제도로써 그것을 뒷받침해 주어야 한다. 물론 어느 정도의 임기를 마치면 다시 학생들 곁으로 돌아간다는 가정이 성립되어야 한다. 이 가정만 성립한다면 자리는 얼마든지 만들 수 있고, 순환도 쉽게 이루어질 수 있다.

관리자 자리도 마찬가지다. 함께 근무하는 사람들의 추천을 받아서 임기제로 돌아가면서 관리자 역할을 수행한다면, 지금의 승진 제도가 가지고 있는 폐단을 어느 정도 극복할 수 있다. 현재 많은 학교에서 이러한 변화를 시도하고 있다는 사실은 매우 긍정적인 변화라고 생각한다.

하지만 이러한 변화를 거부하는 목소리도 있다. 그들은 보통 "자격증도 없는 사람에게 그런 자리를 어떻게 맡긴단 말입니까?"라고 말한다. 이도 틀린 말은 아니다. 하지만 학교라는 공간에 필요한 관리자를 뽑을 때는 자격증보다 먼저 물어야 할 것들이 있다. '교감, 교장의 진정한 자격은 무엇인가?'라든지, '그동안 쌓은 점수와 자격 연수의 시간이 좋은 교감, 교장을 위한 자격이 될 수 있는가?' 같은 질문이다.

숙련도와 탁월성

'자격'에 대한 철학적 숙고가 필요하다는 말이다. 자격은 그 사람이 어떤 자리에 올라서 탁월성을 발휘할 수 있는지에 대한 판단을 말한다. 탁월성은 숙련도와 다르다. 탁월성은 숙련도에 품격이 더해진 개념이다. 교육은 숙련도보다 품격을 기르는 일이다. 교육청에서 '민주시민교육'을 강화하라고 복잡한 공문을 내려보내지만, 그 핵심은 간단하다. 결국 '이기적인 나라는 구심력'을 극복하고 '공동체와 어울려 살아가는 원심력'을 기르라는 말이다. 그러니 학교에 필요한 어른은 실력이 뛰어난 사람보다 인품이 훌륭한 사람이어야 한다.

숙련도는 나이스에 기록된 내용으로 확인할 수 있지만, 인품을 포함한 탁월성은 그 사람을 직접 겪어보지 않으면 모른다. 그 많은 점수와 기록은 숙련도를 어느 정도 설명할 수 있겠지만, 그 사람의 인품은 설명하지 못한다는 말이다. 교사의 인품은 교사의 본업을 통해서 성숙된다. 수업과 같이 교사의 인품이 녹아나는 본업은 교사를 품이 넓은 어른으로 만든다. 그래서 교사에게 수업은 타인이 대체할 수 없는 고유한 의미를 생성한다.

하지만 학교 업무는 경력이 조금만 쌓이면 대부분 비슷한 숙련도를 발휘한다. 따라서 누구든 금방 대체가 가능하다. "그나마 내가 해서 이 정도지, 내가 학교 옮기면 이 학교 큰일 날 텐데."라고 말하는 사람들이 있지만, 그 사람이 없어도 학교는 잘 돌아간다. 하지만 훌륭한 인품으로 공동체를 챙기고 아이들의 삶을 기르는 수업을 하던 교사가 사라지면, 그 공동체는 휘청거린다.

이러한 자명한 사실에서 관리자의 자격을 찾아야 한다. 결국 학교 관리자를 고르는 기준은 '얼마나 좋은 인품을 지닌 사람이냐'가 되어야 하는 것이다. 물론 자격 연수와 여러 점수들이 교사 공동체를 리드하는 데 도움을 줄 수 있겠지만, 그것이 없다고 공동체를 이끌 자격이 안 된다는 것은 탁월성과 숙련도를 완벽하게 혼동한 결과이다. 이런 차원에서 보면, 학교 관리자의 자격을 논하는 지금까지의 담론은 틀린 질문만 반복했던 꼴이다.

말이 나온 김에 전문직이라는 루트도 잠시 생각해 보자. 그 중에서도 교육청이 관료제를 탈피하지 못한다는 것은 심각한 문제이다. 교육청의 역할은 교육정책을 기획하여 교사들의 교육 활동을 체계적이고 유연하게 지원하는 것이다. 그런데 그곳에 근무하는 내부자들의 은밀한 증언에 따르면, 교육청은 학교보다 훨씬 유연하지 못한 조직이다. 모두가 그런 것은 아니지만, 교육청에 근무하는 장학사나 연구사와 몇 분만 통화해 보면 그들이 얼마나 유연하게 생각하지 못하는지 금방 확인할 수 있다. 유연함을 발휘하지 못하는 공간에서 존재 양식은 살아남을 수 없다. 그러한 공간에서 춤출 수 있는 것은 힘의 논리와 편협성뿐이다.

물론 교육청에서 그 많은 일을 효율적으로 처리하려면 업무를 개인 단위로 쪼개서 치밀한 결재 라인을 거쳐야 할 것이다. 그러니 그 공간에서 일하는 사람들이 유연하게 사고하고 행동할 수 없는 것은 당연하다. 나아가 관료제는 본질적으로 단선 구조이기 때문에 아무리 유연한 생각을 가진 사람이라도 상급자의 생각을 꺾을 수 없다. 그러다 보니 힘의 정점에 있는 사람들은 아래에서 올라오는 창의적 의견을 모두 수용할 능력도 의지도 없다. 힘이 피라미드 형태로 한 곳에 집중되는 관료제에서는 창의적 자유를 누릴 수 없다는 것이다. 로버트 달이 《민주주의와 그 비판자들》에서 경고한 것도 바로 이러한 힘의 집중 현상이다. 세계사를 살펴보아도 힘의 집중은 필연적으로 유연성을 박탈한다는 것을 알 수 있다.

중국은 제자백가 사상을 꽃피웠으나 진시황의 분서갱유(책을 불태운 것보다 '갱유', 즉 선비를 파묻은 것이 더 무서운 것이다.)를 거치면서 정치적 유연성이 급격히 왜소해졌다. 일본도 봉건 영주 다이묘가 자신의 자치구를 통치하던 시절에는 자율성과 다양성이 존중되었지만, 메이지유신을 기점으로 천황 중심의 단선적 체제로 전환되면서 편협한 제국주의로 전락했다.

서양도 마찬가지다. 버트런트 러셀은 《서양철학사》에서 그리스 시대까지 자유와 무질서가 사회 번영의 원동력이었으나, 로마 시대가 시작되고 복종과 질서가 시민들을 압도하게 되면서 파멸의 길로 접어들게 되었다고 평가한다. 요점은 유연함을 상실하면 그 조직은 필연적으로 몰락하게 된다는 사실이다.

어쨌든 장학사와 연구사가 자기 일에 헌신하기 위해서는 교육청이 지금과 같은 관료제를 탈피해야 한다. 파견 교사를 여럿 포함한 팀 중심의 유연한 조직으로 변화해야 한다. 그래야 장학사와 연구사들도 교사와 진정으로 소통하면서 유연성을 회복할 수 있고, 행정가가 아닌 교육자로 존재할 수 있다.

결국 교사가 소유 양식이 아닌 존재 양식을 추구하는 것도 문화의 변화가 우선되어야 한다. 관료제라는 단선적 조직을 극복하는 일도, 동등한 구성원이 함께 숙고하는 유연한 조직으로 나아가는 일도 결국은 문화를 바꾸는 일이다. 사람을 기르는 일이 교육이라면, 그 사람이 살아가는 의미의 연결망이 문화이기 때문이다. 김구 선생은 우리 민족이 나아가야 할 길을 제시한 〈나의 소원〉이라는 글에서 문화와 교육의 관련성에 대해서 다음과 같이 말했다.

앞으로는 세계 인류가 모두 우리 민족의 문화를 이렇게 사모하도록 하지 아니하려는가. 나는 우리의 힘으로, 특히 교육의 힘으로 반드시 이 일이 이루어질 것을 믿는다. 우리나라의 젊은 남녀가 다 이 마음을 가질진대 아니 이루어지고 어찌하랴!

《백범일지》, 433쪽

교육은 '민족정신'이라는 문화를 기르는 일이다. 교육이 잘 되려면 교사를 잘 길러야 하고, 교사를 잘 기르려면 좋은 교원정책이 수립되어야 한다. 좋은 교원정책은 교사를 교육 활동에 헌신하도록 만들고, 헌신의 기억은 곧 교사의 정체성이 된다.

승진은 결국 자유의 문제

교사가 자유롭게 자기 생각을 말하지 못하고, 또 헌신의 대상을 유연하게 선택하지 못한다면 교사의 삶은 이분법이라는 굴레를 벗어나지 못한다. 교사가 자신의 삶을 능동적으로 설계할 수 없다면 교육의 미래는 어둡다. 교사의 행복한 삶과 주체적 교육 활동에는 모두 '자유'라는 가치가 깔려 있다.

자유에 대한 가장 통찰력 있는 메시지를 제시한 이사야 벌린은《자유론》에서 인간의 자유를 '소극적 자유'와 '적극적 자유'로 구분한다. 소극적 자유가 단순히 자유를 옭아매는 억압으로부터 벗어나는 것을 말한다면, 적극적 자유는 억압으로부터 해방된 이후에 자신의 가치를 능동적으로 구성하는 삶의 태도를 말한다. 결국 진정한 자유란 단순히 억압으로부터 벗어나는 것이 아니라는 것이다. 자유로운 삶은 자신이 어떻게 살아갈지를 능동적으로 결정하는 과정이다.

이러한 자유를 추구하기 위해서 교사가 가장 먼저 할 일은 무엇일까? 나는 자신에게 익숙한 것, 그래서 자신이 집착하고 있는 것이 무엇인지를 가려내는 일이라고 생각한다. 그래야 그것을 버릴 수 있다. 익숙한 것은 대부분 자기 내면의 목소리가 아니라 타인이 만들어놓은 기준일 경우가 많기 때문이다. 이러한 구별을 실천하고자 한다면 중국의 사상가였던 이지(이탁오)의 삶을 살펴볼 필요가 있다.

그의 책 《분서》는 자유로운 삶을 살고자 하는 교사에게 묵직한 위로를 줄 수 있다. 이지는 안정적인 관직 생활을 하던 중에 극심한 허무주의에 빠진다. 그러다 양명학이라는 실용적 학문을 접하면서 평생 자신이 익혀온 유교 경전이 아무 쓸모가 없음을 깨닫는다. 그것은 자신이 집착했던 대상일 뿐 자신을 성장시키지 못했다는 것을 알게 된 것이다.

이후 그는 과감히 관직을 버리고 비판적 사상가로 살아간다. 중국 사회에 감춰진 문제점들을 통렬히 비판한 《분서》는, 자신이 죽으면 태워버리라고 붙인 제목이다. 《속분서》에 나오는 아래 글은 한 교사의 삶을 바꾸기에 충분한 구절일 것이다.

나는 어릴 적부터 성인의 가르침을 배워왔지만, 정작 성인의 가르침이 무엇인지는 알지 못한다. 공자를 존경하지만, 공자의 어디가 존경할 만한지 알지 못한다. 이것은 난쟁이가 사람들 틈에서 연극을 구경하면서 다른 사람들의 잘한다는 소리에 덩달아 따라 하는 장단일 뿐이다. 나이 오십 이전의 나는 한 마리의 개에 불과했다. 앞에 있는 개가 자기 그림자를 보고 짖으면 같이 따라서 짖었던 것이다. 만약 누군가 내가 짖은 까닭을 묻는다면 벙어리처럼 입을 다물고 쑥스럽게 웃을 수밖에.

《속분서》, 243쪽

위 글은 신채호나 루쉰의 글을 읽었을 때와 비슷한 충격을 주었다. 마치 '당신의 삶 역시 다른 개들이 짖는 것을 보고 따라 짖는 한 마리의 개에 불과한 것 아니오?'라고 묻는 것만 같았다. 《이탁오 평전》을 쓴 중국 학자 예리에산과 주지엔구오는 이탁오 사상의 핵심을 '자유'라고 설명한다. 자유는 자신에게 익숙했던 것을 의심하고, 그것이 나에게 집착이 되지는 않았는지 묻는 것에서부터 출발한다는 것이다. 이지는 자유로운 삶을 살기 위해서 주변의 손가락질과 비판을 묵묵히 감내했다. 자유란 내면의 목소리를 외면하지 않고 자신을 둘러싼 억압을 과감히 벗어버리는 것이다. 이를 실천하지 못하면 교사는 자신의 소신을 밀어붙일 수 없다.

소유라는 교사의 굴레를 벗어버리고

레이몬드 카버의 단편 모음집 《대성당》은 우리가 삶에서 버릴 것과 간직해야 할 것이 무엇인지에 대해서 많은 생각거리를 던져준다. 그 중에서도 〈굴레〉라는 작품은 자유로운 삶을 갈망하는 교사라면 꼭 읽어볼 만한 작품이다.

이 소설에 등장하는 홀리츠라는 남자는 언제나 '굴레'라는 도구를 가지고 다닌다. 카버는 '굴레'를 통해서 집착이 우리 삶을 얼마나 억누르는지 보여준다. 경주마에 빠져 모든 것을 탕진한 홀리츠는 가족과 함께 허름한 집을 전전하는 신세이다. 하지만 경주마에 씌우던 굴레만큼은 버리지 못한다. 굴레는 말을 부리기 위해서 입안에 넣는 금속으로 된 재갈과 기수가 잡는 고삐가 합쳐져 있는 도구였다.

소설의 마지막은 홀리츠 가족이 다른 곳으로 이사를 가는 장면이다. 화자인 '나'는 그들이 머물렀던 집을 둘러보던 중에 홀리츠의 굴레만 남겨져 있는 것을 발견한다. '나'는 그가 일부러 그것을 남겨두고 갔을 수도 있다는 것을 직감한다. 이 소설은 다음과 같이 끝난다.

거기에 말의 입에 물리는 부분이 있다는 것은 안다. 그 부분을 재갈이라고 부른다. 강철로 만들었다. 말의 머리 뒤로 고삐를 넘겨 목 부위에서 손가락을 낀다. 말에 탄 사람이 그 고삐를 이리저리 잡아당기면 말은 방향을 바꾼다. 간단하다. 재갈은 무겁고 차갑다. 이빨 사이에 이런 걸 차게 된다면 금방 많은 것을 알게 되리라. 재갈이 당겨지는 느낌이 들 때가 바로 그때라는 걸. 지금 어딘가로 가고 있는 중이라는 걸.

《대성당》, 284쪽

레이몬드 카버의 탁월함이 빛나는 부분이다. 그는 이렇게 사물의 본질을 삶의 장면과 자연스럽게 연결한다. 재갈이라는 도구는 교사에게 많은 생각거리를 던져준다. 카버의 글에 의하면, 재갈의 본질은 '무거움'과 '차가움'이다. 이것이 입에 채워져 있는 한 교사는 자유롭게 살 수 없다. 굴레를 쓰고 있는 한, 내가 가는 길은 나의 삶이 아닌 것이다. 경주마처럼 쉼 없이 달려도 그 경기장에서 빠져나올 수 없다. 그러니 교사를 둘러싼 수많은 점수와 소유 양식은 교사의 삶에 씌워진 굴레이자 재갈이다. 이는 교사의 삶을 무겁게 만드는 동시에 차갑게 만든다. 무거움에서 유연함이 시작될 수 없고, 차가움에서 공동체가 자랄 수 없다. 교사의 자유는 유연함과 따뜻함에서 시작되는 것이다.

프롬의 책은 교사의 삶이 어떻게 유연하고 따뜻해질 수 있는지 알려주고 있다. 그가 설명한 '존재 양식'은 내면의 목소리로 교사의 삶을 채우는 방법이라 할 수 있다.

하지만 그의 책을 덮으면서 새로운 고민이 생겼다. 내면의 목소리를 어떻게 들을 수 있는가? 그리고 여러 가지 내면의 목소리가 충돌할 때는 어떻게 해야 하는가? 궁극적으로는 '사이에 존재하는 삶'은 구체적으로 어떻게 살아가는 것인가? 에리히 프롬은 여기에 대해서는 설명해 주지 않았다. 이 답은 고미숙의 《두 개의 별 두 개의 지도》에서 찾을 수 있었다. 이제 조선 후기 르네상스의 주역인 박지원과 정약용을 만날 차례이다.

순응과 탈주 사이

삶의 불확실성

교사는 학생의 삶을 포함하여 자신의 삶까지 보살펴야 한다는 점에서 여러 삶 속에서 살아가는 존재라고 볼 수 있다. 접해야 하는 삶이 많을수록 그 삶은 '불확실성'으로 넘쳐난다. 삶의 이러한 특성을 아쿠타가와 류노스케는 '지옥적'이라고 표현했다.

> 인생은 지옥보다 지옥적이다. 지옥이 주는 괴로움은 일정한 법칙을 깨뜨리지 않는다. 예를 들어, 아귀도의 고통은 눈앞의 밥을 먹으려 하면 그 위에 불이 붙는 식이다. 그러나 인생이 주는 괴로움은 불행히도 그처럼 단순하지 않다. …… 무법칙의 세계에 순응하는 일은 무척 어렵다.
>
> 《문예적인 너무나 문예적인》, 298쪽

무법칙이 주는 고통에 시달리던 류노스케는 자신이 광인이 될지도 모른다는 두려움을 못 이기고 자살로 생을 마감했다. 불확실성은 모두에게 두려움의 대상이다. 인간은 이러한 무법칙의 세계에 적응하기 위해서 관습과 제도를 만들었다. 우리가 시스템을 따르는 것은 그것이 '안정감'을 가져다주기 때문이다. 기존의 방법과 다른 것을 하고 싶지만 일단은 관습을 따르는 것도 '다른 사람들이 믿고 따르는 데는 그만한 이유가 있을 거야.'라는 마음 때문이다. 제도와 관습 속에 산다는 것은 '자신의 생각과 판단'보다는 타인에 의해 '검증된 시스템'에 몸을 맡기는 것이다. 제도는 불확실성을 두려워하는 인간이 그 안에서 의미를 찾도록 도와준다.

이홍우도《교육의 목적과 난점》에서 "제도는, 인간이 삶에서 느끼는 불안과 허무를 극복하고 자기 삶의 의미를 찾는 활동"이라고 설명한다. 인간은 불안보다는 안정을 추구하는 본능을 가지고 있기 때문에, 안전한 사회와 개인의 안정을 위해서는 제도와 이성에 '순응'해야 한다는 것이 플라톤부터 헤겔까지 이어지는 서양철학의 핵심 강령이다. 불안하게 살기 싫으면 절대적 힘에 순응하는 것이 가장 좋다는 것이다.

하지만 니체는 안정과 순응이라는 철옹성을 망치로 부수었다. 그는 인류 역사 속에 숨겨진 수동성(노예도덕)과 허무주의를 극복하고 초인이 되라고 주문한다. 니체 이후로 자신의 내면에 귀를 기울이는 삶을 살라고 말하는 철학자들이 대거 등장한다. 대표적인 인물이 프랑스 철학자 들뢰즈이다. 그는 내면의 목소리에 귀를 기울이는 유연한 삶의 양식을 '노마디즘(Nomadism)'으로 정의한다. 우리말로 하면 '유목주의'다. 유목인들은 하나의 장소에 얽매이지도 않고, 특정 가치에 집착하지도 않는다. 사람들과 자유롭게 어울리며 살다가 시간이 되면 홀연히 떠난다. 거대 담론에 순응하지 않고 끝없이 모습을 바꾸는 '탈주'의 삶이 노마디즘이다. 대신 이러한 삶은 평생 불확실성이 주는 불안을 견뎌야 한다. 자유를 누리려면 불안을 감수해야 하는 것이다.

이렇게 보면 지금까지 인류의 삶은 타인의 가치에 복종하는 '순응'과 나의 가치를 밀고 나가는 '탈주' 사이에서 벌어진 끝없는 줄다리기라고 볼 수 있다. 그렇다면 교사는 어떻게 살아야 할까? 교사 문화라는 거대한 시스템에 순응해야 할까? 아니면 자신의 내면에 귀 기울이는 탈주의 삶을 살아야 할까? 교사라면 이것이 가장 큰 고민거리일 것이다.

둘 중에 어느 하나만을 선택해서는 진정한 해답을 찾을 수 없다. 순응은 타인과 어울릴 수 있는 안정감을 주지만 우리 삶을 무감각이 지배하는 매너리즘으로 만들 것이고, 탈주는 모든 순간을 짜릿한 경탄으로 채우지만 공동체와 분리된 고립을 안겨주기 때문이다. 이런 고민을 하는 교사에게 새로운 선택지를 제시하는 사람이 고미숙이다.

그의 책들에 공통적으로 깔려 있는 기본 관점은 '표상의 제거'이다. 고미숙은 철저한 고전 분석을 통해서 우리가 절대적으로 신봉하는 가치(표상)들의 본질을 해부하고, 그 속에 숨어 있는 '거대 담론'의 허점을 파헤친다. 《한국의 근대성, 그 기원을 찾아서》를 예로 들면, 고미숙은 이 책을 통해 거대 담론이 시민들에게 '동일성'을 강요하고 있다는 것을 논증한다. 그래서 우리 사회가 건강해지기 위해서는 계보학적 시각과 창조적 해석을 바탕으로 기존에 우리의 사고를 장악하고 있는 표상을 제거해야 한다고 말한다.

결국 그가 시도한 '표상의 제거'는 우리 사회와 개인의 머릿속에 견고하게 설정되어 있는 '경계'를 허물자는 주문이다. 그의 책에 경계를 허무는 삶을 살았던 박지원이 자주 등장하는 것도 이와 비슷한 맥락일 것이다.

《두 개의 별 두 개의 지도》역시 교사에게 '승진 도전이냐, 아니면 승진 포기냐'라는 이분법적 시각에서 벗어나라고 말한다. 나아가 둘 사이의 경계가 사라진 '사이'에서 존재하라고 주문한다. 이 '사이'를 보다 구체적으로 말하면, 박지원과 정약용의 사이다. 젊은 시절, 박지원은 탈주의 삶을, 정약용은 순응의 삶을 살아간다. 하지만 그런 삶의 양식이 영원히 지속되지는 않는다. 삶에서 만나게 된 수많은 '변곡점' 때문이다. 이들의 이야기는 중심과 변방에서부터 시작한다.

중심과 변방

고미숙은 박지원과 정약용이 태어난 집안의 권력 위치를 설명하는 것으로 이야기를 시작한다. 박지원은 조선의 핵심 세력이던 노론 집안에서, 정약용은 상대적으로 힘이 약했던 남인 집안에서 태어났다. 조선시대는 어떤 가문에서 태어나느냐가 그 사람의 삶에 결정적 영향을 주었다. 권력을 기준으로 보면 박지원은 '중심'에서 정약용은 '변방'에서 시작한 것이다.

하지만 박지원은 끊임없이 변방을 추구하고, 정약용은 끊임없이 중심을 추구한다. 고미숙은 이러한 삶의 방식이 '우도(友道)'와 '효제(孝弟)'로 대비되어 나타난다고 설명한다. '우도'란 '벗과 어울려 지내는 삶'이고, '효제'는 '가족 또는 형제와 어울리는 삶'이다. 언뜻 보면 둘 다 어울림의 삶이지만, 우리는 어울림의 대상이 달랐다는 사실에 집중할 필요가 있다. 나아가 '우도'와 '효제'가 추구한 목적이 무엇인지를 정확히 파악해야 그들이 그리는 삶의 궤적을 명확히 알 수 있다.

박지원의 어울림은 나눔과 공동체 성장에 그 목적이 있었다. 수많은 벗으로 구성된 공동체 안에서는 이익과 서열이 발생할 수 없다. 이익과 서열은 권력이라는 '힘'이 개입할 때만 발생하는 것이다. 박지원은 힘을 중심으로 모인 사람들 사이에는 필연적으로 서열과 위계가 발생한다는 것을 잘 알고 있었다.

물론 권세도 사람을 불러모은다. 하지만 그건 어디까지나 이익과 세력이 우선이다. 따라서 거기에선 반드시 서열과 위계가 작동하게 되어 있다. 실리가 앞서고 서열이 작동하는 순간, 우정은 잠식된다. 그래서 결국 사람들은 떠난다. 또 다른 이익과 서열을 향해. 그 뒤에 남는 공허와 쓸쓸함.

《두 개의 별 두 개의 지도》, 51쪽

공허와 쓸쓸함. 어딘가 익숙한 말이다. 이는 높은 자리에 올라간 사람이, 그리고 거기서 내려온 사람이 필연적으로 거치는 코스다. 힘과 권력을 향한 상승은 사람들이 어울리는 과정이라기보다 약한 사람을 밀어내는 과정이다. 교사가 승진하는 과정은 자신이 의도하든 그렇지 않든 사람을 밀어내는 과정이라고 볼 수 있다. 제한된 점수와 제한된 자리에 가기 위해서는 어떤 방법으로든 다른 사람보다 한 걸음 먼저 가야 하기 때문이다.

물론 그것이 다른 사람보다 더 노력해서 얻은 자리라고 생각할 수도 있겠지만, 삶의 대부분의 일이 그렇듯이 오로지 자신의 노력으로 성취할 수 있는 것은 없다. 시간이 지나 보면 노력보다 운이 더 많이 작용했다는 것을 알게 된다. 눈에 보이지 않지만 가족, 학생, 동료의 소외도 포함되어 있다.

자신의 성취가 오로지 자신의 노력에 대한 보상이라고 생각하는 한, 허무함은 반드시 따라오게 되어 있다. 박지원이 선택한 우도는 삶의 후반기에 찾아올 공허와 쓸쓸함에 대비한 현명한 선택이었다. 권력이 긁어모은 사람은 반드시 떠나가게 되어 있다. 결국 힘의 논리가 공동체에 균열을 만드는 것이다. 요컨대 권력의 본질은 '모음'이 아니라 '해체'에 가깝다.

박지원은 이익과 서열의 어울림을 거부하고 동등하게 교류하는 벗들과의 시간을 선택한다. 홍대용, 박제가, 이덕무 같은 당대 최고의 지식인뿐만 아니라, 조선 최고의 무사였던 백동수와도 허물없이 지냈다. 박제가와 이덕무는 박지원보다 나이도 어렸을 뿐 아니라 서자였다. 그들은 출중한 머리를 타고났지만 사회가 주는 소외감을 극복하지 못하고 방황의 시간을 보내던 인물이었다. 이들을 가족처럼 품어준 사람이 박지원이다. 울분에 가득 차 있던 박제가를 불러서 손수 밥을 대접했던 박지원의 넓은 품이 단단한 공동체를 만들 수 있었다.

출신과 나이는 벗이 되는 데 전혀 걸림돌이 되지 않았던 것이다. 나이와 배경을 초월한 어울림은 박지원과 그 벗들에게 공통된 삶의 가치였다. 이는 '간서치(책만 읽는 바보)'라 불렸던 이덕무의 글에도 잘 나타난다.

> 마음에 맞는 계절에 마음에 맞는 친구를 만나 마음에 맞는 말을 나누며 마음에 맞는 시와 글을 읽는 일, 이야말로 최고의 즐거움이라 할 것이다. 그러나 이런 기회는 지극히 드문 법, 평생토록 몇 번이나 만날 수 있을는지.
>
> 《깨끗한 매미처럼 향기로운 귤처럼》, 162쪽

나이 차가 많이 나면 친구가 되기 어렵다고 생각하지만, 조선 시대까지만 하더라도 나이를 기준으로 친구를 결정하는 문화는 거의 없었다고 한다. 내면의 단단함을 보고 사귈 수준이 되면 허물없이 벗으로 지냈다. 이황과 기대승의 사단칠정 논쟁 뒤에는 나이를 초월한 어울림이 있었다. 이황은 한참 어린 기대승의 비판을 겸허히 수용했고, 그들은 오랜 기간 동등한 자격으로 학문을 겨루었다.

나이를 기준으로 서열과 그룹을 정하고, 그 프레임에 갇혀서 묘한 배제가 이루어지기 시작한 것은 일제강점기부터 시작된 악습이라고 볼 수 있다. 서열과 배제를 전제한 사귐은 진정한 사귐이 아니다. 진정한 교류는 서열이 아닌 동등한 관계에서 출발한다. 유연성도 동등한 관계가 주는 편안함에서 시작된다. 박지원의 '우도'는 이익과 서열보다 진정한 교류와 공동체의 성장을 추구하겠다는 단호한 선언이자 그 자체로 유연한 삶의 방식이었다.

이에 반해 정약용은 효제를 추구한다. 벗과의 어울림보다는 형제, 가족과의 교류에 무게를 두었다. 이것은 강학(講學)으로 잘 나타난다. 꽉 짜인 스케줄과 커리큘럼을 통해서 끊임없이 자신을 단련하고 공부하는 것을 말한다. 고미숙은 정약용이 이토록 공부에 헌신한 이유를 권력에 대한 의지로 해석한다. 변방에서 태어난 그가 핵심으로 다가서기 위한 길은 결국 공부밖에 없었다(실제로 이것은 효과를 보았다. 정조가 내는 숙제를 제대로 해결해 오는 사람은 정약용밖에 없었다.). 치열한 공부를 위해 정약용은 형제들과 끊임없이 교류한다. 고미숙은 박지원의 우도가 타자들의 네트워크이자 수평적 모임인 데 비해, 정약용의 친교는 동일성의 집합이자 수직적 모임이라고 말한다.

그런데 여기서 잠시 짚고 넘어갈 것이 있다. 고미숙은 정약용이 강학과 효제를 통해서 중앙으로 진출하고자 했다고 설명하고 있지만, 그가 왜 그런 삶을 선택했는지에 대해서는 설명하지 않는다. 그 이유를 찾던 중에 정약용 연구자였던 박석무의《다산 정약용 평전》을 읽고 정약용이 그러한 삶의 양식을 선택한 이유를 발견할 수 있었다.

정약용은 젊은 시절 암행어사를 하면서 백성들의 참혹한 실상과 목민관들의 탐욕스러운 비리를 두 눈으로 직접 목격한다. 이후 그는 백성들의 권익과 자유를 위해서 평생을 바칠 것을 다짐하게 되었다고 한다. 백성을 구하기 위해서는 우선 자신이 높은 관직에 올라갈 수밖에 없었으리라. 현장을 발로 뛴 경험과 백성을 향한 마음이 그의 삶의 원동력임을 감안할 때, 정약용이 선택한 중심을 향한 의지는 단순히 개인적 차원의 권력욕으로만 해석하기에는 무리가 있다.

그 이유가 개인적 차원이든 공공적 차원이든 간에, 정약용이 선택한 권력을 향한 의지는 필연적으로 이익과 서열을 생성하게 되었다. 중심을 향하겠다는 맹목적 의지는 다른 가치들을 균형적으로 살피는 것을 가로막기 때문이다. 쇼펜하우어가《의지와 표상으로서의 세계》에서 맹목적 의지가 삶을 파괴한다고 경고하는 이유도 바로 여기에 있다. 중심을 갈망한 정약용의 맹목적 의지는 이후 그의 삶에서 평생 족쇄로 작용한다.

변화는 변방에서

두 인물의 삶의 양식 차이는 그들이 추구한 학문의 차이로도 연결된다. 자유로운 학문을 추구하던 박지원에게 청나라는 새로운 세계이자 호기심의 공간이었다.

우정과 유람, 연암의 청춘은 이 두 가지로 충만하다. 그리고 그것을 추동하는 원동력은 다름 아닌 지성이다. 그들에게 있어 우정과 지성은 하나였다. …… 북학의 사상이 존재와 세계에 대한 원대한 비전으로 고양되었고, 글쓰기를 향한 열정이 고문과 소품의 경계를 훌쩍 넘어버렸다. 《열하일기》라는 '절대기문'이 탄생한 것이다.

《두 개의 별 두 개의 지도》, 72-74쪽

박지원에게 북학이라는 세계가 열렸다면, 정약용에게는 천주교라는 세계가 운명처럼 다가온다. 북학과 서학 모두 청나라에서부터 도입된 학문이지만 그들에게는 전혀 다른 의미였다.

> 북학파가 청 문명이라는 용광로 자체의 저력을 탐구하고자 했다면, 다산 학파는 그 용광로 속에 섞여 있던 아주 이질적인 결정체, 곧 천주교에 주목했다. 그들에게 있어 그건 기술을 넘어, 학문을 넘어 존재와 우주에 대한 가장 고귀한 가르침이었다.
>
> 같은 책, 75쪽

정약용이 가족을 통해서 처음 천주교와 만났을 당시만 하더라도, 이 만남이 자신의 삶에 절망적인 비극을 가져다줄지 몰랐다. 정조가 죽은 이후 그를 끌어내리려는 세력에 맞서기 위해서 배교를 하지만, 천주교에 대한 의심은 평생 그를 따라다닌다. 그래도 정약용은 패기와 열정으로 중심을 향하는 질주를 멈추지 않았다. 자신의 입신양명과 민중의 삶을 위해서는 중심의 자리가 필요했고, 중심에서 그가 궁극적으로 실현하고자 했던 것은 조선 사회의 질적 변화였기 때문이다. 이러한 변화를 위해서 정약용은 변방에서 끝없는 변화를 도모한다. 변화의 필요성은 중심에 있는 사람이 아니라 변방에 있는 사람들에게 더욱 절실하기 때문이다.

신영복은 《변방을 찾아서》에서 중심을 바꾸는 힘은 결국 변방에서 시작된다고 말한다. 중심은 기득권을 지키려는 세력들이 모여 있기 때문에 새로운 시도를 하지 않지만, 잃을 것이 없는 변방은 언제나 새로운 에너지로 약동한다는 것이다. 우리 민족의 새로운 전환점도 대부분 변방에서부터 시작되었다.

성리학에 매몰된 조선 사회를 갈아엎고 새로운 왕국을 맞이하자는 《정감록》도, 백성을 억압하는 전제정치를 극복하고 민중이 주도하는 지방자치를 실현했던 '동학'도, 독재정권의 한계점을 지적하고 민주사회를 실현하자는 목소리도 모두 민중에게서 시작된 것이다. 우리 역사의 주역은 중심을 지키려던 꼬장꼬장한 수구 세력이 아니라, 변방에서 일상을 충실히 살아가던 품격 있는 민중들이었다.

정약용은 관직의 힘을 빌려서 이러한 변화를 이끌 수 있는 인물이었다. 그가 힘들 때마다 언제나 힘이 되어준 군주가 옆에 있었기에, 그는 앞으로 계속 나아갔다.

> 다산은 정조의 명을 100% 이상 수행했고, 정조는 그런 다산에게 상찬과 선물을 아끼지 않았다. …… 천주 대신 군주가 그의 앞길을 비춰주고 있었고, 군주의 총애와 신뢰가 저토록 깊은데 관직의 높낮이가 무슨 대수랴! 그 끈끈한 연대감이 다산에겐 곧 삶의 비전이자 열정의 원천이었다.
>
> 같은 책, 85-87쪽

정조의 삶은 정약용에게만 영향을 미친 것이 아니다. 박지원과 정조는 '문체반정'이라는 파도의 중심에서 조우한다. 고미숙은 세 명의 오묘한 관계를 '트리아드(Triad, 세 개가 모여서 하나를 이루는 것)'로 설명한다. 세

명이 하나로 연결되는 과정을 이해하는 것은 이들의 삶에 주어지는 변곡점을 이해하는 데 필수적이다. 나아가 교사의 삶에 기다리는 변곡점을 이해하는 데 중요한 메시지를 제공한다.

낯섦과 설렘

박지원과 정약용의 삶을 이끌었던 가장 큰 원동력은 새로운 것에 대한 '설렘'이었다. 박지원에게는 벗을 만나 청나라의 문물을 공부하는 것이 설렘이었으며, 정약용에게는 정조를 향한 마음과 천주교를 공부하는 것이 설렘이었다. 이 설렘은 그들의 삶이 타인의 시선과 외부의 기준에 휘둘리지 않도록 만들어주었다. 또 자신의 삶을 소신 있게 살아가도록 한 원동력이었다. 여기서 강조하고 싶은 부분은 '설렘'이 '낯섦'에서 출발한다는 점이다.

연암과 다산은 중국이라는 타자를 통해 전혀 다른 세계를 만난 셈이다. 전자는 청 문명의 역동적인 이질성을, 후자는 천주교와 서양 문명이라는 아주 낯선 세계를. 당시 조선의 지배적 이데올로기는 북벌론이었다. …… 북벌론에서 북학으로! 이것이 연암과 그의 친구들이 시도한 사상적 모험이자 전환이었다. 그럼 다산은? 북벌과 북학의 배치를 뛰어넘어 서학으로 도약해 버렸다.

같은 책, 157쪽

설렘은 낯선 것과의 만남에서 시작된다. 낯섦은 매너리즘에 찌든 일상에 내리꽂히는 죽비와 같다. 그런 죽비와 만났을 때 일상의 부조리와 한계를 직시하고 새로운 도약을 꿈꿀 수 있다. 익숙함이 주는 편안함을 놓지 않기 위해 오랜 시간 잠가두었던 마음의 지하실로 들어갈 수 있는 열쇠가 낯섦이다. 박지원과 정약용에게 중국이라는 낯섦은 삶의 새로운 동력이 되었다.

그런데 이러한 낯섦을 차단하고자 했던 인물이 정조다. 정조의 이념과 사상은 어디까지나 성리학이었다. 그는 성리학을 발판으로 북학과 서학이라는 낯선 사상의 도전을 막아내야 했다. 기회를 보고 있던 정조에게, 때마침 세상에 나온 박지원의 《열하일기》는 좋은 타깃이었다.

박지원의 자유로운 사상과 유연한 문체는 당시 조선 사회에 큰 반향을 일으켰다. 글에서 새로운 생각이 탄생한다는 것을 누구보다 잘 알고 있던 정조는, 사대부들이 자유로운 문체를 구사하지 못하도록 규제하기 시작했다. 이름하여 문체반정이다. 정약용은 정조의 입장을 지지하는 사람이었으며, 박지원은 반대 입장에 서 있던 사람이다.

정조는 고문(과거의 글쓰기 방식)을 사수하는 판관이었고, 연암은 고문을 타락시킨 배후 조종자였으며, 다산은 정조의 돌격대였다. …… 문체란 지성의 원초적 리듬과 강밀도를 표현하는 것이다. 국가 장치가 개입하는 순간 리듬은 경직되고 강밀도는 이완된다. 아무리 뛰어난 시라도 교과서에 수록되는 순간 껍데기만 남는 것처럼. 그것이 문체의 숙명이다.

같은 책, 175쪽

글을 쓴다는 것은 자신의 생각을 단련하고 정제하는 과정이다. 그래서 글의 형식과 유연함을 표현하는 문체가 지성의 핵심이라는 것이다. 정조도 공부에 깊이 빠져 있던 학자였기 때문에 문체의 힘을 누구보다 잘 간파하고 있었다.

이러한 압력이 들어와도 박지원은 자신의 유연한 글쓰기를 포기하지 않았다. 문체가 주는 설렘은 외부의 잣대에 휘둘릴 만한 영역이 아니었다. 이러한 고집이 가능했던 것은, 그가 권력에서 멀리 떨어져 있었기 때문일 것이다. 소신을 나눌 수 있는 벗들이 함께 있었기 때문에 그의 싸움은 외롭지 않았다.

반면에 정약용에게 새로운 동력이 되었던 서학에 대한 설렘은 오래가지 못한다. 그 시작은 정조의 죽음이다. 정조는 18세기가 끝나고 19세기가 시작되는 1800년에 죽음을 맞이한다. 정조가 죽자 그의 사랑과 신임을 한 몸에 받던 정약용을 끌어내리려는 음모가 꿈틀대기 시작했다. 그러던 중에 정약용의 삶을 나락으로 떨어트리는 사건이 발생한다.

천주교도들이 한데 모여 예배를 보다가 포졸들에게 적발되는 사건이 일어났다. 이 사건을 기점으로 본격적인 천주교 박해가 시작된다. 정약용의 셋째 형 정약종이 체포되고, 둘째 형 정약전도 정약용과 함께 심문을 받는다. 다행히 정약전과 정약용은 혐의를 벗지만, 반대파의 모함으로 각각 신지도와 장기로 유배를 떠난다.

여기서 그쳤으면 좋았겠지만, 집안의 사위였던 황사영이 토굴에 은신하면서 '황사영 백서(프랑스 함대를 조선에 파견하여 천주교도를 탄압하는 조선 정부를 바로잡아야 한다는 내용이 담긴 급진적인 내용의 문서)'를 적은 것이 발각

되면서 천주교 박해는 극에 달한다. 이 사건으로 유배지에 있던 정약전과 정약용은 다시 끌려와 추국을 당하고, 정약전은 흑산도로, 정약용은 강진으로 유배를 떠난다. 이러한 정약전의 삶을 다룬 소설이 김훈의 《흑산》이다. 김훈은 정약용 형제의 헤어짐을 다음과 같이 표현한다.

> 약용은 자신이 약종의 죽음에 기대고 있음을 알았다. 알려고 하지 않았는데, 저절로 알게 되었다. 정약전은 약용의 배교에 힘입어서 함께 풀려나게 되리라는 것을 알고 있었다. 정약전은 약종과 약용으로부터 비켜서 있었다. 정약전과 정약용은 죽은 약종과 황사영의 일을 평생 입에 담지 않았다. 그들은 형틀에서 헤어졌다. 정약종은 참수되었고 황사영은 능지처참되었다.
>
> 《흑산》, 141쪽

소설에는 정약용과 그의 형제들, 그리고 조카사위였던 황사영이 얼마나 처참한 추국을 겪는지 자세하게 묘사되어 있다. 그들은 서로를 위로할 시간도 없이 형틀에서 삶과 죽음의 경계를 맞이한다. '그들은 형틀에서 헤어졌다.'라는 문장은 산 자와 죽은 자의 경계가 한순간에 결정되는 삶의 비극을 잘 표현하고 있다. 이렇게 살아남은 정약용은 유배지에서 새로운 삶을 시작하게 된다. 하지만 그의 문체만큼은 바뀌지 않는다.

유배지에서 보낸 편지에서도 틈만 나면 경학 공부의 중요성을 강조하고 있고, 유배지에서 돌아온 이후에도 패사소품과 소설류의 문체에 대한 비난은 결코 멈추지 않았다. 이 모든 것을 떠나 가장 확고부동한 증거는 다산의 작품 자체다. …… 요컨대 다산은 문체에 관한 한 실로 정통파이자 '메이저리거'였던 것이다.

《두 개의 별 두 개의 지도》, 201쪽

교사를 설레게 하는 존재가 있는가?

박지원은 정약용과 달리 자유로운 문체를 구사한다. 그에게는 '얼마나 진심으로 전달할 수 있는가?', '얼마나 생생하게 전달할 수 있는가?'가 더 중요한 문제였다. 고미숙은 박지원이 생생한 문체를 구사한 이유를 고문의 따분함에서 찾는다. 과거의 문체는 반복과 권태에 빠져 있었기 때문에 글의 생명력을 빼앗아 갔다는 것이다. 재미있는 사실은 이렇게 진보적인 문체를 구상한 박지원도, 신분제를 위협했던 천주교에 대해서는 비판적인 입장이었다는 것이다.

강상의 윤리를 교란하는 것, 삶보다 죽음을 중시하는 것, 수난을 당할수록 천당에 가깝다고 하는 것, 이게 연암이 파악한 천주교의 대체적인 윤곽이다.

같은 책, 224쪽

고미숙은 박지원이 변방이 아니라 중심의 자리에 놓여 있었기 때문에

2장
승진에 도전할지 고민될 때

마이너들이 교감했던 천주교에 대한 공감력이 떨어져서 깊이 파고들지 않았을 거라고 분석한다. 진보적인 문체를 가졌지만 사회에 대해서는 보수적인 입장을 취한 것이 박지원의 삶이었다. 이에 비해 진보적인 사회를 구상했지만 문체는 보수적인 고문을 유지한 것이 정약용의 삶이다.

그렇다면 이러한 차이는 어디서 발생하는 것일까? 이것이 교사에게 중요한 질문으로 다가와야 한다. 나는 두 인물이 보여준 문체와 세계관의 차이를 그들이 발 딛고 살아가던 '이곳'의 차이에서 찾아야 한다고 생각한다. 살고 있는 처지가 다르면 추구하는 세계 역시 달라질 수밖에 없기 때문이다.

박지원의 '이곳'은 변화가 없는 중심이었기에 그가 꿈꾼 '저곳'은 새로움이 있는 '북학'이었다. 정약용의 '이곳'은 힘없는 사람들이 고통받는 불평등의 공간이었기에 그가 꿈꾼 '저곳'은 평등함이 있는 '서학'이었다. 그들은 자신이 처한 상황이 달랐기 때문에 추구했던 이상도 달랐던 것이다.

하지만 여기서 중요한 것은 두 인물이 꿈꾸었던 '저곳'이 '이곳'과 완전히 분리된 공간이거나 서로 다른 차원의 것이 아니라는 사실이다. 박지원은 자신의 벗들과 교류하면서 청나라의 발전된 문물을 조선에 도입하여 백성들의 삶을 개선하려고 노력했다. 정약용은 고문과 강학을 통해서 백성의 권리가 평등하게 보장받을 수 있는 세상을 실현하고자 노력했다. 둘은 다른 이상을 꿈꾸었지만, 자신이 발 딛고 있는 곳에 대한 성찰과 비판을 통해 그곳을 조금 더 아름다운 공간으로 만들고자 노력했던 것이다. 그들 역시 변화가 이루어진 세계에서 두 발 딛고 살아야 했기 때문이다.

따라서 그들에게 설렘은 새로운 영역으로의 도피가 아니라, 그들이 발 딛고 있는 공간에 대한 사랑이다. 이 사랑은 그들이 평생 자신만의 문체로 삶을 기록할 수 있는 원동력이 되었다. 요컨대 그들의 문체는 에리히 프롬이 말한 '동일성'을 유지할 수 있는 궁극의 수단이었다.

교사에게도 이런 설렘이 있을까? 교육부에서 쏟아내는 잡다한 정책들이 교사에게 설렘이 될 수 있을까? 외국의 우수 사례가 교사에게 설렘이 될 수 있을까? 새로운 교육 이론이 설렘이 될 수 있을까? 이런 것에서 설렘을 느끼는 교사는 그리 많지 않을 것이다.

자본주의와 관료주의가 지배하고 있는 학교 문화에서 '새로운 것'은 설렘이 아닌 귀찮은 것이 되어버린다. 새로운 것은 교사에게 '이곳'을 개선할 수 있는 새로운 것이 될 수 없고, 교사들을 귀찮게 하는 '저 높은 곳'에서 내려온 문서일 뿐이다. 교사의 욕구를 외면해 온 획일적 교육 정책이 변화를 거부하는 수동적인 교사 문화와 만나면, 학교에 설렘이 발 디딜 공간은 없다. 김희동은 이러한 총체적 난국을 '썩은 물웅덩이'로 표현한다.

저 높은 곳에서 새로운 사고를 하는 교육개혁가들이 개혁안을 입안했는지 모르지만 아무리 새롭고 좋은 것이라도 모두 고만고만한 소용돌이쯤으로 보고 쉬 잠재워 버리는 이 썩은 물웅덩이에만 들어오면 '뭐 또 사람 귀찮게 하는 거야?' 몇 번 눈살 찌푸린 뒤에 쉬 없었던 게 되고 만다.

《작은 학교가 아름답다》, 121쪽

새로운 교육정책을 보고 설렘과 흥분을 느끼는 교사는 어디에도 없다. '설렘의 상실'은 교사들이 더욱 승진에 목을 매도록 만든다. 의미와 설렘이 사라진 교사에게, 승진은 썩은 물웅덩이에서 탈출하는 완벽한 도피 수단이기 때문이다.

박지원과 정약용을 설레게 했던 '저곳'은 '이곳'에서 살아가기 위한 방편이었지, '저곳'에 가서 영영 돌아오지 않기 위함이 아니었다. 하지만 지금의 교원정책은 학교 문화의 본질적 개선과 교사의 질적 성장과 같은 큰 그림에는 관심조차 없다. 오로지 '힘들어도 조금만 더 버티고 점수를 모으시면 다시 교사로 돌아오지 않아도 됩니다.'라는 숭고한(?) 약속을 하고 있다.

실제로 승진을 준비하는 사람들이 "더 이상 교사로 살아갈 자신이 없어서……."라는 이야기를 하는 경우가 많다. 이 말은 그만큼 교사로 살아간다는 것이 힘들다는 사실과 함께, 일단 승진을 하면 더 이상 교사로 돌아오지 않아도 된다는 것을 모두가 인정하고 있다는 것을 알려준다.

승진이 교사로 돌아오지 않는 도피 수단으로 머무는 한, 학교는 교사들이 서로 협력하는 교육 공동체로 거듭나기 어렵다. 승진은 교사의 삶을 떠나는 것이 아니라, 교사로 돌아오는 과정으로 재개념화되어야 한다. 교사의 삶은 승진 이전의 삶과 승진 이후의 삶 중에서 어느 하나를 선택하는 것이 되어서는 안 된다. 그 경계를 자유롭게 넘나들 수 있는 자유인의 삶이 되어야 한다.

여기서 잠시 생각해 볼 것이 있다. 실제로 경계를 넘나드는 삶은 우리에게 불안감을 가져다줄 수도 있다는 사실이다. 그리고 시간이라는 괴물은 우리에게 주었던 '설렘'을 빼앗아 가기 마련이다. 그렇다면 경계의 삶을 위해서 필요한 것은 무엇일까? 흔들리지 않는 내부의 기준이다. 변곡점을 통과한 박지원과 정약용의 삶은 우리에게 '외부의 기준'이 아니라 '내부의 기준'을 만들라고 말하기 때문이다. 이제 설렘을 상실한 박지원과 정약용이 어떻게 삶을 이어나가는지 살펴보자.

영원히 사라지지 않는 나의 기준

설렘의 상실

박지원에게는 '벗과 청나라'가 설렘이었고, 정약용에게는 '형제와 천주교'가 설렘이었다. 하지만 이들의 삶에도 변곡점이 들이닥친다. 박지원에게는 '시간'이라는 변곡점이, 정약용에게는 '천주교 박해'라는 변곡점이 삶을 통째로 뒤흔들기 시작한다. 이들은 변곡점을 거치면서 삶의 의미를 생성하던 설렘을 거의 잃어버린다.

박지원의 변곡점은 《열하일기》의 탈고와 함께 시작된다. 《열하일기》는 그의 친척이 청나라 황제를 접견하는 사신단에 합류하면서 시작되었다. 박지원은 일행으로 합류하여 그토록 가고 싶던 청나라에 가게 된다. 그는 기행을 하면서 보고 듣고 만난 것들을 빠짐없이 기록했고, 돌아와서 그것을 《열하일기》로 묶어낸다. 책으로 묶는 데만 무려 3년의 시간이 걸렸다.

그런데 그 기간 동안 박지원을 지탱해 주던 벗들이 하나둘 세상을 떠난다. 절친한 정철조가 죽었고, 《열하일기》가 완성될 즈음에는 홍대용이 죽는다. '연암그룹'이 완전히 해체된 것이다. 남은 것은 청나라지만, 벗이라는 공동체를 잃은 박지원에게 청나라는 더 이상 열정의 대상도 설렘의 대상도 될 수 없었다.

정약용의 변곡점은 박지원보다 훨씬 가혹했다. 정조의 죽음과 함께 불어닥친 천주교 박해는 그가 의지하던 형제들과 천주교 모두를 빼앗아 갔다. 거기다가 언제 돌아올지 모르는 귀양살이도 시작된다. 삶의 정점에서 모든 것을 잃은 단테와 비슷한 삶의 궤적이다. 중심을 향해서 전력으로 질주하던 정약용의 삶은 유배를 기점으로 완전히 바뀐다.

설렘의 대상을 잃은 박지원과 정약용은 허무와 절망을 어떻게 극복했을까? 이들은 외부에 존재하던 설렘은 잃었지만, 자신의 내면에서 새로운 기준을 찾아낸다. 삶의 방향에 대해서 숙고하기 시작하고, 내면의 목소리에 귀를 기울이게 된다. 그리고 그것은 오롯이 글이 되었다.

박지원은 《열하일기》를, 정약용은 《목민심서》를 남긴다. 고미숙은 두 인물의 삶을 이해하는 데 '일기'와 '심서'의 차이가 좋은 출발점이 된다고 설명한다. '심서'는 '마음으로 실행하는 책'이라는 뜻이다.

《열하일기》가 길 위에서 겪은 '일상의 행로'라면 《목민심서》는 한곳에 머무른 채 겪은 '마음의 행로'라는 뜻이다. 이 사항만 가지고도 두 사람의 인행(人行)에 대하여 많은 것을 추론할 수 있다.

《두 개의 별 두 개의 지도》, 258쪽

《열하일기》는 바다 깊은 곳에 가라앉아 있는 보물선과 같다. 실제로 그 안에 들어가 보지 않으면 얼마나 귀한 것들이 있는지 알지 못한다. 나는 《열하일기》 속에서 교사들에게 위로가 될 수 있는 문장을 많이 만났다. 그 중에서 하나를 고르면, 역시 박지원이 청나라를 바로 눈앞에 두고 망설이는 장면이다.

박지원은 풍채가 크고 땀이 많은 체질이었다. 그래서 여름을 가장 싫어했는데, 하필 열하로 향하는 시기가 여름이었다. 박지원은 중국 대륙의 살인적인 더위에 대해서 익히 알고 있었다. 그는 강 너머 청나라가 보이는 지점에 이르렀지만, 그 순간 망설인다. 그냥 편안한 일상으로 돌아가고 싶은 마음이 불현듯 솟구친 것이다. 낯선 세계에 대한 두려움 때문이었을 것이다. 하지만 박지원은 이내 자신의 모습을 반성한다. 그리고 열하를 향한 힘찬 발걸음을 내디딘다. 이상이 현실로 바뀌는 순간인 동시에, 《열하일기》의 대장정이 시작되는 순간이었다.

새로운 시작을 준비하는 교사에게 《열하일기》는 많은 위로와 용기를 준다. 커다란 풍채에 걸맞지 않게 수없이 망설이다가 새침하게 내딛는 그의 발걸음에서, 새로운 시작은 누구에게나 힘든 것임을 알 수 있다. 나는 박지원의 발걸음을 통해 소유와 안정에 대한 과감한 결별과 함께 자신의 존재를 찾아 나서는 아찔한 나아감을 배웠다.

하지만 《목민심서》는 현실에 대한 기록이라기보다 이상에 대한 기록이다. 고을을 다스리는 목민관이 지켜야 할 규칙들을 정리해 놓았기 때문이다. 규칙들을 나열하다 보니 그 양이 많아도 너무 많다. 이야기의 내용도 엄숙하다. '전집으로 발간한 업무 매뉴얼' 같은 느낌이다. 목민관들을 교화하여 백성들의 행복을 도모하고자 했던 취지는 좋으나, 자신이 실제로 목민관으로 근무하지 않는 상태에서 '이상적 목민관'을 떠올리면서 쓰다 보니 현실성이 많이 떨어지는 것이다.

'사이'의 탄생

이러한 차이가 있지만 둘은 공통적으로 '쓰는 사람'이었다. 현실과 이상 사이에서 끊임없이 고뇌하고 그것을 글로 남겼다. 많은 사람이 현실의 문제를 비판하고 그것을 개선하려고 노력하지만, 익숙함이라는 악마는 우리를 다시 일상에 순응하도록 만든다. 그래서 이상을 실현하려는 노력을 꾸준히 유지하기란 쉽지 않다. 하지만 박지원과 정약용의 삶은 달랐다. 비록 문체는 달랐지만, 둘은 현실과 이상 사이를 메꾸기 위해서 치열하게 사유하고 기록해 나갔다.

그렇다면 두 사람은 교사에게 어떻게 살라고 말하고 있는 것일까? 그리고 그러한 삶을 살아가기 위한 길은 어디에서 찾을 수 있다고 말하고 있을까? 둘은 이 지점에서는 서로 다른 처방을 내린다. 박지원은 '사이'를 말하고, 정약용은 '강령'을 말한다.

박지원은 《열하일기》에서 '길은 사이에 있다.'라는 처방을 내린다. 이는 박지원과 정 진사와의 대화에서 발견할 수 있다. 정 진사는 늘 박지원에게 놀림을 당하는 인물이다. 하지만 여행 내내 박지원 곁에서 말동무가 되어준다. 하루는 박지원이 "자네, 길을 아는가?"라고 묻는다. 정

진사는 늘 그렇듯 엉뚱한 대답을 한다. 그러자 박지원은 "길이란 다른 데서 찾을 게 아니라 바로 이 '사이'에 있다는 것이지."라고 말한다. 길이 사이에 있다는 것이 무슨 말일까?

> 그럼 '사이'란 무엇인가? 대상과 주체, 적과 나, 정(고정)과 동(움직임) 그 양변을 모두 '여의는' 것이다. '여읜다 함'은 또 무엇인가? 양변을 가로질러 아주 낯설고 이질적인 경계로 진입하는 것을 의미한다. 고로, 사이란 중간도 평균도 아니다. 어설픈 조화와 통일은 더더욱 아니다. 오히려 그런 식의 낡은 프레임에 가차 없이 균열을 야기하는 것이다.
>
> 같은 책, 271쪽

박지원은 '타인이 만들어놓은 길'이 아닌 '자신의 길'을 스스로 만드는 방법을 이야기하고 있는 것이다. 우리는 길이 정해져 있다고 생각한다. 하지만 그 길은 누군가 만들어놓은 길일 뿐이다. 남이 만들어놓은 길은 편하기는 하지만, 타인의 기준에 맞춰서 걸어야 한다. 삶의 주인으로 살기 위해서는 자신의 길을 만들 수 있어야 한다. 길은 '사이'에 있는 것이고, '사이'란 낡은 프레임을 과감히 거부하는 것이다. 길이라는 것은 본질적으로 하나였던 것을 둘로 갈라놓는 이질성에서 생기고, 갈라놓음에서 경계가 생긴다. 그 경계가 길이 된다는 것이 박지원의 철학이다.

이질성이 만들어내는 '사이'가 모두 길이 되어야 한다는 말은, 교사의 소신도 전부 길이 될 수 있다는 말이다. 남이 만들어놓은 길이 아닌, 내가 만든 '사이'에서 생성되는 새로운 길은 누구도 똑같이 복사할 수 없다. 나와 비슷할 수는 있지만 그 사람은 그 사람의 길을 걸을 뿐이다. 그 길이 나의 '사이'와 결코 같을 수는 없는 것이다. '사이'를 생성하려면 타인이 만들어놓은 프레임을 박살내는 것부터 시작해야 한다.

하퍼 리의 소설 《앵무새 죽이기》를 보면 '사이'를 생성하는 삶을 보다 구체적으로 이해할 수 있다. 이 소설에 등장하는 스카웃의 아빠가 '사이'를 생성하는 대표적 인물이다. 스카웃의 아빠는 흑인 차별이 심했던 미국 남부의 앨라배마에서 변호사로 일하는 인물이다. 소설은 그가 한 흑인의 변호를 맡는 과정에서 벌어지는 수많은 갈등을 담담하게 그려낸다. 그가 흑인을 변호한다는 사실이 알려지자, 마을 사람들은 여러 험담을 늘어놓기 시작한다. 백인이 흑인을 변호한다는 것은 당시로서는 상상하기 어려운 일이었기 때문이다.

소설에는 스카웃이 아빠에게 이기지도 못할 싸움을 왜 하려고 하는지 묻는 장면이 나온다. 그러자 아빠는 "수백 년 동안 졌다고 해서 시작도 해보지 않고 이기려는 노력조차 포기해 버릴 까닭은 없어."라고 담담하게 대답한다. 그는 소신을 끝까지 굽히지 않고 자신의 길을 묵묵히 걸어간다. 그의 소신 있는 행동은 인종 차별을 묵인한 대가로 누리게 되는 경제적 안정을 자발적으로 거부한 탈주인 동시에, 백인의 기득권이라는 낡은 프레임에 균열을 만들고 있었다.

나는 여섯 살의 맑은 영혼을 가진 스카웃, 그리고 자신의 삶을 진지하게 설명하는 아빠의 대화를 읽으면서 한없이 부끄러워졌다. 어린 시절부터 '사이'보다는 '평균'을, '탈주'보다는 '순응'의 삶을 살았으며, 교사가 되어서는 무의식적으로 그것을 학생들에게 강요하고 있다는 생각이

들었기 때문이다. 우리 사회는 '사이'를 용납하지 않는다. '튀는 것'도 용납하지 않는다. 아이들에게 정해진 길을 걷도록 강요한다. 교사들 역시 대부분 이런 분위기에서 자라왔다.

지금의 아이들이 살아갈 사회는 불확실성이 지배하는 사회다. 그러니 교사는 아이들에게 과거의 프레임에 안주하지 말라고 이야기할 수 있어야 한다. 나아가 아이들에게 자기만의 이질성을 끝까지 밀고 나가는 삶을 살라고 말할 수 있어야 한다. 박지원과 하퍼 리의 글은 과거의 프레임에 순응하고 있는 교사에게 묵직한 울림을 줄 것이다.

박지원과 달리 정약용은 '강령'을 제시한다. 강령이란 쉽게 말해서 "혹시 모르니까, 미리 좀 준비합시다."라는 태도다. 현실과 이상의 괴리를 수많은 규칙으로 메우고자 하는 것이다. 박지원의 처방만큼이나 정약용의 규범적 처방도 매우 중요하지만, 강령은 필연적으로 양이 많아지게 되어 있다. 고미숙은 정약용의 이러한 경향성을 '현장 경험 부족'에서 찾는다.

상식적인 말이지만, 현장은 변수투성이다. 아무리 원칙이 공고해도 현장에선 응용이 불가피하다. 그래서 사실 많은 정보가 필요하지 않다. 아니, 정보는 참조 사항일 뿐 그것 자체가 척도가 될 수는 없다. 따라서 《목민심서》가 세부 강령들과 방대한 주석으로 가득 찬 건 거꾸로 '현장의 부재' 때문이다.

같은 책, 284쪽

로맨틱한 이론가와 간절한 실천가

여기서 잠시 정약용을 변호할 필요가 있다. 고미숙은 정약용의 글이 진지하고 방대한 이유를 '현장 경험의 부족'에서 찾지만, 나는 조금 다르게 생각한다. 정약용이 그렇게 비장한 글을 많이 쓰게 된 것은 현장의 경험이 없어서가 아니라, 현장을 제대로 경험했기 때문일 것이다. 반대로 박지원이 자유분방한 글을 쓸 수 있었던 것은 한 번도 관리로서의 삶을 살아보지 않았기 때문일 것이다.

생활이 넉넉하지 않았지만, 어쨌든 권세가의 가문에서 태어난 박지원은 백성들의 고통을 접할 기회가 많지 않았으리라. 그래서 정약용처럼 백성들이 어떤 고통을 받는지, 얼마나 비참한 일상을 견디는지 눈으로 살펴볼 기회가 없었을 것이다. 그가 북학을 도입하여 백성들의 고통을 덜어주려는 노력을 했다고 하지만, 실제 민중의 삶을 체험한 정약용의 간절함과는 결이 다르지 않았을까.

정약용에게 있어서 백성의 고통은 박지원보다 훨씬 절실한 문제이자 평생 풀어야 할 숙제였을 것이다. 그러다 보니 두 사람의 글은 확연한 차이를 나타낼 수밖에 없었다. 경험의 차이가 생각의 차이를 만들고, 생각의 차이가 문체의 차이를 만드는 것이다. 치열한 삶의 현장을 온몸으로 누볐던 헤밍웨이는 호화로운 파티에 빠져 살았던 피츠제럴드보다 훨씬 단단한 글을 적었으며, 민족을 억압하는 세력에 온몸으로 저항했던 이육사는 거기서 한 걸음 물러서 있던 이광수보다 훨씬 묵직한 글을 남겼다. 원주민들과 실제로 부대끼면서 그들의 문화를 심층적으로 이해했던 레비스트로스의 글 역시, 백인 중심의 역사의식과 그에 따른 선택을 강요했던 사르트르의 글보다 훨씬 포용력이 있다. 그래서 경험이 무서운 것이다.

이러한 차이는 교사의 글과 이론가의 글에서도 확연히 드러난다. 이론가들의 처방은 대체로 달달하고 로맨틱하다. 모두가 그런 것은 아니지만, 매너리즘에 빠진 관료들과 자본에 종속된 기자들의 글도 이론가들의 글과 비슷하다. 그들은 대체로 유명한 이론가들의 생각을 가져와서 학교 현장을 난도질하거나, 조잡한 통계와 편협한 사실들로 허상을 직조한다. 그러다가 마지막에는 '그래도 우리는 학교가 조금 더 나아질 것이라는 희망을 버려서는 안 됩니다.'라는 식의 엉뚱한 말들을 적어놓는다. 결국 알맹이는 하나도 없다.

교사의 글은 조금 다르다. 교사는 일단 자신의 경험에서 출발한다. 현장의 고통을 느껴본 교사들은 달달한 처방보다는 불편하더라도 현실성 있는 대안을 제시하려고 한다. 정약용의 글도 현장의 경험을 겪어본 사람의 글로 받아들이는 것이 좋을 것이다. 그의 글이 진지한 이유는 그만큼 백성을 구원하고자 하는 마음이 간절했기 때문일 것이다.

계몽가와 소소선생

박지원과 정약용은 죽음을 대하는 모습에도 큰 차이를 보인다. 둘은 지인의 죽음을 기리기 위해 많은 묘지명을 남겼지만, 망자를 대하는 태도는 사뭇 달랐다.

> 연암과 다산의 생애를 보노라면 산다는 건 누군가가 죽는 것임을, 누군
> 가와 죽음으로써 작별을 하는 것임을 알게 된다. 누군가를 떠나보내다
> 자신이 떠나는 자가 되는 것, 떠나보내거나 떠나거나! 그것이 인생이다.
> …… 연암에겐 망자와 내가 함께 공명했던 삶의 빛나는 순간들이 중요했
> 다면, 다산은 망자의 무죄를 증언함으로써 그가 역사적으로 부활되기를
> 열망했다.
>
> 같은 책, 373-374쪽

박지원은 주로 여성, 하위 계층 사람들의 묘지명을 적은 반면, 정약용
은 정조 시대에 주류를 형성했던 인물들의 묘비명을 적었다. 두 인물이
망자를 대했던 태도는 살아 있는 사람에 대한 모습에도 그대로 적용된
다. 특히나 삶의 변곡점을 지나온 박지원과 정약용이 자식들을 대했던
모습을 살펴보는 것은 교사에게 많은 울림을 줄 것이다.

《유배지에서 보낸 편지》에서 정약용은 늘 자식에게 열심히 공부하라
고 이야기한다. 정약용은 자신의 가문이 이미 폐족이 되었음을 정확하게
인지하고 있었다. 자식들이 출세하지 않으면 그가 유배지에서 적은 글이
세상에 알려지지 않을 것이고, 그렇게 되면 자신의 삶이 사헌부의 기록
만으로 후세에 전해질 것이라는 것을 잘 알고 있었다. 정약용은 공부를
통해 자식을 깨우치고자 했으며, 자신의 업적이 자식들을 통해서 이어
지길 바랐던 것이다. 고미숙은 이를 '계몽의 교육법'이라고 설명한다.

박지원의 모습은 계몽과는 거리가 멀다. 벗의 죽음 이후 집안에서 오랜 시간 생계를 책임지던 형수까지 세상을 떠난다. 그토록 존경하던 형수가 죽자 박지원은 깊은 시름에 빠진다. 하지만 가족의 생계를 위해서 부득이 생계형 관직 생활을 시작한다. 여기서 박지원의 삶과 정약용의 삶은 교차한다. 정약용은 젊은 시절 높은 관직을 추구하다가 삶의 후반기가 되어서야 가족의 품으로 돌아오지만, 박지원은 삶의 후반기에 와서야 관직에 나간다.

박지원은 60세가 되던 해, 경남 함양에 있는 안의 현감으로 근무를 하게 된다. 그는 멀리 떨어져 있는 자식들을 걱정하는 마음에, 손수 담근 고추장을 편지와 함께 보낸다. 박지원은 엄마와 같은 모습을 보일 뿐 자식에게 공부 독촉은 하지 않는다. 고미숙은 이러한 박지원의 모습을 '소소선생'이라고 표현한다.

> 연암과 자식들의 관계는 허물이 없다. 친구나 형제에 더 가깝다. 계몽은 제자들을 스승의 방향으로 이끄는 것이고 촉발은 스승과 제자가 함께 만들어가는 것이다. 이때 중요한 것은 방향이나 목표가 아니라 리듬과 박자다. …… 미래에 대한 보장을 전제하는 한 리듬과 박자는 어긋날 테니까.
>
> 같은 책, 387쪽

박지원에게 중요한 것은 내용이 아니라 관계였으며, 목표가 아니라 리듬이었다. 박지원은 '미래를 위해서 지금은 참고 견뎌라.' 같은 말을 하지 않았다. 지금 여기서 아이들의 삶을 소소하게 챙기는 데 열중했을 뿐이다. 공부는 작은 것을 알뜰히 챙기는 것에서 시작되는 것이지, 미래에 대한 위대한 약속에서 시작할 수 없다.

공부는 다른 사람이 하라고 해서, 좋은 스승이 이끈다고 해서, 미래에 대한 비전을 제시한다고 해서 시작할 수 있는 것이 아니다. 먼저 스승의 인품에, 타인의 매력에, 그리고 현재의 결핍에 풍덩 빠져야 한다. 내용에 대한 훈련은 그다음이다. 그래서 화이트헤드는《교육의 목적》에서 교육의 전체적 흐름을 '리듬'으로 표현한다. 리듬을 잃으면 공부도 관계도 오래 지속할 수 없다는 것이다.

이런 측면에서 보면 현재 우리나라 교육에서 '미래교육', '미래핵심역량', '미래시민', '미래체험관' 같은 단어들이 락스타의 땀에 젖은 셔츠만큼이나 숭상받는 것에 대해서 다시 한번 생각해 보아야 한다. 그러한 용어가 대부분 경제포럼과 같은 자본 논리에서 출발했다는 사실은 차치하더라도, 미래 중심 담론에만 매몰되면 현재 아이들의 욕구와 삶을 등한시할 수 있기 때문이다.

범람하는 미래 담론은 우리의 전통적 가치들을 남루하게 만들고 있다. 외국의 것을 받아들이는 것도, 그것에 매몰되는 치우침이 아니라 그것을 통해서 새로운 리듬을 형성하는 과정이어야 한다.

박지원이 원한 것도 새로운 리듬이다. 그가 청나라의 학문을 배우고자 했던 것은 조선 사회에 새로운 원심력을 불어넣어 조선만의 리듬을 형성하기 위한 것이지, 조선을 미래의 청나라로 만들고자 한 것은 아니다. 그가 '사이'를 생성하는 삶을 이야기한 것도 타인의 삶에 휘둘리는 것이 아니라 자신의 삶을 주도적으로 개척하는 감각을 기르기 위한 것이었다. 결국 박지원은 평생을 걸쳐서 '균형'을 이야기한 사람이라고 볼 수 있다. 박지원이 추구했던 균형은 그가 추구했던 학문에도 그대로 드러난다.

박지원, 이덕무, 박제가가 주축이 되었던 연암그룹은 유교 경전을 암기하던 당시 조선 사회의 학문 풍토에 새로운 원심력을 생성한다. 조선의 문물과 제도, 인물과 역사, 문화와 풍속을 조사하여 모두 기록으로 남긴 것이다. 한정주는《이덕무를 읽다》에서 연암그룹이 주도한 새로운 시도가 학문적 지식과 실용적 지식을 체계적으로 정리한 조선식 '백과전서'의 시작이 되었다고 평가한다.

> 이덕무와 그의 벗들은 학문에 대해 이용후생의 철학을 갖고 있었기에, 기존의 문학, 역사, 철학, 인문, 지리는 물론 최신 자연과학 기술에 관한 지식을 총망라하는 지적 탐구의 깊고 넓은 여정에 나설 수 있었다.
>
> 《이덕무를 읽다》, 110쪽

이들의 시도는 단편적이었던 조선의 지식을 통합적 지식으로 전환시켰다. 박지원의 소소하지만 묵직한 뚝심은 이용후생의 철학이 되어 백성들의 삶과 조선 사회 전체를 발전시켰다. 박지원의 이러한 시각은 우리나라 교육에 많은 시사점을 남긴다. 낡은 것을 어둠으로 여기고, 과거의 것을 세균으로 여기는 계몽적 태도로는 우리나라 교육을 개선할 수 없다. 지금 우리 사회에 필요한 것은, 새로운 원심력을 현재의 삶에 녹여내는 박지원의 통합적 시각이다.

찌꺼기에 만족하시겠습니까?

이제 박지원과 정약용의 삶을 정리할 시간이다. 그들의 삶과 글을 공부하면서 내가 마지막까지 부여잡고 있었던 질문은 '무엇이 오래도록 남는가?'이다. 그들과 동시대를 살았던 인물도 많지만, 유독 박지원과 정약용의 삶과 글이 다른 인물들의 것에 비해서 많이 회자되는 이유가 궁금했다.

여러 가지 이유가 있겠지만, 가장 큰 이유는 그들의 글이 삶의 변곡점을 잘 견뎌낸 결과물이기 때문이 아닐까. 외부의 기준에 순응하고 그것에 매몰되었던 삶이 아니라, 끊임없이 삶의 기준을 내부로 돌리는 노력이 그들의 글에 담겨 있기 때문일 것이다.

그래서 두 사람은 모두 시간이라는 괴물에게 이긴 사람이라고 볼 수 있다. 삶의 변곡점이라는 쓰나미를 견디려면 내면의 단단한 기준을 마련하지 않으면 안 된다. 교사는 여러 삶 사이에서 살아가는 사람이기 때문에, 다른 직업을 가진 사람들보다 더욱 모질고 거친 쓰나미를 견뎌야 한다. 그러려면 타인과 다른 나만의 '사이'를 생성할 수 있어야 한다. 다른 사람으로 얼마든지 대체할 수 있는 길이 아닌, 나만이 생성할 수 있는 의미를 추구해야 한다. 그래야 타인을 가르칠 수 있는 삶을 포기하지 않을 수 있다.

삶 사이에 존재하는 고통을 극복하고 자기 내면의 기준을 생성하려는 교사에게 동양 고전만큼 깊은 위로를 주는 책은 없을 것이다. 중국에서 꽃피운 제자백가 사상은 기본적으로 '인간의 고통을 어떻게 해결할까?', '그래서 인간은 어떻게 자신만의 소신 있는 삶을 유지할 수 있을까?' 같은 물음에서 시작하기 때문이다. 그래서 동양 고전은 절대적 존재나 힘으로 도피하라는 처방이 아니라, 자신이 발 딛고 있는 세상을 능동적으로 바꿀 수 있는 사람이 되라고 조언한다. 《논어》에서 배려를 강조한 것도, 《맹자》에서 예절을 강조한 것도, 《순자》에서 과학적 사고를 강조한 것도, 《한비자》에서 법치를 강조한 것도 모두 이와 같은 메시지를 주기 위함일 것이다.

이에 비해 서양철학은 '삶과 고통 같은 저급한 것을 보지 말고, 불변하는 진리와 이상으로 도피하세요.'라고 말한다. 헤라클레이토스의 상대주의적 관점이 아닌 파르메니데스의 절대주의적 시각을 물려받은 플라톤은 현실적 삶과 동떨어진 이데아를 숭상하기 위해 인간의 삶과 고통이라는 현실적 문제를 면도칼로 잘라내 버렸다. 그러니 삶의 방향을 고민하는 교사에게 서양철학이 줄 수 있는 위로보다 동양철학이 줄 수 있는 위로가 훨씬 현실적일 것이다. 그 중에서도 굳이 한 권을 꼽으라고 하면, 나는 망설이지 않고 《장자》를 추천하고 싶다.

장자의 탁월함은 자신의 생각을 우화로 표현했다는 데 있다. 삶의 방향에 대한 메시지를 쿡 하고 직접 찌르지 않고 넌지시 던진다. 〈수레바퀴 깎는 노인〉 이야기는 삶의 기준을 내부에 두는 것이 왜 중요한지에 대해서 깊은 통찰을 배울 수 있다. 이야기는 이렇다.

제나라 왕 환공이 책을 읽고 있는 동안 옆에서 한 노인이 수레바퀴를 깎고 있었다. 노인이 환공에게 지금 읽고 있는 것이 무엇이냐고 묻자, 환공은 "옛 성인들의 이야기지."라고 대답한다. 그러자 수레바퀴를 깎던 노인은 다음과 같이 말한다.

"그렇다면 전하가 읽고 계신 것은 옛사람이 남긴 찌꺼기입니다."

화가 난 환공은 자신에게 그렇게 말한 이유를 정확하게 설명하지 못하면 죽음을 면하지 못할 것이라고 엄포를 놓는다. 노인은 환공의 말에 주눅 들지 않고 천천히 이유를 설명한다.

노인은 평생 수레바퀴를 깎아온 사람이다. 그 일은 너무 정밀한 작업이라서, 많이 깎으면 바퀴가 헐거워지고, 덜 깎으면 빡빡해서 들어가지 않는다. 문제는 그 미묘한 경계를 자기 손의 감각으로만 판단할 수 있어서 다른 사람에게는 말로 설명하거나 전달할 수 없다는 것이다. 그래서 나이가 들어서도 자식에게 맡기지 못하고 자기가 직접 하고 있다고 말한다.

이어서 노인은 "옛사람도 그가 전해줄 수 없는 것과 함께 죽어버렸으니, 전하께서 읽고 계신 것이 옛사람이 남긴 찌꺼기가 아니고 무엇이겠습니까?"라고 말한다. 이 우화의 핵심 메시지는 결국 '노인의 손'이다. 자신의 삶을 살아가는 데 있어서 타인의 말과 외부의 기준은 자기의 기준이 될 수 없다는 것이다.

우리는 타인의 말과 기준에 자신을 맞추려다 보니 삶이 주는 미묘한 감각과 행복을 잊어버리고 있다. 내 손은 보지 못하고 다른 사람이 남긴 찌꺼기만 느끼고 있는 것이다. 교사는 자기 내면의 목소리와 자기 손의 감각을 믿어야 한다. 다른 사람이 남긴 찌꺼기를 좇으면 좇을수록, 결국 남는 것은 허무함이라는 것을 알아야 한다.

길을 잃어야, 길을 찾을 수 있다

승진에 도전할지 말지 고민하는 교사에게 하고 싶은 말은, "최대한 판단을 미루라."이다. 자신이 어떤 사람인지를 알아야 승진에 도전할지 말지를 결정할 수 있다. 그것을 알지 못한 상태에서 너무 이른 나이에 승진 트랙에 뛰어드는 것은 자신의 삶을 타인이 남긴 찌꺼기에 가두는 것과 같다. 판단을 미루는 만큼, 우리 삶은 무한한 가능성과 경탄으로 가득할 것이다.

앞으로 승진 제도가 개혁되어 일정 임기를 마치면 다시 교사로 돌아오는 것이 제도화된다고 하더라도, 어떤 루트에 도전할지에 대한 결정을 최대한 뒤로 미루어야 한다. 삶이 우리에게 주는 변곡점은 우리를 어떤 사람으로 바꿀지, 그리고 우리를 어느 곳으로 데려갈지 아무도 모르기 때문이다.

그렇다면 판단을 미루는 동안 교사는 무엇을 해야 할까? 앞에서 말했듯이 '나는 누구인가?'에 대한 답을 찾아야 한다. 이 말이 추상적이라면 '다른 사람이 대체할 수 없는, 그래서 나만이 만들어낼 수 있는 의미가 무엇인가?'를 찾는 과정이라고 볼 수 있다. 소유 양식은 필연적으로 대체를 전제로 한다. 내가 아닌 누가 해도, 즉 내가 아닌 누가 소유해도 의미와 결과가 같다는 말이다.

하지만 존재 양식에서 생성하는 의미는 절대로 다른 사람이 대체할 수 없다. 교사가 자신만의 의미를 생성할 수 있는 가장 좋은 영역은 교사의 본업인 수업일 것이다. 이오덕의 글쓰기 수업, 노구찌 요시히로의 수학 수업, 한형식의 국어 수업은 다른 교사가 생성할 수 없는 그들만의 의미를 가진다. 그렇다고 이들처럼 훌륭한 교사만이 의미 있는 수업을 할 수 있다는 것이 아니다. 수업에서 자신만의 '사이'를 생성할 수 있다면, 그 수업은 누구도 흉내 낼 수 없는 자신만의 의미가 된다.

이러한 삶을 선택한 교사에게 '공부'와 '만남'은 평생 의지할 친구다. 학교생활에 충실하면서도 틈틈이 자신이 하고 싶은 공부를 열심히 하는 것이 중요하다. 분야는 뭐든 관계없다. 그것이 내면의 기준을 기르는 데 도움이 된다면 무엇이든 좋다. 하지만 공부보다 더 중요한 것이 만남이다. 다양한 사람과 만나서 깊이 있는 생각을 나누어야 한다. 결국 공부와 만남이 '나는 누구인가?'에 대한 답을 줄 것이다.

지인들과 만나면 "요즘 무슨 생각해?"라고 묻곤 한다. 내가 이렇게 물으면 대부분은 난처한 표정을 짓는다. 친한 사이라도 자신이 고민하고 있는 것을 솔직하게 드러내지 않는다. 교사가 삶에 대한 고민을 말하지 않는다면, 사이에 존재할 수가 없다.

사람들과 이야기를 나누다 보면 "삶에서 길을 잃은 것 같아."라는 말을 종종 듣게 된다. 그런 말을 하는 사람들은 공통적으로 소유 양식이 주는 불편함을 느끼기 시작한 사람이거나, 소유 양식보다 존재 양식을 추구하는 사람인 경우가 많다. 자신이 가고 있는 길이 맞는지에 대해서 늘 고민하고 물음을 던지는 사람이다. 그런 말을 꺼내는 사람에게 나는 늘 다음과 같은 말을 해준다.

"길을 잃은 것처럼 보이지만, 사실은 길을 찾아가고 있는 과정입니다."

우리는 길을 잃어야 길을 찾을 수 있다. 처음부터 끝까지 길을 잃지 않는 사람들도 있지만, 그들은 다른 사람이 정해준 길을 그대로 따라가는 사람들일 가능성이 크다. 정해진 길만이 바른길이라고 믿는 사람은 평생 '자신의 길'을 찾지 못한다. 자기가 진정 걸어야 할 길은, 자기가 걷던 길을 잃어버렸을 때 나타난다.

여러분은 지금 어떤 길 위에 서 있는가?

어른으로 산다는 것이 힘들 때

교사는 교실 속 유일한 어른

어른 없는 사회 | 우치다 타츠루

어머니 | 막심 고리키

어른 좀 찾아주세요

어른과 함께 사라진 정의

어른으로 산다는 것은 참으로 힘든 일이다. 성인이 된다고 어른이 되는 것도 아니고, 그에 맞는 품격을 갖추려면 많은 시간과 노력이 필요하다. 하지만 교사에게는 이러한 시간이 허락되지 않는다. 교사는 신규로 발령받는 순간, 바로 어른으로 살아가야 한다. 교사는 교실에서 유일한 성인이자 어른으로 존재해야 하기 때문이다.

다른 직업은 같은 공간 안에 다른 성인들이 많다. 굳이 내가 어른답게 행동하지 않아도 그 역할을 해줄 수 있는 사람이 나타나기 마련이다. 하지만 교실에서 어른의 역할을 할 사람은 교사밖에 없다. 그러니 20대에 발령받은 신규 교사의 상황은 가혹할 정도다. 나의 20대를 떠올려보면, 나는 분명히 어른이 아니었다.

그런데 갈수록 상황이 심각하게 돌아가고 있다. 사회에서 점점 어른들이 사라지고 있는 것이다. 과거에는 젊은이가 배울 수 있는 어른도 있었고, 성장하는 젊은이를 품어줄 수 있는 공동체도 있었다. 하지만 지금은 진정한 어른도 공동체도 사라지고 있다.

나이 많은 성인은 존재하지만 그 중에서 진짜 '어른'으로 존경할 수 있는 사람이 사라지고 있다는 것이다. 내가 말하는 어른이란 과거에 마을마다 한 분씩 계셨던, 너른 품과 인격을 갖춘 '어르신'을 말한다. 그분들은 마을의 크고 작은 일들을 소리 없이 챙겼다. 어느 집에 힘든 일이 있고, 어느 집에 도움이 필요한지 미리 다 파악하고 있었던 분들이다. 잔치나 제사가 있으면 힘든 집부터 음식을 보내던 분들이었다. 나는 경남에서도 아주 깊은 시골에서 자랐기 때문에 그런 분들이 어떻게 공동체를 길러냈는지 가까이에서 볼 수 있었다. 그분들은 인자한 얼굴로 아이들과 약자들을 보듬었지만, 그것을 내색하지 않았던 평범한 시민들이었다.

우리 사회에는 전통적으로 이러한 어르신들이 계셨기 때문에, '정의'라는 개념이 필요 없었다. 서로의 몫을 따지지 않아도 재화와 서비스가 알아서 분배되었다. 욕심을 부리는 사람에게는 벼락같은 호통이 배달되었고, 아이를 보살피지 않는 사람에게는 모진 깨달음이 분배되었다. 그러니 큰소리가 날 일도 없었고, 자신이 많이 가졌다고 자랑할 일도 없었다.

어른들이 사라지면서 우리 사회를 지탱하던 정의도 함께 사라졌다. 그래서일까, 우리나라에서 가장 많이 팔린 책인 동시에 제대로 읽지 않은 책 1위가 마이클 센델의《정의란 무엇인가?》라고 한다. 이 책에서 센델이 주장하는 핵심은 의외로 간단하다. 그는 우선 미국 사회가 파편화된 개인주의와 극단적 자본주의로 인해서 윤리 시스템이 파괴되고 있다는 사실을 지적한다. 그래서 모든 것을 돈으로 해결하려는 자본주의 문화를 개선하고 파괴된 공동체를 되살리기 위해서는 개인주의가 아닌 '공동체주의'로 돌아갈 필요가 있음을 주장한다.

이러한 주장을 전개하기 위해서 칸트, 벤담, 존 롤스의 사상을 모두 비판한다. 센델이 등장하기 전에 미국 사회를 이끌었던 정의 담론은 존 롤스의《정의론》이었다. 센델은 롤스의《정의론》마저 철저히 비판하면서 새로운 주류로 등극하게 된 것이다. (물론 센델이 롤스의 철학을 전체적 맥락에서 보지 않고 지엽적인 맥락에서 비판했다는 해석도 있다. 이러한 논지를 쉽게 설명한 책이 이한의《정의란 무엇인가는 틀렸다》이다.)

아무튼 마이클 센델의 책이 미국보다 우리나라에서 훨씬 더 많이 팔렸다는 사실은, 그만큼 우리 사회가 '정의'에 목말라 있다는 반증이 아닐까 싶다. 우리에게 잃어버린 '정의'를 되찾는 것은 그만큼 간절한 일인 것이다.

센델의 말처럼, 정의를 회복하는 일은 공동체를 회복하는 일과 함께 이루어져야 한다. 공동체를 유지하는 데 필요한 구심력은 결국 어른(리더)에게서 나오기 때문이다. 공동체를 위한 너른 품을 가진 어른이 사라진다는 것은, 정의도 함께 사라진다는 말과 같다.

교사는 구경꾼이 아니다

이러한 책들을 읽으면서 어른과 공동체에 대한 간절함은 더욱 깊어졌다. 어른이 사라지는 사회, 나아가 공동체가 파괴되는 사회에서 교사역시 어른으로 성장하기 어렵기 때문이다. 나는 교사이기 이전에 진정한 어른으로 성장하고 싶었다. 교사가 어른으로 자라기 위해서는 학교라는 공동체가 어른으로 넘쳐나는 건강한 공동체가 되어야 한다. 그런데 지금 학교의 상황은 그리 좋지 않다. 학교에서 생활하는 수많은 성인가운데 전적으로 믿고 따를 만한 어른이 몇 명이나 되는가?

어른으로 성장하기 위해서는 '스승'과 '경험'이 동시에 필요하다. 경험은 혼자 할 수 있지만, 스승이 될 만한 진정한 어른을 만나기는 쉽지않다. 많이 배웠다고 좋은 스승이 되는 것이 아니다. 진정한 어른이라면누구나 좋은 스승이 될 수 있다. 어른이 사라지면 스승도 함께 사라진다. 어른이 사라지고 있는 사회에서 교사로 성장한다는 것은 그만큼 힘든 일이 되어버렸다.

교사가 어른으로 성장하기 어렵다는 사실보다 더 고통스러운 것은, 어른이 사라지는 사회에서는 교사가 아이들을 시민으로 기르는 일도 점점 어려워진다는 사실일 것이다. 사회에서 어른들이 사라지면 "그래도선생님들이 소신을 가지고 한 일인데 조금만 더 지켜봅시다."라고 말할수 있는 사람이 사라진다는 말이다. 그렇게 어른이 사라진 사회에는 팔짱 낀 '구경꾼'들만 남게 된다. 협력보다는 경쟁을 강요하는 어른들, 인성보다 성적을 중시하는 어른들, 타인의 고통은 무시하고 자기 아이의 질주만 찬양하는 어른들, 그래서 자기 일이 아니면 그냥 구경만 하는 어른들만 남게 된다. 지금 저 수많은 학원들의 불이 꺼지지 않는 것도, 무거운 가방을 멘 학생들이 새벽이 되어서야 집에 들어가는 것도, 〈스카이 캐슬〉이라는 드라마가 기록할 만한 시청률을 기록한 것도, 모두 우리 사회에 어른이 사라지고 있다는 사실과 무관하지 않다. 구경꾼은 타인의 삶과 고통에 관심이 없다. 그러니 구경꾼들은 타인의 삶을 기르는 교사의 소신을 응원할 리가 없다.

상황이 이렇다고 교사까지 허무주의에 빠져 있어선 안 된다. 교사들은 새로운 방법을 찾아내야 한다. 교육과 성장은 '그럼에도 불구하고'로 시작하기 때문이다. 그래서 교사에게는 이 상황을 극복할 대안이 필요하다. 대안을 찾기 위한 첫걸음은 바로 질문이다.

교사는 어른으로 살아가기 위해서 어떤 노력을 해야 하는가?
어른 없는 사회에서 교사는 어떻게 아이들을 시민으로 기를 수 있을까?

여기에 대한 답을 우치다 타츠루의 《어른 없는 사회》와 막심 고리키의 《어머니》에서 찾을 수 있었다. 두 책을 관통하는 주제는 '공동체'이다. 《어른 없는 사회》를 통해서는 사회에서 어른이 사라지는 현상을 깊이 이해할 수 있는 렌즈들을 얻을 수 있었다. 《어머니》에 등장하는 어머니의 삶, 다시 말해 소극적인 여성에서 혁명의 지도자로 성장하는 여인의 이야기에서는 어른으로 성장하기 위해서는 무엇이 필요한지에 대해서 배울 수 있었다. 두 책은 나에게, '지금까지 구경꾼으로 살았으니, 이제 슬슬 참여자의 삶을 살아보는 것이 어떤가?'라고 말하고 있었다.

어른의 삶을 살기 위해서는 부단한 노력이 필요하다. 공동체에 관심을 가진다는 것은 타인의 삶에 관심을 가지는 일이기 때문이다. 타인의 삶에 관심을 가진다는 것은, 익숙함과 안정에서 벗어나서 불안에 몸을 던지는 일이다. 하지만 이러한 불안을 극복했을 때 펼쳐지는 어른의 삶은 교사라면 누구나 걸어가고 싶은 '사이'를 생성한다. 이러한 길을 걸었던 대표적인 인물이 중국의 정신적 지도자였던 루쉰이다.

루쉰이 처음부터 공동체의 문제에 관심을 가졌던 것은 아니다. 루쉰은 어린 시절부터 총명했으며, 자라서는 의사가 되기 위해 일본 센다이 의학전문학교로 유학을 간다. 그렇게 열심히 공부에 매진하던 그에게 운명처럼 '환등기 사건'이 일어난다. 한 강의의 말미에 환등기로 충격적인 사진 한 장을 보게 된 것이다. 그 사진은 중국 동포가 일본군에게 잔인하게 살해되는 사진이었다.

그 사진에서 루쉰이 주목한 것은 그 장면을 지켜보던 중국인들의 무감각한 반응이었다. 그들은 일본군에게 죽임을 당하는 동포를 구경하는 데 열을 올리는 구경꾼일 뿐, 중국이 처한 현실에 대한 어떠한 슬픔과 적개심도 나타내지 않고 있었다.

이 일로 충격을 받은 루쉰은, 그 길로 의학전문학교를 때려치우고 중국으로 돌아간다. 그가 치료해야 할 것은 동포의 몸이 아니라 썩어빠진 정신이라는 것을 깨달은 것이다. 그때부터 루쉰은 글을 쓰기 시작한다. 이후 중국 사회의 혁신을 이끄는 비판적 사상가로 성장하게 된다. 루쉰의 삶을 분석한 채운은 '환등기 사건'에서 '구경꾼'이라는 단어에 주목해야 한다고 말한다.

> 무리 속에 있음으로써만 자신의 존재를 정당화할 수 있는 자들, 무리 지어 다니면서 교묘히 책임을 회피하는 자들, 가장 비겁하고 몽매한 '무리 도덕'의 신봉자들. 그게 바로 '구경꾼'이다.
>
> 《루쉰, 길 없는 대지》, 69쪽

루쉰은 '수동적 구경꾼'이 아닌 '치열한 참여자'의 삶을 택한 것이다. 그는 달콤한 말로 중국 민중의 눈과 귀를 가리는 정치인들과 사상가들에게 글로써 이단 옆차기를 날린다.

교사들도 루쉰처럼 거창한 일을 해야 한다는 말이 아니다. 교사가 어른으로 살아가기 위해서는, 우선 공동체의 문제에 관심을 가지는 시선 전환이 필요하다는 것이다. 그렇다면 교사는 어른으로 살아가기 위해서 어떻게 해야 할까? 여기에 명쾌한 답을 제시하는 사람이 우치다 타츠루이다.

가족의 해체와 차이의 박탈

누가 공동체를 해체시켰나?

우치다 타츠루는 '지적 괴물'이라는 별명을 가진 일본의 학자다. 프랑스의 철학자 클로드 레비나스를 비롯한 여러 사상가들의 사상에 대해서 쉽게 설명할 수 있는 지성을 지닌 작가이기도 하다. 그래서 그의 글은 간결하고 명쾌하다. 뻔한 분석과 처방이 아니라 전혀 예상하지 못한 이야기를 들려준다.

우리는 보통 어떤 것에 대해서 잘 모르는 상태, 즉 '무지'를 나태함의 결과라고 생각한다. 하지만 우치다 타츠루는 일반적인 인식과는 달리 무지가 근면의 결과라고 말한다.

무지라고 하는 것은 단순히 지식의 결여를 가리키는 말이 아닙니다. '알고 싶지 않다'라는 마음가짐을 갖고 한결같이 노력해 온 결과가 바로 무지입니다.

《푸코, 바르트, 레비스트로스, 라캉 쉽게 읽기》, 7쪽

생각해 보면 정말 그렇다. 우리는 정보 과잉 시대에 살고 있다. 내가 알고 싶지 않아도 누군가의 입을 통해서, 문서를 통해서, 다양한 매체를 통해서 어쩔 수 없이 알게 된다. 어떤 연예인이 어디에 빌딩을 샀고, 그 빌딩의 가격이 얼마나 올랐다는 시시콜콜한 이야기까지 강제로 알게 된다. 그러한 것들에 대해 알고 싶지 않다면 그것과 나를 철저히 분리할 수밖에 없다. 그런 분리를 위해서는 부단한 노력과 근면이 필요하다는 것이 그의 설명이다.

그의 책 가운데 가장 먼저 읽은 것이 《어른 없는 사회》였다. 이 책을 읽고 《하류지향》, 《스승은 있다》, 《교사를 춤추게 하라》 같은 책을 찾아 읽게 되었다. 그는 오랜 시간을 교수로 살아서인지 교육에 대한 글을 많이 썼다. 그 내용은 일본 사회에 관한 것이었지만, 우리나라에도 그대로 적용할 수 있다.

《어른 없는 사회》의 원서 제목은 '공동체론'이다. 제목만 보아도 그가 이 책에서 말하고자 하는 것을 유추할 수 있다. 일본 사회가 다시 '건강한 공동체'로 돌아가야 한다는 것이다. (그가 말하는 건강한 공동체는 일본 극우주의자들이 말하는 '강한 사회'가 아니다. 그는 극우주의자들의 허상을 철저히 비판하는 균형적 시각을 가진 학자라고 볼 수 있다.) 거꾸로 말하면, 지금 일본 사회에서 공동체는 철저히 붕괴되었으며, 가족은 완전히 해체되었다는 것이

3장
어른으로 산다는 것이 힘들 때

176

다. 공동체 붕괴는 가족의 해체에서 출발한다. 그렇다면 가족은 누가 해체했을까?

> 경제 성장을 위한 최적의 해법을 추구한 결과 가장 합리적인 정책은 '가족 해체'였습니다.
>
> 《어른 없는 사회》, 27쪽

자본은 끊임없이 증식을 추구한다. 증식하려면 소비자가 많아야 한다. 개인 소비자가 가족 단위로 묶여 있으면 마음껏 소비를 하지 못한다. 개인은 소비하려고 하지만 가족은 아끼려고 하기 때문이다. 자본은 이것을 용서하지 않는다. 그래서 가족은 해체될 수밖에 없다는 것이다. 앞서 말했듯, 자본은 통제할 수 없는 폭주 기관차다. 자기 앞을 가로막는 것이 있어도 결코 멈추지 않는다.

마르크스가 "노동자에게 조국은 없다."라고 말한 이유도 자본의 이러한 통제 불가능성 때문이다. 자본이 통제 불가능하다는 것은, 다국적기업 같은 거대 자본이 사업을 늘여가는 것을 지켜보면 금방 확인할 수 있다. 다국적기업을 운영하는 사람도 자본의 증식은 통제할 수 없다. 자본이 시키는 대로 끝없이 공장을 늘릴 뿐이다.

그래서 마르크스는 노동자들이 지역과 국경을 초월하여 연대해야 한다고 주장한 것이다. 노동자들의 연대를 지역이나 국가 범위로 한정 짓는 순간, 자본이라는 짐승은 다른 경로로 노동자를 집어삼키기 때문이다. 이러한 짐승 앞에서 가족이라는 작은 공동체는 버텨낼 수가 없다.

소비의 주체가 가족이라는 공동체에서 개인으로 바뀔 때 시장은 즐거운 환호성을 지르게 된다.

> 네 명의 가족이 함께 살다가 가족이 해체되면, 집도 네 채, 냉장고도 네 개, 텔레비전도 네 대가 필요해집니다. 그런 것입니다. 실제로 '거품경제'라고 하는 소비 활동이 비정상적으로 과열되던 시기에 가족의 해체도 극적으로 진행되었습니다.
>
> 같은 책, 33쪽

가족의 해체는 상품을 신속히 소비하는 데 방해가 되었던 '구성원의 동의 과정'을 없애주었다. 아버지의 헛기침과 어머니의 등짝 스매싱이 사라진 개인은 더 이상 소비하는 것을 눈치 보지 않아도 된다. 과거에 존재했던 브레이크가 사라진 것이다. 브레이크가 사라진 자본주의는 값을 매길 수 없는 것에 값을 매기기 시작하고, 값을 매겨서는 안 될 것들도 시장으로 보낸다. 우치다 타츠루는 사회가 자본주의에 익숙해지면 아이들의 교육에 치명적인 결과를 불러온다고 말한다.

광인의 외침, "아이들을 구하라"

자본이 지배하는 사회를 살아가는 아이들은, '짧은 근로 시간에 높은 수익을 보장하는 근로 형태가 가장 좋다.'라는 생각을 자연스럽게 배우게 된다. 우리 사회에는 보수는 낮아도 귀한 노동을 하는 사람들이 많다. 자본주의는 아무리 가치 있는 노동이라도 수익이 높지 않으면 좋은 노동이 아니라고 잘라 말한다. 이런 사회에서 아이들은, 누가 가르쳐주지 않아도 '효율'이라는 가치를 뼛속 깊이 새긴다.

> 가능한 적게 노력하고 가능한 높은 서열의 대학 학위를 손에 넣은 학생이, 비용 대비 효과 기준에서 보면 가장 현명한 학생이라는 겁니다. …… 제가 여러 책에 반복해서 '학교교육에 시장 원리를 들여와서는 안 된다'고 거듭 말한 것은 이러한 이유에서입니다. 현장에 있으면 알 수 있습니다. 학교에서 아이들이 비용 대비 효과를 견주게 되면 교육은 '끝'입니다.
>
> 같은 책, 34-36쪽

'현장에 있으면 알 수 있습니다.'라는 말은 우치다 타츠루가 강의실에서 겪은 일을 말한다. 새 학기를 시작하면 학생들이 언제나 묻는 질문이 있다고 한다. 그것은 "이 수업은 몇 번 빠져도 됩니까?"라는 질문이다. 대충 감이 오지 않는가? 우리나라도 마찬가지다. 수능 시험에 도움이 되는 과목은 열심히 듣고 도움이 되지 않는 과목은 듣지 않는다. 학생들이 그것을 가려내는 데는 오랜 시간이 걸리지 않는다. 시험에 도움이 되지 않는 시간은 엎드려 자는 시간이다. 아이들에게 배움에 대한 설렘이 사라진 지 오래다.

아이들에게 중요한 것은 비용 대비 좋은 효과를 거두는 것뿐이다. 우치다 타츠루는 이러한 현상을 《하류지향》에서 '등가교환'이라는 말로 표현한다. 배움에 들이는 노력도 저울에 매달아서 교환하는 것이다. 모든 것에 칼같이 값을 매기는 사회에서 진정한 배움은 환영받을 수 없다. 배움은 또 다른 교환 가치일 뿐이다. 아이들의 이러한 모습은 모두 어른에게서 배운 것이다.

여기에 공동체가 붕괴되는 이유가 숨겨져 있다. 바로 '시간'이다. 아이들은 어른들의 모습을 그대로 배운다. 그 사회에 진정한 어른은 없고 성인만 존재할 때, 아이들은 교환할 수 없는 것을 교환하기 시작한다. 개인의 만족을 위한 교환이 아닌, 공동체를 위한 참여자로 자랄 수 있는 시간이 주어지지 않는다면 아이들은 영원한 구경꾼으로 남게 된다. 구경꾼으로 자라난 아이들은 결코 어른이 될 수 없다. 결국 어른을 기르는 것은 좋은 어른이 있는 공동체이며, 어른을 길러내어 공동체를 유지시키는 것이 교육이다. 그래서 공동체가 파괴될수록 교육이 더욱 중심을 잡아야 한다.

건강한 공동체를 지키는 마지막 보루가 교육이라는 사실은 루쉰의 단편소설 〈광인일기〉에 잘 나타나 있다. 이 소설의 주인공은 광인(狂人)이다. 소설은 그의 광기 어린 시각이 담긴 일기로 구성되어 있다. 그는 자기 주변의 사람들이 식인 기질이 있다는 망상에 사로잡힌 채 하루하루를 불안하게 살아간다. 언젠가는 주변 사람들이 자신도 죽일 거라는 강박관념 때문에 고통스러워한다. 소설은 이러한 말도 안 되는 망상을 적은 일기로 가득 채워져 있다.

그래서 그의 작품을 처음 읽는 사람은 루쉰의 의도를 파악하기 어렵다. 책을 덮을 때까지 '무슨 이런 말도 안 되는 이야기만 적어놨어?'라고 생각할 수 있다. 작가의 의도를 이해하기 위해서는 당시 중국 사회에 대한 루쉰의 비판의식을 먼저 이해해야 한다. 이 소설을 관통하는 키워드인 '식인'은 당시 중국 사회를 풍자하기 위한 알레고리다. 루쉰이 보기에 중국은 과거의 예교(예절과 절차)를 지나치게 중시하는 과정에서 새로운 시도를 묵살하는 사회가 되어가고 있었다. 정부는 새로운 목소리와 원심력을 부여하려는 사람들을 억압했으며, 소리소문 없이 죽이기까지 했다.

루쉰은 소설을 통해서 어른들이 가지고 있는 순응과 억압의 프레임이 아이들에게 그대로 전수되고 있다는 사실을 비판하고 있는 것이다. 사람을 죽이던 식인종은, 사회를 좀먹는 패러다임에 물들어 있는 수구 세력이었던 것이다. 루쉰은 체제에 순응하지 않는 광인의 입을 빌려서 어른들의 왜곡된 관점을 아이들에게 물려주어서는 안 된다는 것을 말하고 있다. 소설은 다음과 같이 끝난다.

> 사람을 잡아먹어 본 적이 없는 아이가 아직까지 남아 있을지도 모른다!
> 아이들을 구하라……
>
> 《광인일기》, 40쪽

결국 우리를 구원할 수 있는 존재는 아이들이다. 아이들을 기르는 시스템을 만들고 유지하는 것이 어른들의 몫이다. 시스템을 유지하기 위해서는 어른들이 모범을 보여야 한다. 어른들부터 자본보다 사람을, 소유보다 존재를, 경쟁보다 협력을 귀하게 여기는 모습을 보이면 아이들은 자연스럽게 어른으로 자랄 수 있다. 그런데 지금 우리 사회의 어른들은 어떤 모습을 하고 있는가?

아이 같은 어른들

우치다 타츠루는 일본 사회에 점점 '아이 같은 어른'이 많아지고 있다고 말한다. 그는 아이와 어른의 차이가 '공동체에 대한 관심'의 차이에 있다고 설명한다. 공동체에 대한 관심은 굳이 거창한 것이 아니어도 된다. 그는 길에 떨어져 있는 깡통을 줍는 것과 같은 기본적인 일이면 충분하다고 말한다. 어른이란, 길에 깡통이 떨어져 있을 때 선뜻 그것을 주워서 버리거나, 주변에 쓰레기통이 없으면 자기 집으로라도 가져가서 분리수거를 하는 사람이다.

> '아이'는 시스템 보전이 모두의 일이므로 자기 일이 아니라고 생각합니다. '어른'은 시스템 보전은 모두의 일이므로 곧 자기 일이라고 생각합니다. 바로 이만큼의 차이입니다.
>
> 《어른 없는 사회》, 40쪽

그렇다면 '바로 이만큼의 차이'를 어떻게 구별할 수 있을까? 우치다 타츠루는 위기 상황에서 그것이 구별된다고 말한다. 사회가 안정적일 때는 누가 어른이고 누가 아이인지 구별할 수 없다. 그럴 때는 그냥 자리를 지키기만 하면 시스템은 알아서 잘 굴러간다. 그런데 시스템에 문제가 생겼을 때 그 일을 대처하는 모습을 보면, 어른인지 아이인지 금방 알 수 있다는 것이다. 책임을 다른 데로 돌린다면 아이, 책임을 자기에게 돌리고 끝까지 해결하려는 태도를 보인다면 어른이다.

시스템이 파탄에 빠질 때 "시스템 복구는 자신의 업무 계약에 들어 있지 않다"거나 "그런 위험이 있다고는 전임자로부터 듣지 못했다", "애초에 예상하지 못한 일이었다"는 식으로 책임을 다른 데로 돌리는 것이 '아이'의 특징입니다. 이미 중년에 접어들어 머리가 벗겨지고 배가 나와도 그런 말을 하는 사람은 모두 아이입니다.

같은 책, 41쪽

위의 말은 실제 '후쿠시마 원전 폭발사고' 당시 일본 정부가 자주 했던 말이라고 한다. 사회를 이끌어가고 있는 고위관료들도 어른이 아닌 경우가 많다. 우리나라도 상황은 마찬가지다. 가습기 살균제 사태와 세월호 참사가 일어났을 때, 그것에 대처하는 정치인들과 관료들의 모습은 어른이라고 볼 수 없다. 책임감 없고 미성숙한 모습을 보이는 사람들이 너무 많았다. 그들은 자신들의 언행이 아이의 수준에도 미치지 못한다는 것을 자각조차 하지 못하고 있었으니, 그것이 더 비극일 것이다. 그런 비극의 결과는 온전히 국민의 몫이다.

우치다 타츠루는 무책임한 어른들을 아이에 비유했지만 나는 그것조차 사치라고 생각한다. 내가 현장에서 경험한 아이들, 그리고 이 세상을 살아가는 아이들 대부분은 적어도 새빨간 거짓말은 하지 않는다. 아이들의 순수하고 유연한 생각 속에, 거짓 없는 눈짓과 몸짓 속에, 대상을 가리지 않는 귀한 웃음과 꾸밈없는 울음 속에 어른들이 하는 속임수는 들어 있지 않다. 어른의 반대말은 아이가 아니라 '욕심과 이기심으로 가득한 성인'라고 정의하는 것이 더 적절할 것이다.

그렇다면 왜 이렇게 아이 같은 어른들이 늘어나는 것일까? 많은 아이들이 책임감을 가진 어른으로 성장하지 못하는 이유는 무엇일까? 우치다 타츠루는 여기에 대해서 재미있는 설명을 시작한다.

부권의 상실과 막강한 모권의 등장

일단, 우치다 타츠루의 설명에는 보수적인 시각이 깔려 있다. 그럼에도 불구하고 그의 설명을 옮기는 이유는, 교사의 삶과 관련해서 매우 중요한 메시지를 얻을 수 있기 때문이다.

우치다 타츠루는 일본 사회에서 어른이 사라지는 원인을 '부권의 상실'에서 찾는다. 아버지의 권위가 없어지는 것과 아이가 어른으로 자라지 못하는 것이 어떤 관계가 있는지 궁금할 것이다. 우치다 타츠루는 아이가 어른으로 자라지 못하는 원인을 제대로 이해하기 위해서는 먼저 가족의 특이한 메커니즘인 '아버지와 어머니의 권력 구도'를 이해해야 한다고 말한다. 과거에는 아이들의 진로 결정에 대한 최종 결정권이 아버지에게 있었다.

아티스트가 되고 싶다거나 영화감독이 되고 싶다는 아이의 꿈을 아버지는 무조건 "철없는 소리!"라고 일갈하면 대체로 어머니 쪽이 "본인이 하고 싶어 하니 해주면 되지 않아요?"라고 우물쭈물 중재하는 것이 기본 패턴이었습니다.

같은 책, 78쪽

이는 우리나라도 마찬가지였다. 가부장적 아버지들은 여러 이유로 집에서 머무르는 시간보다 바깥에서 보내는 시간이 많았다. 그러니 아이가 무엇을 원하는지, 아이의 욕구가 무엇인지 잘 모른다. 단지 사회적 평판에 비추어 아이의 진로를 강요하는 경우가 많았다. 하지만 어머니는 아이의 강함과 약함, 취미와 관심, 소질과 욕망을 모두 꿰고 있었다. 어머니는 자녀에 대해서 가장 잘 아는 존재였지만, 자녀의 진로 결정에 있어서는 조연에 머물러야 했다. 아이에 대해 잘 모르는 아버지가 주도적 결정권을 꿰차고 있었다.

이 상황에서 아이들은 어떻게 할까? 좌절하고 갈등하고 고민한다. 결국에는 부권에 도전하게 된다. 하지만 결과는 뻔하다. 부권을 꺾을 수는 없었다. 아이들은 아버지에게 왕창 깨지고 어머니의 품에서 위로를 받는다. 이 시점에 어머니가 극적으로 구원 등판한다. 술에 취해 늦게 귀가한 아버지와 당당히 마주한 어머니는 애절한 눈빛으로 아이의 스토리를 풀어놓는다. 그러면 아버지는 울다 잠든 아이의 뒷모습을 보다가 못 이긴 척 아이의 원서를 사다 주곤 했다. 우치타 타츠루는 아버지와 어머니의 '사이 공간'에 주목한다.

아버지와 어머니라는 두 세력이 간섭하면서 힘이 상쇄되어 제로가 되는 장소가 있습니다. 그런 '숨 쉴 틈새'에서 아이는 성장하는 것입니다. 갈등 가운데에서 성장했다고 해도 좋습니다. 또는 그런 틈을 아이들에게 제공하기 위해 부모가 육아 전략을 일부러 그렇게 택했는지도 모릅니다.

같은 책, 86쪽

문제는 지금부터다. 근대 이후 등장한 포스트모더니즘은 '거대한 힘'에 대한 해체를 주장한다. 대상이 무엇이든 간에, 절대적이고 거창한 이야기들은 모조리 분해되었다. 부권도 예외일 수 없었다. 소외되었던 가치들을 회복하자는 주장이 주류를 형성하면서 부권이 추락하기 시작한 것이다. 여기에 자본주의가 합세하면서 가족의 해체와 부권 상실은 더 이상 거스를 수 없는 흐름이 되었다. 자식의 삶도 가장의 소유물이던 가부장 사회의 '소유적 부권'에는 문제가 많았다. 그러니 남녀가 평등한 사회가 되어야 한다는 것은 당연한 요구이자 건강한 변화의 방향이었다. 우치다 타츠루는 지금이 절대적 모권이 부권을 압도하는 시대가 되었다고 말한다.

모든 현상이 그렇듯 변화에는 좋은 면만 있는 것은 아니다. 절대적 모권의 등장은 가정에서 아이들이 '숨 쉴 틈새'를 빼앗아 갔다. 갈등을 겪을 기회가 사라졌다는 것이다. 과거에는 아버지와 어머니 사이에서 갈등을 겪을 시간이 있었지만, 이제는 어머니가 시키는 대로만 하면 되는 세상이 되었다. 갈등을 겪을 시간 없이 대학생이 되고, 직장인이 되고, 결혼을 하게 된다. 아버지가 절대적 모권에 어설프게라도 도전했다가는, 푹 우려낸 곰국과 함께 오랜 시간 방치되는 각오를 해야 하는 시대다. 아이들은 갈등의 시간을 지나야 어른으로 성장할 수 있지만, 막강한 모권은 이러한 기회를 처음부터 빼앗고 있다는 것이다.

인류는 오랜 시간 절대적 부권에서 벗어나기 위해서 몸부림쳤고, 이는 많은 예술작품의 소재가 되었다. 부권을 극복하기 위한 연구와 경험은 오랜 세월 축적되어 있다는 말이다. 하지만 우치다 타츠루는 인류가 절대적 모권에 대해서는 어떻게 대처해야 하는지 아무런 연구도 경험도 없다고 말한다. 절대 부권 시대의 가정은 아버지 쪽으로 기울어진 운동장이었지만, 한 번씩 수평을 맞추는 시기가 있었다. 지금은 어머니 쪽으로 운동장이 완전히 기울어져 있으며, 수평을 맞출 기회가 아예 없다는 것이 문제라는 것이다.

그렇다면 지금 아이들은 어른으로 성장할 기회를 영원히 박탈당하는 것일까? 마지막 희망이 있다. 교사다.

다른 이야기를 할 수 있는 교사

사이 공간을 주는 일

우치타 타츠루는 "아이들은 '사이'에서 성장한다."라고 말한다. '사이'
는 아버지와 어머니 사이에 존재하는 숨 쉴 틈이다. 어른으로 성장하기
위해서는 이러한 숨 쉴 틈이 꼭 필요하다. 그렇다면 아이들에게 필요한
'사이'를 어디에서 찾아야 할까? 《어른 없는 사회》를 아무리 읽어보아도
거기에 대한 처방은 찾을 수 없었다. 이것을 고민하던 중에 우치다 타츠
루의 다른 책에서 그 해답을 얻을 수 있었다. 그는 교사가 '사이'를 제공
할 수 있다고 말한다.

그는 여러 책에 걸쳐서 어른이 사라지고 있는 시대에 교사가 어떤 역
할을 해야 하는가에 대해서 적어놓았다. 《스승은 있다》에서는 "수수께
끼와 같은 교사가 되어라."라고 말했고, 《교사를 춤추게 하라》에서는 "학

생들의 내적 갈등을 일으키는 교사가 되어라."라고 말했다. 표현은 다르지만 모두 같은 말이었다. 그가 말하는 핵심은 '교사는 다른 이야기를 할 수 있어야 한다.'이다.

여기서 가장 중요한 단어는 '다른'이다. 일단 우치다 타츠루가 설명한 '다름'의 개념은 '다양한 관점'으로 이해할 수 있다. 그러니까 교사는 자신의 생각과 반대되거나 다른 의견들을 교실에 모두 가지고 와야 한다는 것이다. 그래서 다양한 생각을 아이들에게 들려주어야 한다. 그래야 아이들은 다양한 생각들 '사이'에서 '갈등할 기회'를 얻을 수 있고, 갈등을 통해서 어른으로 성장할 수 있다는 것이다.

이 처방을 들으면 "너무 쉬운 일 아닙니까?"라든지, "그렇게 하지 않는 교사가 어디 있나요?"라고 반문할지도 모른다. 그러나 교사가 다양한 관점의 이야기를 꾸준히 해나간다는 것은 생각보다 어려운 일이다. 교사뿐 아니라 사람들 대부분은 자기에게 익숙한 이야기, 자신이 알고 있는 이야기, 자신의 관점으로 해석한 이야기를 들려주는 데 익숙하기 때문이다.

예를 들어보자. 아이들뿐 아니라 성인들 역시 '신화'라고 하면 그리스·로마 신화를 떠올린다. 하지만 곰곰이 생각해 보면 뭔가 이상하다. 우리는 동양에 살고 있다. 동양에도 수많은 신화가 있지만 왜 우리는 서양의 신화, 그 중에서도 그리스·로마 신화에 매몰되어 있을까? 정재서는 《이야기 동양신화》에서, 신화는 인간이 만들어낸 최초의 이야기이기 때문에 한 사람의 세계관 형성에 결정적인 영향을 준다고 말한다. 그러면서 서양의 이야기를 병적으로 숭상하는 우리나라의 현실을 비판한다.

우리는 스스로 인지하지 못하는 사이에 한쪽으로 치우친 이야기에 매몰되어 있다. 이야기는 곧 그 사람의 가치관이 된다. 그러니 편향된 이야기만 들어온 사람은 자신의 가치관을 의심하지 않는다. 자신이 살아가는 세계도 의심하지 않는다. 다양한 이야기를 들어야 그 속에 숨겨진 가치들 사이에서 갈등할 수 있다. 갈등하면서 우리는 성장하는 것이다. 그러니 아이든 어른이든 자신의 가치관과 세계관에 균열을 일으키는 자극이 필요하다.

균열의 진원으로 가장 좋은 것이 책이다. 나와 다른 생각을 적어놓은 글이나 다른 생각을 말하는 사람과의 만남은 한 사람의 인생을 바꿔놓기에 충분하다. 프란츠 카프카의 말처럼, 견고한 의식의 틀을 도끼로 내려칠 수 있는 것이 좋은 책과 신선한 이야기일 것이다.

교사는 되도록 아이들에게 다양한 관점의 이야기를 해야 한다. 교사가 다양한 이야기를 해주기 위해서는 끊임없이 공부해야 한다. 내가 가지고 있는 인식 틀과 다른 이야기, 어색하고 불편한 이야기에 관심을 기울여야 한다. 자신과 다른 생각을 가진 사람들, 악인들·혁명가들·괴짜들, 소외당하는 가치들, 정신을 좀먹는 속삭임들에 대해서 계속 생각하고 탐구해야 한다. 물론 이것은 상당히 고되고 힘든 일이다. 하지만 이러한 교사의 노력은 '어른으로 성장할 기회'를 빼앗긴 아이들의 마음에 따뜻하고 소중한 평형수를 채워주는 일이다. 세상에 이보다 더 값진 일이 있을까.

이러한 일에 몸을 던질 준비가 된 교사라면, 우치다 타츠루가 말한 '다른'을 조금 더 적극적으로 해석해도 좋다. 단순히 교사 한 명의 인식

틀을 기준으로 말하는 '다른'이 아니라, 사회에서 일어나는 현상을 새로운 관점으로 해석하는 '다른'으로 이해하는 것이 더 중요하다는 말이다. 사회에서 보편적으로 인정하는 가치들을 그대로 전수하는 것이 아니라, 그것의 또 다른 측면에 대해서 아이들이 비판적으로 생각해 볼 수 있는 기회를 주어야 한다.

이러한 소신을 실천하려는 교사에게 레이 브래드버리의 소설 《화씨 451》은 꼭 읽어볼 만한 작품이다. 획일적 목소리를 강요하는 사회 체제에 저항하는 몬태그의 삶은 교육적 소신을 굽히지 않는 교사에게 깊은 위로를 줄 것이다.

'화씨 451'은 책이 타는 온도를 말한다. 이 소설의 배경은 책을 소장하는 것과 독서가 금지된 미래사회다. 하지만 소설에 등장하는 사람들은 이러한 획일적 가치를 당연하게 받아들인다. 브래드버리가 창조한 디스토피아는 조지 오웰의 《1984》에서처럼 시민들을 통제하고 교화하는 힘에 의해서 유지되는 세계가 아니다. 올더스 헉슬리의 《멋진 신세계》의 사회처럼 시민들이 자신의 쾌락을 위해서 자발적으로 자유와 저항을 포기한 사회다.

사람들은 독서를 포기한 대신 하루 종일 귀에 이어폰을 꽂고 라디오를 들으며 시간을 보내거나 사방이 텔레비전으로 도배되어 있는 집에서 영상을 보면서 지낸다. (브래드버리는 1953년에 이미 에어팟과 유튜브를 예상했나 보다.) 주인공 몬태그는 불법으로 소장한 책을 불태우는 일을 하는 방화수다. 그 역시 다른 사람들처럼 독서가 금지된 사회에 대해서 아무런 의문을 품지 않는다.

그러던 어느 날 우연히 만나게 된 소녀에게서 "아저씬 행복하세요?"라는 말을 듣는다. 이후 몬태그는 자신이 믿었던 일과 세계에 대해서 묘한 문제의식을 가지기 시작한다. 그러던 와중에 그 소녀가 갑자기 실종된다. 몬태그는 그녀를 찾아 나서면서 몰래 책을 읽기 시작한다. 그러면서 사람들이 당연하게 받아들이고 있는 가치들에 심각한 문제가 있다는 것을 알게 된다.

이후 그는 쫓기는 신세가 되지만, 그의 저항은 독서가 금지된 사회에 큰 파장을 일으킨다. 몬태그는 도망치던 중에, 고전을 통째로 암기하여 그것을 암송하는 방법으로 독서를 이어나가는 사람들을 발견한다. 사람 자체가 책인 마을이었다. 그들의 삶에 용기를 얻어서 자신의 혁명을 이어나가는 것으로 소설은 마무리된다.

우리는 브래드버리가 창조한 사회만큼이나 소수의 가치가 다른 가치들을 억압하는 사회에서 살고 있다. 겉으로는 자유를 보장하는 가치들처럼 보이지만, 진실을 알고 보면 강자가 약자를 통제하기 위한 수단으로 작용하고 있는 것들이 많다. 그래서 교사는 사회 구성원이 모두 인정하는 가치들을 한 번 더 의심하고, 그것을 비판적으로 해석할 수 있어야 한다. 비판적 시각이야말로 우리 아이들에게 반드시 가르쳐야 할 것이다.

"교사가 그런 일까지 해야 합니까?"라고 반문할 수 있겠지만, 교사마저 이 일을 하지 않으면 앞으로 우리 사회는 성숙하지 못한 사람들이 판치는 사회가 될 것이라는 것이 나의 솔직한 심정이다. 왜냐하면 우리는 지금 불평등에 저항할 권리를 스스로 포기하게 만드는 격차사회에 살고 있기 때문이다.

'격차사회'라는 비극의 칼날은 어디를 향하는가?

우치다 타츠루는 현대사회를 '격차사회'라고 설명한다. 이는 능력과 실적에 따라 다른 대우를 받는 것을 당연하게 여기는 사회를 말한다. 연봉의 차이를 노력의 차이로 인정하고 불평등을 받아들이는 사회다. 그런데 여기서 생각해 볼 것이 있다. 그러한 불평등을 인정하기 위해서는 모든 사람이 공정한 조건에서 경쟁한다는 것이 전제되어야 한다. 하지만 과연 우리 사회에 공정한 경쟁이라는 것이 존재할까?

연봉으로 사람을 평가하는 것이 불합리하다고 지적하는 게 아니라, 모두가 동등한 조건에서 경쟁한다는 전제 차제가 사실은 '허구'라는 겁니다.

같은 책, 131쪽

공정한 경쟁이 '허구'라는 것은 이미 모든 사람이 알고 있다. 특히 부모의 경제력은 한 사람의 삶에 가장 결정적 요소로 작용하고 있다. 소위 말하는 '금수저'와 '흙수저' 사이에는 건널 수 없는 강이 있다. 이것은 열심히 노력한다고 해서 극복할 수 있는 영역이 아니다.

사실 불평등한 조건에 대한 문제의식은 많은 학자가 제기해 왔다. 그중에서도 성공한 사람들의 삶을 분석한 말콤 글래드웰이《아웃라이어》에서 한 말을 유심히 살펴볼 필요가 있다.

우리는 성공이 다양한 기회의 조합으로 이루어져 있다는 사실을 알게 되었다. 지금까지 살펴본 바로는 언제 어디에서 태어났는가, 부모의 직업이 무엇인가, 양육되는 과정에서 어떤 교육을 받았는가 등의 요인에 따라 누군가가 세상 속에서 얼마나 잘 해나갈 수 있는가가 결정된다.

《아웃라이어》, 188쪽

한 사람의 실력은 그 사람만의 노력만으로 성취된 것이 아니라는 것이다. 기본적으로 타고나는 출발점의 차이가 그 사람의 성공에 결정적인 영향을 미친다. 사람들은 이러한 사실을 알고 있지만, '격차사회'라는 거대한 시스템은 이러한 사실을 기억에서 지워버린다. 세련된 표정으로 "야, 너도 할 수 있어."라든지, "노력이 부족해서 그래!"라는 말로써 사람들이 겪는 부당함을 자신의 탓으로 돌리도록 만든다. 그래서 모든 사람이, 차이는 노력으로 메울 수 있다는 최면에 걸려 있다. 이런 사회에서 노력과 경쟁을 방해하는 것은 절대로 용서할 수 없는 것이 된다.

격차사회를 살아가는 사람들은 타인과 경쟁할 수 있는 기회를 침해당하는 것을 병적으로 경계한다. '안 그래도 힘든데, 네가 감히!'라는 마음이 싹트기 시작하는 것이다. 우치다 타츠루는 이러한 잔인한 경쟁이 격차사회에서 일어날 수 있는 가장 큰 비극이라고 말한다. 이러한 비극의 칼날은 어디를 향할까? 그렇다. 어김없이 그 칼날은 힘없는 약자를 향하게 되어 있다.

격차사회가 확대되면서 아동학대나 노인학대가 나타나는 것은 충분히 예상할 수 있는 일입니다. 아동학대로 기소된 부모들이 흔히 그 동기로

"방해가 됐다" "시끄러웠다"고 말합니다.

《어른 없는 사회》, 135쪽

이런 뉴스는 우리 사회에도 자주 등장한다. 자신의 스펙 쌓기 혹은 달콤한 여가를 방해하는 존재는 용서하지 않는다. 약자를 보호해야 할 어른들이 오히려 약자를 공격하는 사회가 된 것이다. 자신의 능력을 발전시키는 것에만 관심을 둘 뿐, 타인의 고통과 외로움에는 관심을 두지 않는다. 사회가 우리를 그렇게 만들고 있다.

이런 격차사회에서 가장 숭상하는 가치가 '연봉'이다. 높은 연봉은 한 사람을 피나는 노력과 인내라는 터널을 통과한 초인으로 포장한다. 하지만 연봉은 그 사람이 어떤 인격을 가졌는지는 설명하지 못한다. 그러니 연봉으로 사람을 평가하는 사회는 본질적으로 강자의 이야기를 내세워 약자의 노력과 헌신을 강요한다. 자연스럽게 약자의 목소리는 소거될 수밖에 없다.

언론도 성실한 노동자의 이야기보다 유명인들의 성공담이나 그들이 구입했다는 빌딩 이야기만 떠들썩하게 보도하고 있다. 이러한 사태를 비판하고 바로잡아야 할 지식인들과 정치인들도 약자의 목소리보다 강자의 목소리를 대변하는 경우가 훨씬 많다. 그들은 약자들의 삶에 다가가지 않고, SNS로 로맨틱한 글들만 쏟아내고 있다. 정의를 수호하는 전사인 것처럼 떠들어대지만, 알고 보면 서민들은 꿈도 못 꿀 부를 주무르는 사람인 경우가 많다. 간혹 깨어 있는 지식인들과 정치인들이 좋은 글과 용기 있는 목소리로 강자들의 허상을 비판해도 그들의 목소리는 오래가지 못한다. 이런 일이 반복되다 보면 정직하게 노동하는 삶이 남루한 삶이 된다.

어른이 사라진 사회에서 아이들은 점점 노동하는 삶보다 노동을 통제하는 일을 꿈꾼다. 자라나는 아이들의 꿈 리스트에 '건물주'가 포함되어 있다는 사실은 상당히 아린 비극이 아닐 수 없다. 아이들에게 성실한 노동보다 노력 대비 효율을 먼저 가르친 것은, 모든 것을 말로 때우려는 성장하지 못한 어른들이다. 이래서는 곤란하다.

이것을 바로잡기 위해서는 자본의 노예로 전락한 언론의 본질적 개혁도, 서민의 현실을 모르는 사회 지도층의 자각도 필요하지만, 이것은 아무래도 어려워 보인다. 언론과 사회 지도층이 깨어나는 것을 기다리는 것은, 빙하에 묻혀 있는 매머드가 깨어나길 기다리는 것처럼 기약 없는 일이다.

그렇기 때문에 보통의 시민들이 어른으로 깨어나야 한다. 보통의 시민들이 깨어난다는 말은, 그 사회의 문화가 질적으로 개선된다는 말이다. 그래서 실력보다 인성이, 연봉보다 일의 의미가 대우받는 문화가 형성되는 시대가 열린다는 말이다. 동학혁명과 촛불혁명이 이러한 질적 변화의 대표적인 사례일 것이다. 이러한 흐름이 유지된다면 우리 사회의 어른들이 깨어나는 일도 불가능한 것만은 아니다.

이러한 변화를 위해서는 지금까지 우리 사회가 아이들에게 인성보다 경쟁을 가르쳐왔다는 것을 철저하게 인정해야 한다. 과도한 경쟁의 피해자는 결국 약자들이고, 그 중에서 가장 고통을 받는 것은 아이들이다. 아이들을 위해서라도 우리 사회는 약자를 위한 사회로 다시 설계되어야 하고, 시민들은 어른으로 깨어나야 한다.

약자를 기준으로 한 사회

우치다 타츠루는 격차사회의 문제점을 해결하기 위해서 사회를 '약자 기준으로 다시 설계'해야 한다고 주장한다. 그는 《어른 없는 사회》에서 '유아는 과거의 나', '노인의 미래의 나'라는 말을 반복해서 사용한다. 현재는 성인이라 하더라도 과거에는 모두가 약자였으며, 언젠가는 다시 약자로 돌아갈 '예비 약자'라는 말이다. 이렇게 시간의 흐름 속에서 약자를 기준으로 사회를 재건하자는 것이 그의 주장이다.

강자의 독백을 멈춘다는 것, 그래서 약자의 목소리를 듣는다는 것은 거창한 노력이 필요한 것이 아니다. 약자가 가질 것을 강자가 빼앗지 않으면 된다. 우치다 타츠루는 이러한 사소한 원칙을 지키는 것에서 '공정한 경쟁'이 시작된다고 말한다. 공정한 경쟁은 '분수를 아는 것'이다.

'분수를 안다'는 것은 공동체가 공유하는 공적인 자원 중 모두에게 똑같이 할당된 부분에 대해 정확하게 알아, 자신의 몫은 대체로 이 정도라는 전망이 설 수 있다는 것입니다.

같은 책, 148쪽

분수를 모른다는 것은 '타인의 몫'에 손대는 것이다. "분수를 좀 알아라."라고 하면 보통 기분 나쁘게 들리지만, 이 말은 공동체를 유지하는 데 가장 중요한 말이다. 분수를 파악 못 하면 공동체의 구성원으로 살아갈 자격이 없다. 아이와 노인을 학대하고 방치하는 어른들, 약자에게 돌아갈 몫을 중간에서 가로채는 어른들은 공동체 구성원이 될 자격이 없다는 것이다. 자신이 과거에 아이였다는 사실, 그리고 그렇게 혈기왕성한 자신도 시간이라는 괴물 앞에서는 노인이 될 수밖에 없다는 것을 인식하고, 약자들의 몫은 남겨두라는 것이다.

문제는 약자의 몫을 중간에서 가로채는 손들이 자꾸 늘어난다는 것이다. 충분히 배가 부르지만 더 배를 채우려고 하는 사람들, '공정한'이라는 말을 '야만적'이라는 말로 잘못 배운 성숙하지 못한 사람들은 타인의 몫까지 모두 가져가 버린다.

> 동시대의 경쟁자뿐만 아니라 애초에 경쟁에 참여하지 않은 사람, 참여할 수 없는 사람들의 몫까지 빼앗아버리는 것입니다.
>
> 같은 책, 155쪽

우치다 타츠루는 이들에게 "그만둬!"라고 말하기 위해서는 약자들도 지구의 자원을 공정하게 분배받을 권리가 있다고 인식하는 사회적 합의가 필요하다고 주장한다. 우리 사회에도 이러한 인식의 전환이 필요하다. 그러려면 어릴 때부터 "그것은 비겁한 짓이야, 그러니 그러면 안 돼."라는 것을 알려주는 사람이 많아야 한다. 이런 사람들이 사라진 사회에서 이 말을 알려줄 수 있는 사람은 교사밖에 없다.

교사는 이토록 장엄하고 비장한 이야기를 어떻게 시작해야 할까?

교사는 실력의 민낯을 가르치는 사람

우치다 타츠루의 '공동체론'에 비추어 보면, 아이는 자라서 어른이 되고 어른은 늙어서 노인이 된다. 따라서 아이 때부터 경쟁보다 협력이 소중하다는 사실을 깨우치지 못하면, 그 아이는 공동체를 기르는 어른으로 자랄 수 없다. 아이들이 경쟁을 최고의 가치로 맹신하는 것은, 피라미드의 정점에 오른 사람들의 삶을 사회 구성원들이 과도하게 숭상하기 때문이다. 이기적 경쟁이 개인적 성취가 되고, 개인적 성취가 개인의 실력을 증명한다는 허상을 날려버리기 위해서는 경쟁과 성취를 연결하는 고리부터 끊어야 한다.

이를 위한 가장 좋은 방법은, 이러한 고리에 감춰진 진실을 알려주는 것이다. 다시 말해, '내가 얻은 성취와 결과물이 오로지 나만의 노력으로 이룬 것이 아니구나!'라는 것을 스스로 깨우쳐주는 것이다. 박남기는 《실력의 배신》에서 이러한 교육의 중요성을 다음과 같이 적었다.

개인이 이룬 성취가 오롯이 개인의 순수 노력에 따른 결과가 아니라 상당 부분 타고난 능력과 노력적 특성의 결과이고, 비실력적 요인이 작용한 결과임을 깨닫도록 교육해야 한다.

《실력의 배신》, 155쪽

박남기는 이러한 인식 전환이 이루어져야 '오만한 마음'에서 벗어날 수 있다고 강조한다. 학생 때부터 오만한 마음을 바로잡지 않으면 어른이 되어서는 되돌릴 수 없다. 일부이긴 하지만 재벌들의 비행과 추태, 엘리트 집단의 비윤리적 카르텔을 비롯하여 사회 전반적으로 확산되고 있는 지위를 이용한 갑질, 열정의 강요와 과도한 의전 문화 모두가 이러한 오만함이 불러온 결과라고 볼 수 있다. 스스로를 '현대의 귀족'이라고 착각하는 사람들이 늘어나는 것이다. 단언컨대, 품격을 기르지 못한 사람은 귀족이 될 수 없다.

자신들이 누리는 것은 노력만이 아니라 비실력적 요소(부모의 경제력이나 성장 환경)가 상당히 포함되어 있다는 사실을 어릴 때부터 가르쳐야 한다. 어른들도 모범을 보여야 한다. 그래야 비실력적 요소를 자신의 '근본적 강함'으로 착각하지 않는다.

우리는 타자를 압도하는 근본적 강함이 아니라 타자와 협력해야 하는 근본적 약함을 인정해야 건강하게 성장할 수 있다. 학교는 "친구를 이기는 강한 사람이 되어라."라고 가르치는 곳이 아니라, "약하지만 서로 협력하면서 성장하는 사람이 되어라."를 가르치는 곳이 되어야 한다. 결국 학교는 민주시민을 기르는 공간이 되어야 한다는 것이다. 이러한 내용을 다루고 있는 책 가운데 하나가 마사 누스바움의《학교는 시장이 아니다》이다.

누스바움은 루소가 당시 프랑스 귀족들이 안하무인 태도를 보이는 원인을 분석했다는 사실에 주목한다. 루소는 귀족들의 오만한 태도가 잘못된 교육의 결과라는 것을 밝혀냈다. 프랑스 귀족들은 어린 시절부터 평범한 서민들과는 차원이 다른 삶을 사는 존재라고 배우는데, 이것이 약자 위에 군림하려는 태도로 발전하게 되었다고 분석한다.

그래서 누스바움은 루소 교육 이론의 핵심이 '인간 본래의 허약성(인간은 근본적으로 약한 존재라는 것을 배우는 것)'에 있다고 말한다. 아이들이 가지고 있는 배경을 자신의 근원적 강함(비허약성)으로 착각하지 않고, 공동체와 소통하면서 성장해야 한다는 것을 가르치는 곳이 학교라는 것이다. 강함에 길들여진 아이들은 커서도 오만함을 고치지 못한다. 우리 사회에서 "돈도 실력이야, 네 부모를 원망해!"라는 말이 사라지려면, 학교에서 실력의 민낯부터 가르쳐야 한다.

매뉴얼과 프로메테우스적 교사

우치다 타츠루의 주장에 대해 '나도 그렇게 해야 한다는 것은 알지만, 지금 시대에 소신 있는 어른으로 살아가는 것은 너무 힘들다.'라고 생각할 수 있다. 나 역시 우치다 타츠루의 책을 읽으면서 가장 많이 했던 생각이다.

하지만 그의 책을 읽어나가면서 이에 대한 답도 발견할 수 있었다. 그는 일본 사회를 살아가는 사람들이 왜 그토록 자신의 소신을 감추게 되었는지에 대해서도 설명한다. 이는 우리 사회에도 그대로 적용할 수 있다. 그는 '제가 그 얘기를 안 했던가요? 교사가 소신을 지키는 어른으로 살아가기 힘든 것은 범람하는 매뉴얼의 탓이 큽니다.'라고 말하고 있었다. 우리는 이미 개인의 소신보다 매뉴얼을 숭배하는 사회에 살고 있기 때문이다. 그의 설명을 자세히 풀어보겠다.

사회는 기본적으로 안정을 추구한다. 그래서 갈등과 대립을 빨리 극복해야 할 병적인 요소로 간주한다. 그것을 빨리 봉합하려고 한다. 시민 개개인의 이야기와 욕구보다 전체 시스템의 유지에 더 관심이 있는 것이다. 이러한 시스템 유지를 위해서 만든 것이 '매뉴얼'이다.

우리 사회에는 엄청나게 많은 매뉴얼이 있다. 학교 문서함에도 셀 수 없이 많은 매뉴얼이 들어 있다. 매뉴얼은 본질적으로 혹시나 일어날 수 있는 위급 사태를 체계적으로 해결해서 시스템을 다시 안정적인 상태로 돌리기 위한 것이다. 문제는 매뉴얼에 익숙해진 사회는 매뉴얼에 나와 있지 않은 상황이 닥쳤을 때 대응 능력을 상실한다는 데 있다. 사회는 이러한 상황을 미연에 방지하기 위해서 점점 더 많은 상황을 가정하여 매뉴얼을 만들게 되었고, 사람들에게 그것을 숙지하도록 강요하고 있다.

나는 우치다 타츠루의 설명을 듣고 불현듯 프로메테우스가 떠올랐다. 사회는 교사에게 모든 매뉴얼을 숙지해서 모든 상황을 대비하는 프로메테우스가 되라고 말하고 있다는 생각이 들었다. 수많은 매뉴얼은 교사가 프로메테우스적 인간이 되기를 요구하고 있다는 것이다. 프로메테우스의 뜻은 '미리 알아차리는 자'이다. 그가 티탄족이었지만 제우스의 편에서 싸웠던 것도 제우스의 승리를 미리 알고 있었기 때문이다. 우리 사회는 엄청난 양의 매뉴얼을 학교에 내려주고, 교사는 프로메테우스가 되어 혹시나 일어날 일들을 미리 예측하고 거기에 따라서 대처하는 사람이 되라고 강요한다. 사건이 터졌을 때 상황에 맞게 판단하여, 본능적으로 대처하지 말고 일단은 매뉴얼을 확인하고 거기에 적힌 대로 처리하도록 길들이고 있다.

교사들이 자신의 소신을 말하지 못하고 그것을 밀고 나가기 어려운 이유도 바로 여기에 있다. 개인의 판단보다 매뉴얼을 숭상하는 사회에서, 교사의 소신은 누구도 묻지 않는 것이 되어버렸다. 더 큰 문제는, 소신보다 매뉴얼을 숭상하는 사회에 살다 보면 자연스럽게 위기 대처 능력을 상실한다는 사실이다. 학교 현장에서 일어나고 있는 일들 중에 매뉴얼대로 이루어지는 일은 거의 없다. 예측할 수 없는 변수와 불확실성만 존재한다. 여기에 어떻게 매뉴얼대로 맞설 수 있겠는가.

우치다 타츠루도 매뉴얼이 인간의 유연한 대처 능력을 소멸시킨다고 비판한다. 문제가 발생했을 때 주변 사람들과 소통하면서 그것을 해결하려고 하지 않고 매뉴얼에 적힌 문자대로만 하려고 하기 때문이다. 매뉴얼은 결국 진정한 위기 대응 능력을 떨어트리는 것이다.

그는 이러한 현상이 보통의 시민보다 사회 지도층에게 더욱 극명하게 드러난다고 말한다. 우리가 살아가는 동안 만나는 어려운 일들은 모두 '어떻게 해야 할지 모르는' 상황이다. 이러한 상황에서 매뉴얼은 거의 소용이 없다. 그러니 국정을 운영하는 사람들에게 필요한 것은 매뉴얼 내용을 암기하는 기억력이 아니라, 타인과 소통하는 능력과 창의적으로 문제를 해결하는 능력이다. 하지만 현실은 그렇지 않다.

일본 엘리트층을 형성하는 수재들은, 이미 질문과 답이 세트로 나와 있는 것을 암기해서 그대로 출력하는 일에는 거의 달인 수준입니다. 하지만 정답이 나와 있지 않은 질문 앞에서 임기응변으로, 자기 책임으로 판단하는 훈련을 받지 않았습니다.

《어른 없는 사회》, 188쪽

우치다 타츠루는 이러한 시험 달인들에게 사회라는 시스템을 맡기면 위기 극복의 가능성이 필연적으로 낮아질 수밖에 없다고 말한다. 우리 사회에 발생한 위기 상황을 대처하는 사회 지도층의 모습도 딱 저 수준이다. 어른이 아닌 사람들에게 앞으로도 계속 사회를 맡겨야 한다는 생각을 하니, 숨을 쉬기 힘들 정도로 가슴이 답답하다.

그래서 우치다 타츠루는 '목록과 코드를 뭉개는 행동'이 필요하다고 말한다. 매뉴얼에 적힌 활자를 믿는 것이 아니라 바로 주변에 있는 상대방의 지성에 대한 경의를 표할 수 있는 자만이 어른이라는 것이다. 이는 사회 지도층뿐만 아니라 우리 사회를 살아가는 모든 사람이 반드시 깨우쳐야 할 능력이다.

아이들에게 가장 시급하게 가르쳐야 할 것도 사람들과 소통하는 방법이고, 나아가서는 자연이라는 거대한 힘과 소통하는 방법일 것이다. 인류를 멸망시키는 존재가 있다면, 그것은 의식을 가진 인공지능이 아니라 상처받은 인간이나 폭주하는 자연일 가능성이 더 높다고 생각한다. 기계와의 소통보다 사람과 사람 간의 소통, 사람과 자연과의 소통을 가르치는 것이 훨씬 시급하다. 소통의 본질은 코드를 외우는 것이 아니라 코드를 뭉개고 상대에게 달려가는 것이다.

소통의 불화를 회복하기 위해서는 자신의 입장에서 벗어나서 몸을 움직이는 것 말고는 다른 방법이 없습니다. …… 입장에서 벗어난다는 것은 이런 것입니다. 상대에게 다가가기, 상대의 숨소리가 들리고, 체온이 느껴지는 지점까지 가까이 갈 것, 상대의 품에 달려들어 안기기. 이를 믿음이라고 해도 좋고, 진심이라고 해도 좋습니다.

같은 책, 191-192쪽

에피메테우스적 교사의 탄생

'목록과 코드를 뭉개는 능력'은 사회 시스템과 규율을 위협하는 행동이 아니라, 상황을 정확하게 분석하고 대안을 마련하는 비판적인 시각이자 명료한 지성이다. 그래서 내 주변에 있는 사람에게 다가가는 발걸음을 배우는 것이다. 불확실성이 지배하는 미래사회를 살아갈 아이들에게 이것만큼 중요한 역량은 없다.

교사는 매뉴얼이라는 획일적인 절차와 알고리즘보다 내 주변에 있는 사람과 진심으로 소통할 수 있는 능력을 가르쳐야 한다. 아이들에게 '목록과 코드를 뭉개는 능력'을 길러주기 위해서는 교사부터 그것들을 뭉갤 수 있는 사람이 되어야 한다. 즉 에피메테우적 교사가 되기를 제안한다. 이는 진정한 학교의 역할을 고민했던 이반 일리치의 책을 읽으면서 떠올린 생각이다.

에피메테우스는 프로메테우스의 동생이다. 형과 달리 '뒤에 알아차리는 자'라는 뜻이다. 프로메테우스가 잠깐 자리를 비운 사이에 에피메테우스는 인간을 제외한 생물들에게 특별한 능력을 나눠준다. 이것을 알게 된 프로메테우스는 인간을 위해서 불을 훔쳐다 준다. 그래서 프로메테우스를 위대한 존재로, 에피메테우스를 우둔한 존재라고 생각한다. 하지만 일리치는 조금 다르게 생각한다. 판도라와 결혼한 에피메테우스는 그 자체로 '희망'을 상징하는 존재라는 것이다.

교사는 외부의 기대에 부응하기 위해서 자기만의 잣대로 상황을 예측하는 사람이 아니다. 오히려 사람들과 소통하면서 아이들의 현재 삶에 필요한 '희망'을 나누어줄 수 있는 존재가 되어야 한다. 이반 일리히는《학교 없는 사회》에서 학교가 아이들의 창의성을 박탈하고 소통하지 못하는 획일적 인간을 길러내는 공간이 되고 있음을 비판하면서, 학교 시스템을 벗어나서 자유로운 교육이 이루어지는 사회(Deschooling Society)로의 전환을 주장한다. 그는 이러한 사회를 살아가는 인간을 바로 '에피메테우스적 인간'이라고 말한다.

> 기대가 아니라 희망에 가치를 두는 사람들에게 이름을 붙일 필요가 있다. …… 나는 이처럼 희망찬 형제자매를 에피메테우스적 인간이라고 부르고자 한다.
>
> 《학교 없는 사회》, 216-217쪽

인간은 근본적으로 늦게 알아차리는 존재다. 이것을 망각하는 순간 인간에게 비극이 찾아온다. "브루투스 너마저."라는 말과 함께 죽음을 맞이한 카이사르의 삶도, "나는 세계의 파괴자다."라는 말을 남긴 오펜 하이머의 삶도 모두 인간의 이러한 특성을 잘 보여주는 사례라고 볼 수 있다. 셰익스피어의 4대 비극과 소포클레스의 비극 작품들이 공통으로 전하는 메시지도 '예측해서 속단하지 말라니까!'라고 볼 수 있다.

그 당시는 좋았다고 생각했던 일들도 시간이 지나고 보면 좋지 않은 일이 될 수 있고, 그때는 손해 본다고 생각했지만 나중에 보니 그 일이 엄청난 행운을 가져주기도 한다. 이러한 삶의 불확실성을 대하는 가장 좋은 자세는 기본적으로 '예측'보다는 '희망'이 되어야 한다. 모든 것을 예측했지만 쇠사슬에 묶여 절벽에 매달리는 삶보다는, 조금 늦게 알아 차리더라도 사람들과 소통하며 희망을 줄 수 있는 자유의 삶이 교사의 모습에 가깝다. 물론 이러한 교사의 삶을 위해서는 사회가 교사를 바라 보는 시각도 바뀌어야 한다.

결국 우치다 타츠루는 '스승은 존재할 수 있다'고 주장하는 사람이다. 지금 시대에 스승과 제자라는 관계가 성립하기가 쉽지 않지만, 이는 교 사만의 문제가 아니라는 것이다. 교사들이 '스승의 날'을 부담스럽게 생 각하는 것도 사회가 교사에게 거는 막중한 '기대' 때문이다.

우치다 타츠루는 사회가 교사에게 먼저 스승이 되라고 강요하지 말 고, 학생이 자신의 선생을 좋은 스승으로 대우하는 문화가 시급하다고 말한다. 다시 말해, "다른 사람 말고, 바로 선생님께 배우고 싶습니다." 라고 말하는 제자가 나타나는 순간, 교사는 스승이 된다는 말이다. 이를 위해서는 사회가 교사를 전적으로 믿고 이러한 만남을 지지하고 기다려 줄 수 있어야 한다. 그의 책들은 교사의 삶을 계속 이어나갈지 고민하던 나에게 많은 위로를 주었다. 교육은 사회의 마지막 보루이고, 교사는 그 보루를 지키는 마지막 파수꾼이다. 교사가 아이들에게 '희망'을 이야기할 수 있을 때 우리 사회는 건강해질 수 있다.

익숙함을 벗어던질 용기

앞에서 목록과 코드를 뭉개는 행동의 중요성에 대해서 말했지만, 이 것이 그렇게 간단히 해낼 수 있는 것은 아니다. 보통 사람들에게 현실의 부조리를 비판하는, 즉 코드를 뭉개는 일보다 생계유지를 위한 밥벌이가 훨씬 시급하기 때문이다. 밥벌이에서 자유로울 수 있는 사람은 거의 없다. 그래서 목록과 코드를 뭉개는 일이 자칫하면 일상의 밥벌이를 위협하는 일이 될 수 있다. 이것이 이상적 가치와 현실적 가치의 충돌이다. 교사 역시 항상 이런 충돌 상황에 놓이게 된다. 이럴 때 교사는 어떻게 행동해야 할까? 나아가 교사가 어른으로 자라기 위해서 필요한 조건은 무엇일까? 고리키의 소설《어머니》를 읽어나가면서, 보통의 시민들이 어른으로 성장하는 과정에 대해서 구체적으로 살펴보자.

러시아 문학에는 대체로 삶에 대한 철학적 메시지가 담겨 있다. 톨스토이와 도스토옙스키 같은 작가들은 평범하고 일상적인 인물을 통해서 삶의 본질을 그려낸다. 고리키는 이런 대가들의 다음 세대이자 프롤레타리아 문학의 창시자로 평가받는다. 특히나 그의 작품에는 러시아 시골 마을을 살아가는 서민들이 주로 등장한다.

《어머니》는 1907년에 발표된 소설이다. 이 소설은 실제로 1902년 소르모프에서 일어났던 노동자들의 메이데이 시위 사건과 가담자들의 재판 과정을 기반으로 쓰인 것이다. 고리키는 차르의 전제정권에 신음하던 시민들이 연대와 혁명을 통해서 자신의 삶과 사회를 혁명하는 이야기를 담담히 풀어나간다. 결국 그는 민중들이 깨어나야 한다는 메시지를 전달하고 있는 것이다. 소설을 이끌어가는 주요 인물은, 열정적으로 사회주의 혁명에 몸을 바치는 '빠벨'과 그의 어머니 '닐로브나'이다.

닐로브나는 사회와 남성들로부터 가해지는 억압에 순종하는 삶을 살고 있던 여인이었다. 그래서 빠벨과 동료들이 사회를 뒤엎는 혁명을 계획하는 것을 이해하지 못한다. 하지만 그들의 삶을 묵묵히 지켜보는 과정에서 진정한 삶이 무엇인지 깨닫게 되고, 그녀도 혁명운동에 뛰어든다. 일상이 주는 안락함에 갇혀 있던 닐로브나는 그것을 깨고 나와 공동체라는 공간으로 탈주한다. 나는 그녀의 변화를 지켜보는 내내 흥분과 감동을 숨길 수 없었다.

익숙함이라는 마취제

소설의 공간적 배경은 시골의 공장촌이다. 이곳의 여성들은 대부분 교육을 받지 못했으며, 가족을 헌신적으로 뒷바라지하는 데서 삶의 의미를 찾는다. 가정의 생계를 책임지는 아버지들의 삶 역시 고단하다. 그들은 노동자의 권리가 보장되지 않았던 시대를 살았기 때문에 진정한 여가를 누리지 못했다. 그 스트레스를 술이나 아내에 대한 폭력으로 해소하는 삶을 살고 있었다. 차르의 전제정치 속에서 개인의 자유와 비판적 견해는 설 자리가 없었고, 상부의 지시에 복종하는 순응 문화가 공장촌을 지배하고 있었다. 그러한 억압과 순응 문화가 가정마저 초토화시켰던 것이다.

그런데 이러한 공장촌에 어느 순간부터 낯선 사람들이 들어온다. 이들은 기존의 이야기와 전혀 다른 이야기를 하기 시작한다. 그들은 노동자들에게 희망을 주는 사람들인 동시에, 지금 노동자들이 누리는 일상에 수많은 문제점이 숨겨져 있다는 것을 일깨워주는 사람들이었다. 하지만 공장촌의 사람들은 그들을 외면한다.

그들(공장촌 사람들)은 정말 이 사람들(낯선 이들)이 비록 고통스럽기는 하지만 그렇다고 피할 수는 없는 우울하면서도 규칙적인 자신들의 삶의 궤도를 파괴함으로써 삶에 파문을 던지면 어떻게 하나 하는 두려움을 품고 있었다.

《어머니》, 13쪽

낯선 천사보다 익숙한 악마를 선호하는 것이 인간의 본능이다. 아무리 나를 괴롭히는 것이 있어도 그것이 일상이 되면 무뎌진다. 그래서 자신이 어떤 부당한 대우를 받는지도 잊게 된다. 익숙함에 의지하다 보면 편안함이 우리의 정신을 지배하게 된다. 정신이 익숙함에 굴종하게 되면 자기가 어떤 부당한 대우를 받는지를 잊게 된다. 그래서 마르크스는 노동자들이 부당한 상황을 겪고 있다는 보편적·객관적 인식, 다시 말해 '계급의식'을 형성해야 하고 궁극적으로는 '계급투쟁'을 통해서 계급이 없는 사회를 만들어야 한다고 주장했던 것이다. 하지만 익숙함이라는 잔인한 마취제는 이러한 투쟁의식을 근본적으로 마비시킨다.

쿠엔틴 타란티노 감독의 영화 〈장고〉에는 익숙함이 얼마나 무서운지를 보여주는 장면이 나온다. 영화에서 레오나르도 디카프리오는 미국 남부의 거대한 농장주 캘빈 캔디를 연기한다. 장고는 자신이 사랑하던 여인이 캘빈의 농장에 노예로 팔려간 사실을 알고 그녀를 구하러 간다. 장고는 자신이 노예라는 사실을 숨기고 그녀를 사가겠다고 말한다. 그런데 캘빈이 데리고 있던 눈치 빠른 흑인 집사가 장고의 비밀을 알아차리고 그 사실을 캘빈에게 말해준다. 캘빈은 장고를 사로잡기 전에 섬뜩한 이야기를 들려준다. 자신의 어린 시절의 기억이었다.

캘빈의 아버지도 농장주였는데, 그는 아침마다 자신의 노예 중에서 가장 성실했던 흑인에게 면도를 맡겼다고 한다. 캘빈의 아버지는 그 노예를 무척 신뢰했지만, 그렇다고 그를 노예에서 해방해 준 것은 아니다. 그저 다른 노예들보다는 조금 편안한 삶을 보장할 뿐, 조금이라도 배알이 틀리면 무차별 폭력을 가했다. 그 모습을 지켜보던 어린 캘빈은 늘 다음과 같은 궁금증이 들었다고 말한다.

'그 흑인은 매일 아침 아버지를 죽일 수 있었는데, 왜 한 번도 시도조

차 하지 않았을까?'

익숙함은 언제나 '조금 부당하다고 느껴도 저항하지 말고 거기에 적응하는 게 어때?'라고 속삭인다.

멈춤에서 발견하는 차이

익숙함이라는 것은 다른 모든 감각을 마비시킨다. 새로운 도전과 혁명을 가로막는 가장 큰 적이다. 고리키의 소설에 등장하는 어머니 역시 그러한 익숙함에 잠식당한 상태로 버텨온 사람이다. 그러던 어느 날 남편이 갑작스럽게 죽게 된다. 이제 그녀에게 남은 유일한 가족은 빠벨뿐이다. 평소 자상하던 빠벨은 아버지의 죽음 이후에 책임감 있는 가장으로 살아간다. 그런데 한 가지 변한 점이 있다.

어느 순간부터 책을 많이 읽었고, 사람들을 자주 만났다. 어머니는 직관적으로 아들이 동료들과 모여서 책을 읽고, 차르를 비판하는 사회주의 운동을 한다는 것을 알아차린다. 소설 초반에 등장하는 다음 대화는 고리키가 민중에게 말하고 싶은 핵심을 적어놓은 것이라 생각된다.

"왜 그런 짓을 하는 거냐, 빠샤(빠벨의 애칭)?" 그녀가 말했다. 그는 고개를 들어 그녀를 들여다보며 크지 않은 목소리로 조용조용 대답했다. "진실을 알고 싶어섭니다."

같은 책, 29쪽

우리는 많은 현상들을 보면서 살고 있다. 그러나 우리가 보는 것이 모두 진실은 아니다. 많은 것들이 우리의 눈과 귀를 가리고 있다. 그리고 진실에는 언제나 잔인한 아픔이 숨어 있다. 진실을 안다는 것은 참으로 어려운 일인 동시에 아픈 일이다. 하지만 빠벨은 그 진실에 다가갈 용기를 가지고 있었다. 빠벨이 선택한 방법은 책을 읽고 동료들과 토론하는 것이었다. 빠벨에게 독서는 세상의 진실에 다가서는 징검다리이자 진실에 손을 뻗기 위한 적극적 멈춤이었다. 멈춤이 진실을 알려준다.

현대인은 책이라는 멈춤보다 영상이라는 흡수를 선택한다. 영상은 많은 정보를 쉽게 얻을 수는 있지만, 그것들이 나의 인식 체계로 무차별적으로 쳐들어오는 것을 막기 어렵다. 이는 단편적인 사실들을 붙여놓은 인터넷 기사들을 볼 때도 마찬가지다. 이러한 것들에 오랜 시간 노출되면 자기의 생각은 사라지고 타인의 생각만 머릿속에 남게 된다. 다른 사람의 생각을 어설프게 편집해서 자신의 생각처럼 말하게 되는 것이다. 이런 사람들은 "그래서 너의 생각은 뭔데?"라는 질문을 받으면, 헛기침을 하다가 어디서 들었던 이야기를 그대로 반복한다. 영상과 단편적 기사는 사고의 주도권을 빼앗아 간다. 이래서는 진실을 볼 수 없다.

이에 비해 책은 그 내용에 빠질 때까지 시간이 조금 걸린다. 하지만 일단 빠지고 나면 그때부터 모든 주도권은 나에게 있다. 그 주도권의 핵심은 '멈춤'에 있다. 책을 읽다가 잠시 눈이 멈추는 순간이 있다. 잠시 고개를 들어 생각하고 싶은 순간이 찾아온다. 독서에서 이 순간이 가장 중요하다. 정보를 흡수하는 것도 중요하지만, 그 정보를 나의 사유 체계로 해부해 보는 시간이 더 중요하다. 이 시간을 통해서 우리는 진실을 볼 수 있다. 그래서 독서는 '읽음'보다 '멈춤'에 가깝다. 나아가 멈춤의 시간 속에서 '차이'를 발견해야 한다. 그 차이란 '책'과 '세상'의 차이를 말한 다. 교사에게 필요한 렌즈도 바로 차이를 보는 눈이다.

책에 적힌 이상적인 내용이 실제 우리의 삶에서 실현되는 경우는 드 물다. 세상의 모든 책은 반드시 세상과 차이를 가지고 있다. 그래서 책 을 읽을 때는 '왜 이런 차이가 나타나는 것일까?', '이러한 가치들이 실 현되는 것을 가로막는 장애물은 무엇일까?'라는 생각을 꾸준히 하는 것 이 중요하다. 정보를 흡수하는 시간보다 이러한 생각의 시간이 더 즐거 운 것이다. 질문에 답을 얻기 위해서는 또 새로운 책을 읽어야 한다. 이 렇게 책과 책이 연결되면 진실을 가리고 있던 얄팍한 술책과 가짜 이야 기들이 걸러진다. 빠벨도 마찬가지였다고 생각한다. 그는 어머니에게 다음과 같이 묻는다.

"생각해 보세요. 우리가 도대체 어떤 삶을 살아왔던가요? 어머닌 벌써 마흔이에요. 그런데 과연 어머닌 살아 있었다고 할 수 있겠어요? 아버지 는 어머니를 때리기만 했어요. 지금 생각해 보면 아버진 비참한 삶에 대 한 분풀이를 어머니 옆구리에 해댄 거예요. 자기의 비참한 삶에 대한 분 풀이를 말입니다. 비참한 삶이 자기를 짓누르고 있는데도 아버진 그게 무엇 때문인지 몰랐던 거예요."

같은 책, 30쪽

빠벨의 말은 어머니에게 충격 그 자체였다. 그녀는 한 번도 자신의 삶에 대해 객관적으로 생각해 본 적이 없었기 때문이다. 자신을 옥죄던 남편은 죽었지만 그녀는 여전히 자유로운 삶을 살지 못했다. 자신이 진정으로 원하는 것이 무엇인지, 자신이 살고 싶은 삶이 무엇인지 생각해 보지 않았기 때문이다. 그래서 앞 구절에 등장하는 남편의 폭력은 단순히 가부장적 폭력만을 의미한다고 볼 수 없다. 자아실현을 가로막는 부조리한 권력이자 자신의 삶을 능동적으로 개척하는 것을 스스로 포기한 자유로부터의 도피를 상징한다. 그녀에게는 진정한 자유가 필요했다. 진정한 자신의 삶으로 돌아가는 자유 말이다.

자유는 어디에서 오는가?

그렇다면 자유로운 삶을 위해서는 어떻게 해야 할까? 류시화는 과거의 나와 결별하라고 조언한다.

과거를 내려놓고 현재를 붙잡는 것이 삶의 기술이다. 오래전에 놓아버렸어야만 하는 것들을 놓아버려야 한다. 그다음에 오는 자유는 무한한 비상이다. 자유는 과거와의 결별에서 온다.

《새는 날아가면서 뒤돌아보지 않는다》, 204쪽

자유는 현재를 붙잡는 데서 온다는 것이다. 우리가 결별해야 할 것은 과거의 기억 전부가 아니라 현재를 살아가는 것을 가로막는 장애물이다. 이것을 걷어내지 못하면 이불을 걷어차면서 과거를 살 뿐이다. 고리키는 어머니의 변화를 통해서 과거의 그녀가 어떻게 새로운 그녀로 탄생하는지를 세밀하게 묘사한다.

우선 그녀가 바뀌는 데 결정적인 영향을 준 것은 '빠벨의 동료'이다. 빠벨은 공장촌 사람들에게 혁명사상을 교육하는 전도사였다. 그래서 뜻을 같이하는 동지들이 매일 그의 집을 찾아온다. 어머니는 그들이 반갑지 않았지만, 그래도 집에 온 손님이기에 매번 정성스럽게 차와 음식을 대접한다. 그러면서 그들의 대화를 계속 듣게 된다. 그녀는 진지하게 대화하는 젊은이들의 모습을 보면서, 그들이 꿈꾸는 노동자들의 연대가 가능할 수도 있겠다는 생각을 하게 된다.

좁은 방 안에서 전 세계 노동자들의 정신적 연대감이 탄생하고 있었다. 이러한 연대감은 모든 사람들을 하나의 마음으로 결집시켰다. …… 이러한 신념을 보았을 때, 어머니는 자신의 눈으로 직접 볼 수 있는 하늘의 태양과 같은 뭔가 위대하고 밝은 것이 세계 안에서 진정 잉태되고 있음을 본능적으로 느꼈다.

《어머니》, 61-62쪽

그러던 어느 날 사건이 하나 터진다. 빠벨이 공장 노동자들의 권리를 주장하는 연설을 했다는 이유로 잡혀가게 된 것이다. 어머니는 담담하게 아들과 헤어지지만, 이 사건을 계기로 가슴속에 새로운 에너지가 생겨난다.

어머니의 가슴속에서는 진실을 추구한다는 이유로 자기에게서 아들을 빼앗아 간 사람들에 대한 울분과 적개심이 시꺼먼 소용돌이가 되어 휘돌고 있었다. …… 하지만 내 삶은 나아지기 시작했어. 차차로 내 자신을, 진짜 나의 모습을 보게 되었지.

같은 책, 113쪽, 153쪽

그녀는 빠벨의 동료였던 '우끄라이나인'에게 글을 배우기 시작한다. 책을 읽으면서 빠벨이 했던 생각과 말을 그대로 따라 해보기도 한다. 그러자 빠벨과 같은 젊은이들이 왜 그토록 치열하게 노동자의 인권을 위해서 투쟁하게 되었는지 깨닫는다. 나아가 시민들이 차르의 전제정치로부터 고통받고 있다는 것도 알게 된다. 닐로브나는 드디어 현재의 나로 깨어난다.

시간이 흘러 빠벨은 풀려나고 다시 어머니 곁으로 돌아온다. 이때부터 본격적으로 '메이데이'라는 거사를 준비한다. 그사이 어머니는 많이 달라져 있었다. 어머니는 아들이 거사에 참가하면 다시 투옥될 것이고, 재판을 받고 나면 시베리아로 유형을 떠날 것을 알고 있었다. 험한 길을 걸어가는 자신을 용서해 달라고 우는 아들에게 어머니는 담담한 위로를 건넨다. 그리고 뜻을 같이하는 동료들도 모두 안아준다. 진정한 어른의 모습이었다.

이 어미에게 너 나 할 것 없이 다들 가엾게 보인단다. 너희들 모두가 다 내 혈육이나 진배없고 또한 훌륭하기 이를 데 없다. 이 어미 말고 누가 너희들을 걱정하겠어? 네가 앞으로 걸어 나가면 다른 사람들이 네 뒤를 따를 거야. 모든 걸 내던지고 함께 나아가는 거야, 빠샤!

같은 책, 214쪽

자식의 목숨이 위태로워질 것을 알지만 어머니는 빠벨과 동료들의 신념을 끝까지 응원한다. 그리고 결전의 날이 다가온다.

학교는 광장이 되어야 한다

젊은이들은 거리로 몰려나와 혁명 구호를 외치면서 낡은 세상을 부수자고 소리치기 시작했다. 곧이어 새로운 세상을 염원하는 가두행진이 시작되었다. 그러한 혁명가들의 모습을 곱지 않은 시선으로 보는 사람들이 있었다. 성숙하지 않은 어른들이었다. 여전히 차르를 숭배의 대상으로 여기고 있었다. 이러한 어른들의 모습을 지켜보던 닐로브나는 직접 민중의 깃발을 흔들면서 어른들도 혁명에 동참하자고 독려한다.

무슨 일이 벌어지고 있는가를 두려워 말고 한번 둘러봐요. 평화를 위해서 우리의 자식들, 우리의 피붙이들이 나아가고 있어요. 진심을 위해서 나아간단 말이오. 모두를 위해서! 여러분 모두를 위해, 여러분의 어린 자식을 위해서 일신의 몸을 성스러운 길바닥에 내던지고 있는 겁니다.

같은 책, 295쪽

'무슨 일이 벌어지고 있는가를 두려워 말고 한번 둘러봐요.'라는 말은 고리키가 민중들에게 외치는 말일 것이다. 고개를 들어 현실을 직시하고 공동체에 관심을 가지라는 호소였다. 고개를 드는 것도 어렵지만, 중요한 것은 그 이후다. 고개를 들었을 때 자신과 비슷한 처지에 놓인 사람들만 있다면 다시 고개를 내리고 일상의 세계로 돌아갈 것이다. 획일성은 비판의식을 꺾는 가장 큰 적이기 때문이다. 획일성 아래에서 개인은 군중 속 파편으로 존재할 수밖에 없다.

들었던 고개를 그대로 유지하기 위해서는 타인의 고통을 발견할 수 있어야 한다. 그리고 그것에 공감해야 한다. 그러한 발견과 공감은 '다름'에서 나오는 것이지 '같음'에서 나올 수 없다. 그래서 연대가 중요하다. 다양한 이야기를 가진 사람들이 함께 모여야 한다. 모이면 다른 사람이 어떤 고통에 몸부림치는지 알 수 있다. 고통에 공감해야 그들의 삶에 다가갈 수 있는 것이다.

결국 어머니가 향한 곳은 광장이다. 나는 소설에서 이 대목이 가장 중요하다고 생각한다. 어머니가 민중들에게 호소하는 것은 '연대'였고, 이것을 이룰 수 있는 공간이 광장이라는 것을 알려주기 때문이다. 광장에 있는 많은 사람들은 여전히 이기적인 생각과 거짓된 신념에 사로잡혀 있다. 차르는 그들에게 존엄한 존재이자 일상을 지켜주는 절대자였기 때문이다. 그러한 왜곡된 신념을 허물 수 있는 곳은 광장밖에 없다.

광장에서 공동체의 문제에 관심을 가지고 적극적으로 동참해야 한다. 이 과정에서 자신의 왜곡된 신념을 바꿀 수 있고, 기존의 코드를 뭉갤 수 있다. 광장에서 만난 타인의 삶은 자신의 일상에 질문을 던질 것이며, 이러한 질문은 하루의 밥벌이보다 더 가치 있다는 것을 깨우쳐준다. 이러한 깨우침이 헌신할 수 있는 용기가 된다. 그러니 "타인은 지옥이다."라고 말했던 사르트르의 생각은 틀렸다고 볼 수 있다. 타인은 지옥이 아니라 축복인 것이다. 이제 학교의 본질적 기능도 광장에서 찾아야 한다.

어른들이 만들어놓은 수많은 무리지음 속에서 살아가는 아이들은, 자신과 다른 처지에 있는 아이들의 상황을 접할 기회가 없다. 이렇게 어른이 되면 타인의 고통에 공감하지도 못하고, 자신의 일상을 침범하는 존재를 용서하지 않는다. 우리 사회에 일어나고 있는 많은 범죄들 중에서 '저건 도무지 이해가 되지 않는데.'라는 생각이 드는 일들이 가끔 있다. 이러한 사건들을 파고들면 타인이 주는 파장을 견디지 못한 무리지음의 결과가 숨어 있다. 이는 진정으로 소통하는 법을 가르치지 못한 사회와 어른들의 잘못이다. 그래서 학교는 광장이 되어야 한다.

학교에서 아이들은 친구의 생각과 행동을 통해서 자신의 생각에 균열을 일으키는 방법을 배울 수 있어야 한다. 그리고 친구의 고통과 상처에 공명하고, 그 짐을 함께 지고 나갈 수 있는 희생을 배워야 한다. 이러한 품격을 배울 수 있는 광장이 학교이다. 그래서 '내가 알던 것보다 더 소중한 가치들이 많이 있구나.'라는 것을 배워야 한다.

이러한 품격이 자유로운 사람을 만든다. 자유는 자기 잣대로 판단하고 자신이 하고 싶은 대로 하는 것이 아니다. 공동체와 소통하면서 품격 있게 성장하려는 적극적 몸부림에 가깝다. 광장에서 얻을 수 있는 것은 결국 자유다. 가치 있는 일에 대한 헌신과 용기야말로 가장 아름다운 몸부림이며, 인간이 누릴 수 있는 진정한 자유라고 볼 수 있다. 칼린 지브란 역시 자유를 몸부림이라고 표현한다.

> 자유란
> 아무런 구속의 사슬이 없는 것이 아니라
> 더 큰 자유의 사슬을 향하여 나아가려는
> 마음이요 의지요 행동이다.
> 궁극적으로 자유란
> 더 큰 자유의 사슬을 향하여
> 한 걸음 한 걸음 걸어 나가는
> 삶의 한계를 넘어서려는
> 몸부림 바로 그것이다.

《예언자》, 89쪽

광장에서 빠벨과 그의 동료들, 그리고 어머니가 보여준 몸부림은 진정한 어른으로 성장하려는 외침이자 자유를 향한 몸부림이었다. 교사에게 필요한 것도 바로 이러한 몸부림이다. 학교를 시장으로 만들려는 세력을 비판하고, 개인만의 세계로 침잠하려는 아이들을 건져내며, 순응을 강요하는 교육정책의 허상을 고발하는 몸부림을 이어나가야 한다. 이것이 교사를 어른으로 성장시킨다.

젊은 마음을 가르칠 용기

젊음과 늙음은 어디에서 오는가?

책의 뒷부분에 등장하는 어머니의 독백은 우리 사회가 젊은이들을 어떻게 어른으로 기를 수 있는지에 대해서 많은 시사점을 준다. 내가 발견한 핵심은 '젊은 마음'을 가르치는 것이다.

빠벨과 동료들은 혁명 사건을 이유로 재판을 받는다. 재판이라는 상황에서 빠벨과 동료들은 젊음과 진보를 상징하고, 판사들은 늙음과 보수를 상징한다. 보다 정확하게 말하자면, 소설에 등장하는 판사의 모습은 '수구'에 가깝다. 그들은 차르 정권의 앞잡이 노릇을 하는 대가로 누리는 부귀영화에만 관심이 있다. 젊은이들의 생각과 그들이 저항한 이유에는 귀 기울이지 않는 사람들이었다. 그럼에도 빠벨과 동료들은 거대한 공권력 앞에서 조금도 주눅 들지 않는다. 판사들에게 그들의 소신을 거침없이 말한다. 이들의 의연한 모습을 묘사하는 다음 부분은 이 소설에서 인상적인 장면 가운데 하나다.

> 젊고 건강한 그들은 흡사 증인과 판사의 무미건조한 이야기들, 그리고 검사와 변호사의 입씨름에는 전혀 상관도 없다는 듯이 벽 한쪽에 나란히 앉아 있었다.
>
> 《어머니》, 537쪽

나는 이 부분을 읽으면서 문득 '젊은 마음'이라는 단어를 떠올리게 되었다. '젊은 마음'은 어린 생각을 말하는 것이 아니라 진취적이고 도전적인 비판 정신을 말한다. 사회의 부조리를 그냥 넘기지 않고 자기 소신을 솔직하게 말하는 정신을 '젊은 마음'이라고 정의하고 싶다. 고리키는 나에게 젊은 마음을 가지라고 말하고 있었다.

교사에게는 책과 시간, 젊은 마음을 가진 동료들이 필요하다. 이것이 없다면 교사의 마음은 금방 늙어버린다. 그렇다면 이러한 젊은 마음은 어디서 오는 것일까? 젊다고 젊은 마음을 가질 수 있는가? 나이가 들면 젊은 마음은 사라지는 것인가? 그 해답은 어머니의 삶을 보면 알 수 있다.

시간을 어떻게 보내는가?

나는 교사에게 이 질문이 매우 중요하다고 생각한다. 나이가 젊다고 비판 정신을 가진 것도 아니고, 나이가 많다고 수구적으로 행동하는 것만은 아니다. 이는 우리 사회에 '젊은 꼰대'가 늘어나고 있다는 사실을 통해서도 확인할 수 있다. 젊은 마음과 늙은 마음은 자기에게 주어진 시간을 어떻게 사용했는지에 대한 결과라고 생각한다. 다시 말해, 자신의 삶을 비판적 시각으로 살아온 사람은 젊은 마음을 유지할 수 있지만, 자기가 소유한 것에 안주하고 그것을 지키려는 사람은 마음부터 먼저 늙는다.

《어머니》는 이러한 사실을 잘 보여준다. 어머니에게 과거의 시간은 버팀의 시간이었다. 하지만 그녀는 가정에서의 해방을 넘어서 사회에서의 해방을 시도한다. 스스로 자유를 만들어가는 것이다. 닐로브나와 비슷한 상황에 처했다고 해서 모두가 그녀처럼 자신의 삶을 개척하는 것은 아니다. 소설에 등장하는 보통의 어른들은 젊은이들의 혁명정신을 불필요한 행위로 취급한다. 어떻게든 자신의 안정적 삶을 유지하려고 노력할 뿐이었다. 닐로브나처럼 공동체의 문제에 관심을 가지고 젊은이들의 고통을 치유하며 열정적으로 사회 혁명에 참가하는 일은 결코 쉽지 않았지만, 그녀는 결국 해냈다.

이러한 차이는 그녀가 시간을 사용한 방법에 있다. 그녀는 자신에게 주어진 시간을 끊임없이 성찰하는 데 사용했다. 그래서 그녀가 맞이한 삶의 전환은 자신의 시간을 '깨어 있는 상태'로 사용한 결과라고 볼 수 있다.

마음의 나이는 육체의 나이와 아무런 관계가 없다. 어른들이 사라져가는 우리 사회에 필요한 것은 결국 '깨어남'과 '교육'이다. 뻔한 말처럼 들리지만, 이 두 가지가 없다면 우리의 마음은 자본과 관료제가 제공하는 편안한 이불 속에서 영영 잠들어 버릴 것이다. 깨어남만큼이나 교육이 중요한 이유는, '젊은 마음'은 공동체에서 성숙되기 때문이다. 비판적 생각을 가졌다고 모두 젊은 마음은 아니다. 너무 염세적이거나 급진적인 비판 정신은 사회에 해가 될 수가 있다. 이럴 때 균형을 잡아주는 것이 교육이다. 자신의 마음이 한쪽으로 치우쳤는지를 확인하기 위해서는 타인과의 만남이 필요하다. 교육은 이러한 만남의 장을 열어준다는 의미에서 '광장'과 같다.

광장에서 자란 아이들만이 사회의 썩어 문드러진 부분을 도려낼 수 있는 메스 역할을 할 수 있다. 환자의 건강을 위해서 환부를 과감히 도려내는 의사처럼, 사회의 낡아빠진 정신에 철퇴를 가하는 일은 '젊은 마음'을 가진 어른만이 할 수 있는 일이다.

문제는 기득권을 지키려는 늙은 마음이 젊은 마음의 소리를 들으려고 하지 않는다는 데 있다. 젊은 마음을 가진 사람들이 자기의 소신을 말해도 늙은 마음을 가진 사람들은 그들의 목소리가 불안을 조장할 뿐 아무 가치가 없다고 말한다. 차분하게 이야기를 들어주지 않고, 짧게 요점만 말하라고 억압한다. 하지만 젊은 마음을 가진 사람들은 여기에 굴복하지 않는다.

"우리는 폭도가 아닙니다!" …… "요점만 말하시오!" …… "우리는 혁명가들입니다. 어떤 사람은 명령만 하고 어떤 사람은 일만 하는 사회가 존재하는 한 우리는 그런 혁명가가 될 것입니다.

같은 책, 551~552쪽

빠벨과 같은 젊은 마음이, 불의에 저항하는 비판 정신이 사회를 바꾸는 것이다. 젊은 마음을 잃은 사람들은 자신의 안위를 지키려는 데 관심이 있을 뿐이다. 힘없는 사람들의 몫을 잘라먹고, 타인의 몫에 욕심내고, 젊은이들의 꿈을 인정하지 않는다. 매뉴얼에 순응하는 어른은 많지만, 타인의 고통과 눈물에 공감할 수 있는 어른은 점점 줄어들고 있다. 아이들은 타인의 몫까지 빼앗는 어른을 보면서 시스템에 순응하는 어른으로 자란다. 이러한 시대지만, 우리 사회에 혁명이 끊이지 않는 것은 교사의 공이 크다고 생각한다. 교사만이 혁명가를 기를 수 있는 시대이기 때문이다.

교사라는 혁명가의 삶

교사는 혁명가를 기르는 사람이다. 혁명가는 본질적으로 저항하는 사람이다. 옳지 못한 것을 보았을 때 "너무 심한 거 아닙니까!"라고 외치는 사람이며, 그것을 해결하려는 사람이다. 권정생은 《빌뱅이 언덕》에서 "혁명가가 따로 있는 것이 아니라, 잘못되고 공정치 못한 일이 있을 때 자신을 희생해서라도 바로잡아 나가는 사람이다."라고 말한다. 그는 사람이 공부를 하는 궁극적 목표도 바로 이러한 삶을 살기 위한 것이라고 했다. 이렇게 학생들을 '삶의 혁명가'로 기르기 위해서는 교사부터 혁명가가 되어야 한다. 그래서 김용옥도 《도올의 교육입국론》에서 모든 교사가 혁명가가 되어야 한다고 말한 것이다.

혁명가를 기르는 일은 그렇게 복잡하고 어려운 일이 아니다. 의견의 통일을 요구하는 사회가 건강하지 못하다는 것을 가르치는 일이다. 비판과 함께 합리적인 대안을 제시하는 젊은 마음을 가진 시민을 길러내는 일이다. 그러니 교사의 가장 중요한 일은 거대 담론에 지배받지 않는 '자유로운 저항인'을 기르는 일이라고 볼 수 있다.

앞서 잠시 언급했듯이, 우리 민족의 DNA는 저항으로 가득 차 있다. 그 중에서도 민중의 저항정신은 너무나도 훌륭하다. 다른 나라는 리더가 쓰러지면 조직 전체가 와르르 무너지지만, 우리나라는 전혀 그렇지 않다. 부족한 리더가 갈팡질팡하면 민중이 주도권을 잡고 변화를 만들어냈다.

우리 민중이 저항한 이유는 강자가 되기 위함이 아니었다. 기득권의 논리가 맞지 않다는 것을 알려주고, 약자가 사람답게 살기 위한 세상을 만들기 위한 몸부림이었다. 지극히 당연한 저항이자 '내 아이들만큼은 저들의 손에 맡길 수 없다'는 어른의 마음이었다. 저항이 힘을 향한 수단이 아니라 자유를 향한 몸부림이었다는 측면에서, 우리 민중의 저항정신은 앞으로도 계속 이어나가야 할 소중한 유산이다.

이러한 사실을 강조했던 인물이 함석헌이다. 독재에 항거하며 우리나라 민주화에 앞장섰던 함석헌은 언제나 민중들에게 저항하라고 말했다.

사람은 저항하는 거다. 저항하는 것이 곧 인간이다. 저항할 줄 모르는 것은 사람이 아니다. 왜 그런가? 사람은 인격이요 생명이기 때문이다. 인격이 무엇인가? 우선 나는 나다 하는 자아의식을 가지고, 나는 나를 위한 것이다 하는 자주하는 의지로서, 내 뜻대로 내 마음껏, 나를 발전시켜 완전에까지 이르자는 것이 인격이다.

《저항인 함석헌 평전》, 20쪽

저항에서 자유가 오고, 자유가 있어야 스스로를 기를 수 있다는 것이다. 교사가 혁명가가 된다는 것은 '이래서는 좀 곤란합니다.'라는 표정을 하고 지금의 교육 문제들을 하나씩 하나씩 고쳐나가는 삶을 지속하는 것이다. 이것은 거창한 비전을 제시하는 삶이 아니다. 오히려 교사가 이룩해야 할 교육혁명은, 교육이 그 본질적 역할로 돌아가는 길을 제시하는 것이다. 이러한 혁명이 제대로 이루어지기 위해서는 두 가지 조건이 필요하다.

먼저 교육혁명의 '주체'는 반드시 교사여야 한다. 다음으로 진정한 '철학'이 있어야 한다. '주체'와 '철학'에 대한 주도권이 없으면 혁명은 제대로 이루어질 수 없다. 그렇다면 진정한 철학은 어디서 올까? 이오덕은 '비판 정신'에서 철학이 나온다고 말한다.

교육자가 장사꾼과 다른 점은 세속적이고 물질적인 희생을 즐겨 견디는 것을 영광으로 생각한다는 점이다. 이 영광은 현실에 대한 정직한 비판 정신을 갖는 사람만이 누릴 수 있는 특권이다. 비판 정신은 교육자에게 철학을 주고, 이 철학이 바탕이 되어 온갖 괴로움을 웃음으로 이겨내도록 하는 믿음을 줄 것이다.

《삶과 믿음의 교실》, 127쪽

여기서 중요한 단어는 '영광'이다. 아무리 비판 정신이 투철하고 철학에 조예가 깊은 교사가 있어도, 학생과 사회가 여기에 반응하지 않으면 교사의 비판 정신은 유지될 수 없다. 교사가 소신을 가지고 자신의 교육 철학을 펼쳤을 때, 그 대가가 영광이라는 의미로 다가와야 교사는 비판 정신을 유지할 수 있다는 것이다.

따라서 교사가 혁명가가 되는 일은 교사만의 몫이 아니라 사회의 협조가 절실하다. 교사의 철학과 실천을 적극적으로 응원하는 문화로 돌아가야 한다. 하지만 우리 사회에서 교사가 누릴 수 있는 영광이 사라진 지 오래다.

교사의 말은 듣지도 않고 멱살부터 잡는 학부모들이 늘고 있고, 학교의 입장을 들어보기 전에 민원부터 넣는 사람들이 많아졌다. 거기다가 일부 언론들은 하나의 사례를 부풀려서 모든 교사가 잘못하고 있는 것처럼 기사를 쓰고 있고, 사회단체들 역시 자기들의 이익을 위해서 교육 정책에 비겁한 입김을 행사하고 있다. 그런데 결국 교육 활동에 대한 책임을 질 수 있는 사람은 누구인가?

그러한 외부인들은 결코 교육에 대해서 책임질 수 없다. 물론 그들의 건강한 참여가 교육 발전에 기여하는 부분도 있지만, 지금 우리 사회는 외부인들이 아예 교육의 주도권을 잡고 흔들고 있다. 그러는 사이 교사의 위상은 회복할 수 없을 만큼 내팽개쳐져 있다.

문제는 교사를 믿지 못하는 경향이 강해질수록 교육의 전체 내구성도 떨어지게 된다는 데 있다. 다가오는 사회가 '교육 자치'를 추구한다는 점에서 살펴볼 때, 교사의 신뢰도 추락은 시급히 개선되어야 할 사안이다. 지역 공동체의 교육에 대해서 가장 잘 알고 있는 사람은 교사이기 때문이다. 다나 골드스타인은《교사 전쟁》에서 미래사회는 교육의 '중앙집권화'보다 '지방자치화'가 심화될 것이라고 주장하면서, "미국의 공립학교를 개혁하기 위해서는 전국적인 유명세를 타고 있는 정치인이나 자선사업가 혹은 사회과학자들만 쳐다보고 있을 것이 아니라, 교사들에게로 우리의 시선을 돌려야 한다."라고 했다. 이러한 시선 전환이 우리나라에도 꼭 필요하다. 교사를 믿어야 교사가 자신의 일에서 영광을 느낄 수 있다. 교사들에게 교육 활동이 '영광스러운 일'이 되었을 때 교사들은 가르치는 일이 주는 고단함을 견딜 수 있다. 이오덕이 교사의 비판 정신을 강조한 이유도 여기에 있다.

두 번은 없다

교사는 반복이라는 시간 속에서 살아간다. 일상은 지독할 정도로 똑같이 반복된다. 반복에 무뎌지면 누구나 자신의 삶에 머무르려고 한다. 타인의 고통과 공동체에 다가서려 하지 않는다. 하지만《어머니》에 등장하는 닐로브나의 모습은 반복이 마취제가 아니라 새로운 창조를 위한 기회가 될 수 있다는 사실을 알려주었다. 반복되는 일상에서도 우리는 새로운 변화를 꾀할 수 있고, 끝없이 성장할 수 있다. 그러한 발전과 성장에 대한 희망을 버리지 않았을 때, 우리의 삶은 무기력한 좌절이 아닌 새로운 가능성으로 채워질 것이다. 그렇게 교사는 어른으로 깨어나야 한다.

　이러한 깨어남을 추구하는 교사에게 담백한 위로를 건네는 시가 있다. 폴란드 시인 쉼보르스카의 〈두 번은 없다〉이다. 그녀의 아름다운 문체는 일상의 모든 것을 새롭게 인식하도록 한다.

　　두 번은 없다. 지금도 그렇고
　　앞으로도 그럴 것이다. 그러므로 우리는
　　아무런 연습 없이 태어나서
　　아무런 훈련 없이 죽는다.

　　…

　　반복되는 하루는 단 하루도 없다.
　　두 번의 똑같은 밤도 없고
　　두 번의 한결같은 입맞춤도 없고
　　두 번의 동일한 눈빛도 없다.

　　…

　　힘겨운 나날들, 무엇 때문에 너는
　　쓸데없는 불안으로 두려워하는가
　　너는 존재한다 - 그러므로 사라질 것이다
　　너는 사라진다 - 그러므로 아름답다

　　　　　　　　　　　　《끝과 시작》, 〈두 번은 없다〉 일부, 34-35쪽

나의 눈이 멈춘 부분은 '반복되는 하루도 없으며, 두 번의 같은 눈빛도 없다'는 말이다. 어떻게 보면 세상이 따분하고 지루하다는 생각은 우리의 착각이다. 지루함은 더 많은 쾌락과 더 많은 욕심이 우리의 맑은 눈과 야무진 감각을 가린 결과라고 볼 수 있다. 자세히 들여다보면 우리 삶에서 똑같은 두 번은 없다. 쉼보르스카의 말처럼, 같은 눈빛도 두 번 다시 존재할 수 없다. 그러니 아이들의 아름다운 눈빛과 귀한 성장을 있는 그대로 바라볼 수 있다는 것은 무한한 축복이자 감동인 것이다.

그녀는 이 시의 마지막에서 '미소 짓고, 어깨동무하여서 일치점을 찾아보자.'라고 적는다. 우리가 비록 '다른 두 개의 투명한 물방울일지라도' 우리는 서로 어울릴 수 있고 포용할 수 있다는 것이다. 이러한 타인에 대한 너그러운 포용과 어울림의 자세가 어른이 지녀야 할 모습이다. 일상의 삶을 긍정하면서도 공동체를 기르는 책임 있는 태도라고 말할 수 있다.

그러니 쉼보르스카는 이 시를 통해서, 품이 넓은 사람이 되기 위해서는 '민감성'을 갖추는 것이 중요하다고 말하는 것이다. 작은 것에 감탄할 수 있고, 작은 변화에도 민감하게 반응할 수 있어야 그 속에 담긴 의미를 발견할 수 있다.

작은 것이 환영받는 사회

지금까지 우리 사회는 젊은이들에게 '큰 그릇'을 가지라고 말해왔다.

큰 그릇이란 무엇을 말하는가? 아마도 작은 일에 연연하지 않고 큰 결정을 내리는 결단력이나, 어려운 문제를 해결하는 대범함을 말할 것이다. 그런데 이러한 대범함이 필요한 시대는 이미 오래전에 끝났다. 그것은 하나의 가치에 모든 사람을 담아내던 시대에나 필요했던 것이다.

하지만 아직도 우리 사회에는 대범함을 말하는 사람들이 많다. 기득권을 지키려는 사람들이다. 이들의 단골 멘트는 "큰일을 하려면 작은 희생은 불가피하다."이다. 하지만 자신이 '큰 그릇'을 가졌다고 자부했던 사람들의 민낯을 보면, 그들의 마음은 종지보다 작다는 것을 알 수 있다. 대중의 추앙을 받던 유명인들의 민낯도 별 차이는 없다. 그들이 폼 잡으며 누려왔던 일상도 서민들의 고혈을 빨아온 대가라는 것이 만천하에 드러나고 있다.

그들은 자신들이 가지고 있는 마음의 실제 크기와 상상력으로 만들어낸 마음의 크기를 혼동한 사람들이다. 상상력의 품은 크지만 실제 마음의 품은 크지 않았던 사람들이다. 그런 사람들은 얼굴보다 마음이 일찍 늙어버린다. 결국 큰 그릇을 지향하는 사회는 필연적으로 소수와 약자의 고통을 외면하게 되어 있다는 것이다. 누군가는 반드시 억울한 일을 당하게 되어 있고, 누군가는 반드시 눈물을 삼켜야 한다.

이제 세상은 변했다. 카리스마 있는 소수가 사회를 개혁하는 시대는 지나갔다. 그러니 품위를 상실한 유명인들의 삶보다, 거창한 말만 늘어놓는 관료들보다, 우직한 삶을 이어나가는 소시민의 삶이 훨씬 귀하게 대접받는 시대가 되어야 한다. '큰 그릇'보다는 '다양한 그릇'이 더욱 가치 있게 쓰이는 사회가 되어야 한다는 말이다. 큰 그릇에는 보잘것없는 음식은 담을 수 없다. 하지만 다양한 작은 그릇에는 적당한 음식을 정갈하게 담아낼 수 있다. 이러한 다양성을 기르는 것이 '민감성'일 것이다.

　이런 측면에서 보면 교사가 어른으로 살아갈 수 있는 가장 확실한 방법도 '민감성'을 갖추는 일이다. 아이들의 작은 변화에도 반응할 수 있는 능력, 아이들의 작은 고통에도 공감할 수 있는 능력, 아이들의 작은 눈빛에도 응답할 수 있는 능력이 교사가 발휘할 수 있는 민감성이다. 그것이 바로 아이들의 삶을 기르는 어른의 능력이다. 각자 아이들이 가지고 있는 마음의 결을 잘 길러서 우리 사회를 빛낼 소중한 그릇들로 키워내는 일이다. 돈을 제외한 다른 가치들은 서서히 빛을 잃어가는 지금 시대에, '민감성'이야말로 가장 귀한 가치가 되기를 기대해 본다.

4장

자존감이 바닥일 때

대체할 수 없는 자기 이야기

가르칠 수 있는 용기 | 파커 J. 파머

아내를 모자로 착각한 남자 | 올리버 색스

교사라는 이방인

알베르 카뮈의 《이방인》을 읽어본 교사라면 주인공 뫼르소에게 묘한 동정심을 느꼈을 것이다. 나 역시 그랬다. 뫼르소는 한낮의 뜨거운 태양 때문에 살인을 저지른다. 그는 분명히 살인자다. 하지만 뭔가 도와주고 싶은 인물이다. 그 동정심은 소설이 끝날 때까지 변하지 않았다. 책을 덮고 나서 곰곰이 생각해 봐도 내가 왜 그런 감정을 느꼈는지 알 수 없었다. 그런데 몇 해가 지나고 이 소설을 다시 읽으면서 그 이유를 알게 되었다. 나는 뫼르소의 삶에서 교사의 고통을 발견했던 것이다. 교사와 뫼르소는 둘 다 이방인이자 삶의 부조리를 견디고 있었다.

카뮈의 작품을 관통하는 키워드는 단연 '삶의 부조리'다. 삶의 부조리는 쉽게 말해서, '나와 연결되어 있다고 생각했던 것들이 사실은 모두 단절되어 있다.'라는 삶의 본질적 특성을 말한다. 세상으로부터 단절된 사람은 모두 이방인으로 살아갈 수밖에 없다는 것이다. 카뮈는 이러한 삶의 부조리를 집요하게 파고들었던 작가다. 소설로는《이방인》, 희곡으로는《칼리굴라》, 철학 에세이로는《시지프 신화》를 적었다. 세 작품 모두 부조리한 삶에서 인간이 어떻게 투쟁하고 있는지를 밝힌 것이다.

카뮈의 위대함은 쉬운 변주에 있다. 자신의 생각을 철학 에세이《시지프 신화》로 표현했지만, 이것을 대중들에게 조금 더 쉽게 전달하고자 《이방인》을 집필한 것이다. 그가 전하고자 한 핵심은 '모든 사람은 이방인으로 살아갈 수밖에 없다.'라는 명제에서 출발한다.

이 말은 '소외'와 연결된다. 현대인은 무리 속에 함께 존재하지만 무리의 사람들과 진정으로 소통하지 못한다. 이것이 고통이다. 사람들과 진심으로 소통하지 못한다고 느끼는 소외감은 교사의 삶을 고단하게 만드는 적이다.

교사는 평생 낯선 곳에 던져지는 존재다. 몇 년에 한 번씩 의무적으로 학교를 옮겨야 하고, 매년 새로운 아이들을 만나야 하며, 매년 새로운 업무를 해야 한다. 학교를 옮기면 교장도 신규가 된다. 새로운 환경에 적응하려면 짧게는 몇 달, 길게는 몇 년의 시간이 걸린다. 업무 상황도 수시로 바뀌고, 해마다 새로운 것이 추가된다. 하나의 업무에 어느 정도 적응할라치면, 갑자기 시스템이나 방법을 바꾼다고 다시 연수를 받으라고 한다. 그러니 학교에서는 예측할 수 있는 것이 별로 없다. 교사는 자신의 근무지와 업무에 있어서 '이방인'이다.

이러한 예측 불가능성 중에서도 교사를 가장 힘들게 하는 것은 '수업'

일 것이다. 교사에게 수업은 애증의 대상이다. 내가 아무리 열심히 준비한다고 해도 그 수업이 잘 되는 것은 아니다. 반대로 별로 준비하지 않았던 수업이 우연한 상황 전개로 '인생 수업'이 되는 경우도 있다. 교사에게 수업은 그 속을 알 수 없는 심해와 같다.

수업이 힘든 데는 아이들의 유동성도 한몫을 한다. 교사는 매일, 매시간 새로운 아이들과 상황을 만나야 한다. 작년 아이들과 올해 아이들이 다르고, 같은 주제로 똑같이 수업을 한다고 해도 아이들이 바뀌면 그 수업은 완전히 다른 수업이 된다. 아이들은 그날 아침에 있었던 일이나 쉬는 시간에 친구와의 다툼, 이런저런 일들로 인해서 교사가 기대하는 집중력을 유지하지 않는다. 그러니 교사는 자신의 본업인 수업에서도 언제나 이방인이라고 볼 수 있다.

교사, 진심을 말하지 않는 사람

교사의 일은 단단한 인내심이 필요하다. 교사의 본업은 다른 직업처럼 일의 효과가 즉시 나타나지 않는다. 모두가 그러한 것은 아니지만, 자신의 분야에서 어느 정도 노력한 사람들은 눈에 띄는 성과를 드러내기 시작한다. 숙련된 의사는 바닥을 데굴데굴 구르던 환자를 금방 웃게 만들고, 노련한 변호사는 억울함을 호소하던 의뢰인에게 새 삶을 찾아줄 수 있으며, 훌륭한 요리사는 간단한 레시피로도 손님들을 미소 짓게 할 수 있다.

하지만 수업을 들었던 학생들이 교실을 박차고 나와서 "선생님의 수업이 저의 인생을 바꾸었습니다."라고 말하며 교사의 손을 지그시 잡는 모습은 좀처럼 보기 어렵다. 교사의 본업인 수업과 생활지도는 그 효과가 바로 나타나지 않는다. 백 년이 지나도 그 효과를 확인할 수 없는 것이 교육이다. 기약이 없는 오랜 기다림은 교사가 자신의 소신을 의심하도록 만든다.

이러한 상황에서 수업 내용에 반응을 보이지 않는 아이들, 유명 강사와 교사의 수업을 비교하려는 학부모들, 수업이 아닌 다른 일에 몰입하여 성과를 내는 동료 교사의 모습을 보면서 교사의 자존감은 '철퍼덕' 소리를 내면서 주저앉아 버린다. 그러다 보면 '내가 하는 일은 아주 작은 일이구나.'라는 생각을 자주 하게 된다.

수업이라는 것은 근본적으로 품이 많이 드는 일이다. 가위질과 풀질을 해야 할 일도 있고, 학습지를 만들어서 복사하거나 모둠별로 준비물을 꼼꼼히 챙겨두어야 하는 경우도 많다. 어떤 날은 영상을 자르거나 붙여야 하는 경우도 있고, 사진을 찍어서 인화해야 할 경우도 있다. 수업이 끝나도 교사의 작은 일은 끊이질 않는다. 아이들의 공책에 피드백을 적어주거나, 학습 결과물을 하나씩 붙이거나, 아이들이 빠져나간 교실을 조용히 청소해야 하는 경우도 많다.

하지만 아이들은 이러한 사실을 알아차리지 못하고, 동료들도 이러한 노력에 호응하지 않는다. 교사는 아이들과도 동료들과도 진심으로 소통하지 못한 채 교실 한구석에서 자신의 작은 일을 이어나가야 한다.

교사는 매일 이러한 삶을 견디고 있지만, 교사들 대부분은 이러한 고통을 솔직히 말하지 않는다. 나 역시 마찬가지였다. 매일의 수업이 고통스러웠지만, 이러한 속내를 털어놓지 않았다. 도와달라는 말이 목구멍까지 올라와도 수업이 주는 고통과 소외에 대해서는 철저히 침묵했다. 그러다 보니 학교에서 진심을 말할 일이 줄어들었다. 교사는 경력이 쌓이면서 '적게 말하는 사람'이 되고, 고통이 극에 달했을 때 한순간에 와르르 무너진다는 점에서도 뫼르소의 모습과 닮아 있다.

《이방인》을 번역한 김화영은 뫼르소의 특징을 '적게 말하는 사람'이라고 표현한다. 뫼르소는 어머니의 장례식장에서 눈물을 흘리지 않았다는 이유로 재판 과정에서 곤욕을 치른다. 사실 뫼르소는 소설의 시작부터 끝까지 자신의 진심을 거의 말하지 않는다. 살인에 대해 변론할 기회가 있었음에도 끝까지 입을 다문다. 그렇게 버티던 그는 자신을 찾아온 부속 사제에게 그동안 숨겨왔던 감정과 이야기를 쏟아낸다. 그러면서 오랜 시간 오열한다.

자신의 고통과 진심을 숨기다가 그것을 털어놓을 수 있는 사람을 만났을 때 절규하듯 토해내던 뫼르소의 모습은, 비슷한 아픔을 겪고 있던 교사에게 묘한 동질감을 준다. 결국 교사의 고통을 극복하기 위해서는 자신의 고통과 마주하는 길밖에 없다. 이러한 마주함이 없다면 교사는 평생 어정쩡한 상태로 음지에서 떨어야 한다.

그러니 교사가 느끼는 자존감의 추락은 교사의 본업이 주는 소외와 진정한 위로의 결핍이 만든 결과물이다. 그렇다면 추락한 교사의 자존감은 어떻게 회복할 수 있을까? 단순히 수업을 잘한다고, 학생들이나 동료들과 소통을 잘한다고 해결될 일은 아니다. 자존감을 이야기하기 전에 '나를 나로 만들어주는 것이 무엇인가?'를 살펴보는 것이 중요하다.

나를 나로 만들어주는 것

자존감은 '자신에 대한 존엄성'이다. 사전에서는 이러한 자존감의 원천을 "타인의 칭찬이나 인정이 아니라, 자기 내부의 성숙된 사고와 가치에 의해서 얻어지는 개인의 의식"이라고 설명한다. 결국 타인의 시선을 의식하고 타인의 평가에 휘둘리면 건강한 자존감이 자리 잡을 수 없다는 말이다. 자기 내면의 강한 믿음과 긍정 에너지가 자존감의 바탕이기 때문이다.

하지만 나는 자존감을 이야기할 때 타인의 영향, 즉 타인과의 상호작용도 중요하다고 생각한다. 듀이는 《민주주의와 교육》,《경험과 자연》에서 인간의 삶을 "환경과의 끊임없는 상호작용"이라고 설명한다. 세상에는 오로지 '나'로 인해서 일어나는 결과도 없고, 오로지 '환경'에 의해서 일어나는 일도 없다는 것이다.

그런데 플라톤 이후의 그리스 철학자들은 '나'와 '환경'의 연결고리를 끊어버렸다. 쉴 새 없이 변화하는 '자연'을 저급한 것으로 평가하고, 불변하는 '이성'을 고귀한 것으로 숭상한다. 여기에서 자연과 인간, 정신과 육체, 이성과 감성, 수단과 목적, 과정과 결과를 분리해서 생각하는 이원론적 태도가 생기게 된 것이다.

내가 듀이의 철학을 언급한 이유는, 자존감 역시 상호작용의 관점에서 바라봐야 하며, 이러한 상호작용의 결과가 '나에 대한 평가'로 이어진다고 생각하기 때문이다. 교사는 자신을 둘러싼 환경과 상호작용하면서 자신만의 기억과 이야기를 직조하고, 그것을 통해서 스스로를 평가

한다. 자신을 평가한 결과가 좋지 않다면 자존감이 떨어질 수밖에 없다. 따라서 자존감은 '나를 어떻게 인식하는가?'라는 질문에 대한 답이자 정체성에 대한 인식이라고 볼 수 있다.

어쨌든 교사의 자존감을 끌어올리기 위해서는 교사가 가장 많이 상호작용하는 영역이 무엇인지부터 살펴볼 필요가 있다. 나아가 그 상호작용의 결과가 교사의 정체성 형성에 어떤 영향을 주는지 살펴보고, 거기서 발생하는 문제점을 극복할 수 있는 대안을 제시해야 한다. 모든 상호작용은 이야기가 되며, 이야기가 모이면 정체성이 되기 때문이다.

물론 타고난 기질과 성장 과정은 우리가 손댈 수 없는 영역의 것이다. (실제로 긍정심리학의 대가인 마틴 셀리그만은《플로리쉬》에서 인간의 자존감과 행복에 가장 큰 영향을 끼치는 것이 '유전적 요인'이라고 주장한다.) 하지만 자존감의 영역에도 노력해서 개선할 수 있는 부분이 남아 있다. 그렇다면 교사가 노력해서 높일 수 있는 자존감의 영역은 무엇이며, 그것을 높이기 위해서는 어떻게 해야 할까?

올리버 색스의《아내를 모자로 착각한 남자》에서 그 실마리를 찾을 수 있다. 올리버 색스는 평생 신경과 의사로 살면서 환자들이 겪는 고통을 가까이에서 지켜보았다.《아내를 모자로 착각한 남자》는 기억상실, 감각상실, 감각혼동과 같은 지독한 병을 겪으면서도 자신의 삶을 끝까지 포기하지 않는 환자들의 이야기를 엮은 책이다.

치료하는 데 오랜 시간이 걸리는 환자들임에도 불구하고 그들의 삶을 위해 끝까지 포기하지 않는 색스의 모습은, 시간을 견디는 일을 본업으로 하는 교사들에게 많은 위로가 된다. 그 역시 삶의 이야기가 정체성이 된다고 말한다.

> 우리가 우리 자신으로 존재하기 위해서는 반드시 자기 자신에 대한 정체
> 성을 가지고 있어야 한다. …… 우리의 정체성, 자아를 유지하기 위해서
> 는 이러한 한 편의 이야기, 즉 연속적으로 이어지는 내면의 이야기를 필
> 요로 한다.
>
> 《아내를 모자로 착각한 남자》, 194쪽

색스는 정체성을 '연속적으로 이어지는 내면의 이야기'라고 했다. 결국 나로 존재하기 위해서, 그리고 행복하게 살기 위해서는 연속적으로 이어지는 내면의 이야기를 할 수 있어야 한다는 말이다. 이러한 이야기가 없으면 타인의 이야기, 순간의 감정, 과거의 이야기, 미래의 불안에 사로잡혀 살게 된다.

그래서 교사의 자존감을 이야기하기 위해서는 교사의 정체성에 대해서 먼저 이야기할 필요가 있다. '교사의 정체성'이라고 하면 그 범위가 너무 넓다. 범위를 좁혀 이야기하면, 교사의 정체성 형성에 빼놓을 수 없는 영역은 역시 수업일 것이다. 교사에게 가장 큰 좌절을 안겨주는 '수업에 대한 공포'와 마주하는 방법에 대해서 말하지 않고서는 교사의 자존감과 정체성을 이야기할 수 없다. 수업의 공포와 마주한 다음에는 삶이 우리에게 주는 좌절을 어떻게 극복할 것인지에 대해서 살펴보고자 한다.

2.

가르치는 일과 교사의 정체성

교사는 가르치는 사람이 아닌가?

정체성 이야기를 통해서 우리가 도달해야 할 궁극적인 목표는 '가르침의 본질'을 이해하는 것이다. 조금 더 정확하게 말하자면, '가르침은 어떻게 교사의 정체성이 되는가?'에 대한 답을 찾아나가는 과정이다. 그런데 몇 년 전부터 교육정책을 지배하고 있는 배움 중심, 학생 중심, 활동 중심 담론은 교사의 정체성에 심각한 혼란을 주고 있다. 교사에게 가르치지 않는 사람이 되라고 말하고 있기 때문이다.

나는 과거에 "아이들을 가르치는 일을 하고 있습니다."라고 말하는 것에 거부감이 없었다. 그런데 어느 순간 교사 중심의 '가르침'보다 학생 중심의 '배움'을 중시하라는 말이 나돌기 시작했다. 안 그래도 교실에서 어정쩡하게 머물던 나는, 이런 정책을 접하면서 더욱 혼란스러워졌다.

도대체 교사가 어떻게 해야 하는지 갈피를 잡지 못했다.

수많은 교육청 연수에 다니면서 발품을 팔아보아도 대부분 비슷한 말들만 되풀이했다. 가령, "교사는 안내자나 조직자가 되어야 합니다."라든지, "교사는 지식을 설명하거나 전달해서는 안 되고, 활동을 통해서 아이들이 스스로 깨우치도록 해야 합니다."라든지, "교육청에서는 큰 철학만 제시하는 것이지, 나머지는 교사들이 주도적으로 하시면 됩니다."와 같은 말들이었다. 연수를 들으면 들을수록 배움 중심 수업과 더욱 멀어지는 느낌이었다.

그때부터 나는 '수업'과 '가르침'에 대한 책들을 찾아 읽기 시작했다. 나만의 대책을 발견하기 위한 몸부림의 시간이었다. 그 과정에서 배움 중심 수업이 가지고 있는 한계점을 발견하게 되었다. 이는 교사를 죄인이나 방관자로 취급하고 있으며, 설명과 도움이 절실한 아이들에게서 교사를 떼어놓고 있었다.

물론 '교사 중심의 가르침에서 학생 중심의 배움으로의 전환'은 그동안의 주입식 수업이 가지고 있던 문제점을 극복할 수 있는 단초를 제공했다는 측면에서 긍정적이기도 하다. 하지만 이러한 정책에는 '기존의 교사 중심 수업에서 배움이 제대로 일어나지 않았습니다.'라는 전제가 깔려 있다. 나만 그런지 모르겠지만, 배움 중심 수업의 취지를 들으면 들을수록 왠지 죄인이 된 기분이었다.

그런데 교사들이 해왔다는 강의식 수업도 교사들의 자발적 선택은 아니었다. 입시 위주의 교육정책 속에서 많은 양의 진도를 소화하고, 대학 진학률을 끌어올리기 위한 어쩔 수 없는 선택이었다. 그리고 설명이 필요한 부분은 최대한 학생들에게 밀착해서 제대로 가르쳐야 한다. 그래야 학원에 다니지 않는 아이들도 기본적인 지식을 습득할 수 있기 때문이다.

이런 사정이 있음에도 불구하고, 교사가 학생들에게서 한 발 물러나면 그동안 일어나지 않았던 배움이 극적으로 일어날 것처럼 말하는 것은 교사의 정체성에 갑자기 내려진 사형선고와 같다. 교육은 기본석으로 '가르침'과 '배움'이라는 두 날개가 유기적으로 상호작용하는 과정이다. 가르침이라는 날개를 등한시하고 배움이라는 요소에만 초점을 맞추었을 때, 결국 피해를 보는 것은 교사의 도움이 절실한 아이들이다.

대부분의 학생들에게는 교사의 집요한 설명과 냉정한 가르침이 필요하다. 활동, 전이, 메타 인지, 프로젝트 학습, 자기 주도 학습 등은 그다음에나 가능한 것들이다. 교사가 가르침에서 한 발 물러선 사이에, 교사는 자신의 정체성을, 학생들은 사고를 위한 디딤돌을 빼앗기고 있다.

교육청에서 배움 중심 수업을 추진한 지 오래되었다. 하지만 교사들 중에서 "나는 진정으로 배움 중심 수업을 실천하고 있습니다."라고 말할 수 있는 교사가 몇 명이나 될까? 단언컨대 이 정책도 교사의 삶에 녹아들지 못하고 있다. 교사의 가르침을 몰아내려는 교육정책은 교사의 일을 더욱 어렵게 만든다.

이는 비단 우리나라 교사들만의 문제의식이 아니다. 프랑스와 영국, 핀란드를 비롯한 나라들은 활동 중심 수업이 가지고 있는 문제점을 파악하고, 다시 지식 교육을 강조하는 정책으로 선회하고 있다. 이러한 나라들의 정책을 베끼라는 말은 아니지만, 정책에 문제가 있으면 정부가 나서서 그것을 고쳐나가야 한다.

하지만 우리나라의 정책가들은 교사의 목소리를 듣지 않는다. 교사들이 스스로 포기할 때까지 기다리다가 정치적 논리를 앞세워 아직 익지 않은 정책들을 쏟아낸다. 말끔한 양복을 차려입고 나타난 경영자의 표정을 하고서는 "과거의 것은 모두 엉터리였으니, 진짜 제대로 된 것을 새로 해봅시다."라고 말한다. 교사의 목소리를 소거한 상태에서 외국 이론을 수입하여 날조하듯 찍어내는 정책들은 교사를 학생들에게서 떼어놓을 뿐이다.

사실 이러한 문제의식은 크리스토툴루의《아무도 의심하지 않는 일곱 가지 교육 미신》과 서근원의《학교 혁신의 패러독스》,〈배움 중심 수업을 버려야 배움 중심 수업이 산다〉와 같은 글에서 공통적으로 제기되고 있다. 요약하면, 가르침의 본질에 대해서 다시 생각해 보자는 것이다. 교사는 가르침이라는 본업을 적절하게 수행할 수 있어야 교사로서의 정체성을 유지할 수 있다.

이러한 생각을 보다 포괄적으로 담은 책이 파머의《가르칠 수 있는 용기》이다.

자아, 모든 좌절감의 기원

파머는 책의 초반부에서, 교사들의 가르침을 근원적으로 가로막는 세 가지 요소를 이야기한다. 첫째, 교사가 가르치는 학과(교과)와 지식은 교사가 알고 있는 것보다 훨씬 크고 복잡하기 때문에 교사들의 지식은 언제나 모자라고 부분적이라는 것이다. 사실 교사들이 아무리 공부를 많이 한다고 하더라도 지식에 대한 부족함은 영원히 안고 가야 할 과제다.

둘째, 우리가 가르치는 학생들은 교사가 인식하는 것보다 훨씬 더 크고 복잡하다는 것이다. 학생들은 틀에 얽매이지 않는 유연한 사고를 하기 때문에 교사의 입장에서 그들의 사고를 예측하기란 쉽지 않다는 말이다. 이러한 학생들의 '크고 복잡함'은 무한한 성장 가능성임이 틀림없지만, 교사에게는 영원히 도달하기 어려운 경지다.

셋째, '교사로서의 자아'를 제대로 인식하지 못하는 것이다.

> 나(교사)는 가르치면서 학생, 학과, 나와 학생이 함께 엮이는 방식에 나의 영혼을 투영한다. 내가 교실에서 경험하는 이런 엮임은 나의 내면적인 생활의 엮임, 그 이상도 이하도 아니다. 이런 측면에서 볼 때, 가르침은 자신의 영혼에 거울을 들이대는 행위이다.
>
> 《가르칠 수 있는 용기》, 35-36쪽

교사는 자신이 해석한 세상을 아이들에게 가르쳐야 한다. 같은 교과 내용이라도 교사라는 몸을 통과하면 각자 다른 것이 된다. 그래서 파머는 교사로서의 자신을 안다는 것이 학생과 교과를 아는 것보다 중요하다고 말한다.

보통 교사는 수업을 준비할 때 교과서와 지도서의 내용은 충분히 확인한다. 그리고 학생들의 수준을 파악해서 수업의 내용을 준비한다. 흔히 교사는 자신의 수업을 준비할 때 가장 신경 쓰는 것이 '교과'와 '학생'이라고 생각한다. 그런데 실제로 그럴까? 곰곰이 생각해 보면 교과를 해석하는 것도 교사 자신이고, 학생을 분석하는 것도 교사의 내면이다.

이러한 사실은 수업을 마쳤을 때 보다 명확하게 드러난다. 수업이 잘 되었든 그렇지 않았든 교사들은 그 결과를 교과나 학생의 탓으로 돌리지 않는다. 대부분 교사 자신의 탓으로 돌린다. 수업이 잘 안 되었을 때는 더욱 그렇다. 이렇게 볼 때, 수업은 궁극적으로 교사 자신의 내면과 마주하는 일이라고 볼 수 있다.

따라서 교사에게 가장 중요한 질문은 '교사의 자아의식이란 무엇인가?'이다. 파머는 《가르칠 수 있는 용기》를 5년에 걸쳐서 집필했다. 그 시간 동안 그가 끝까지 놓지 않았던 것은 '누구'에 대한 질문이라고 한다. 그는 기존의 교육 담론들이 대부분 '무엇이', '어떻게', '왜'라는 질문에 집중해 왔으며, 이러한 질문들은 비교적 쉽게 대답할 수 있다고 말한다. 하지만 '누구'에 대한 담론은 상대적으로 빈곤했고, 특히 '교사의 자아의식은 무엇인가?'에 대한 담론은 거의 찾아보기 어려웠다고 말한다.

나는 이것이 교육과 교육자에게 던질 수 있는 가장 근본적인 질문이라고 생각한다. 이 문제를 열린 마음으로 정직하게 거론함으로써 우리는 학생들에게 좀 더 충실하게 봉사할 수 있고 우리 자신의 안정감을 높일 수 있으며, 교사들과 공동의 연대를 맺을 수 있을 뿐만 아니라 교육이 이 세상의 빛과 소금이 되게 할 수 있다.

같은 책, 43쪽

이것이 파머가 말하고자 한 핵심이라고 볼 수 있다. 그는 책이 끝날 때까지 교사의 자아, 안정감, 공동체를 강조한다. 그리고 교육이 세상의 빛과 소금이 되기 위해서 가장 중요한 일은, 교사의 자아를 기르는 일이라고 말한다. 이토록 중요한 일이 왜 그동안 제대로 되지 않았을까?

사적 영역과 공적 영역의 교차점

《가르칠 수 있는 용기》에서 중요한 개념 가운데 하나가 '분열'이다. 파머는 교사가 학생을 가르치는 용기를 잃어버린 이유를 분열에서 찾는다. 분열이란 무엇일까? 쉽게 말하면 '자신을 둘러싸고 있는 환경과 진심으로 마주하지 않고, 그것으로부터 도피하려는 마음'이라고 볼 수 있다. 그렇다면 교사는 왜 도피할까? 파머는 교사가 수행하는 일의 본질적 특성에서 그 이유를 찾는다. 교사는 "개인 생활과 공적 생활이 교차하는 위험한 지역"에서 생활하기 때문이다.

그는 이러한 사실을 치료사와 변호사의 삶을 비교하면서 설명한다. 훌륭한 치료사는 개인적인 방식으로 치료하지만 그것이 결코 타인에게 공개되지 않는다. 변호사는 공개된 토론장에서 일을 하지만 자신의 사적인 생각을 말할 필요는 없다. 공적인 절차에 따라서 준비한 말들만 하면 된다. 그런데 교사는 개인 생활과 공적 생활이 명확하게 분리되지 않는 영역에서 살아가는 존재다.

학교라는 공간은 공적 영역과 사적 영역이 교차한다. 교육이라는 공적 영역과 교사와 아이들의 삶이라는 사적 영역이 거미줄처럼 얽혀 있는 공간이다. 교사는 교육과 아이들의 삶을 연결하는 일을 한다는 점에서, 이 두 가지 영역을 정신없이 오가는 존재인 것이다. 교사는 자아에 근거하여 개인적인 방식으로 수업을 해나간다. 그런데 그러한 교사의 일들은 모조리 학교라는 공적 공간에서 학생과 타인에게 노출된다.

그렇다고 교과에 대한 공적인 이야기만 할 수 있는 것도 아니다. 그렇게 중립을 유지해서는 수업을 진행하기 어렵다. 교과와 세상이라는 빛이 교사라는 프리즘을 통과하여 어떻게 확산되는지에 대한 자신의 생각을 솔직하게 들려주어야 한다. 그래서 교사는 자신을 숨기고 싶어도 숨길 수 없다.

교사는 공과 사가 만나는 교차 지점에 서 있어야 한다. 그 교통량이 많은 곳으로 나선 교사는 '연결망을 짜는 일'을 하는데, 이는 마치 걸어서 고속도로를 건너는 일처럼 어렵다고 느낀다. 자기 자신, 학생, 교과를 서로 연결시키는 과정에서 교사들은 교과는 물론 자기 자신을 무관심, 비판, 조롱에 내맡기게 된다.

같은 책, 59쪽

교사는 이러한 과정에서 상처받는다. 상처를 줄이기 위해서 선택하는 것이 도피다. 학생, 교과, 심지어는 자신의 정체성으로부터 도망치게 된다. 진심으로 아이들과 소통하지 않고 정해진 수업만 하는 것도, 새로운 지식에 다이빙하지 않고 유행이 지나가길 기다리는 것도, 수업을 통해서 정체성을 형성하는 고단한 시간을 버티기보다 소유를 통해서 자신의 존재감을 드러내려고 하는 것도, 모두 교사의 도피라고 볼 수 있다. 자신이 견뎌야 할 상처를 미리 차단하여 자신을 보호하는 자발적 선택인 것이다. 마주할 용기가 없을 때 분열은 필연적으로 따라온다.

공포와 분열

파머는 이러한 도피를 "자아 보호적 자기 분열"이라고 말한다. 교사는 마음속에 담고 있는 진심과 외부로 표현하는 행동 사이에 높은 벽을 쌓고 있는 것이다. 이런 상태로 교사라는 역할을 억지로 연기하고 있는 것이다. 교사가 가르치는 행위를 지속하기 위해서는 자신의 정체성을 끊임없이 타인에게 노출해야 하지만, 이것을 견디지 못하면 교사의 내면은 분열할 수밖에 없다. 따라서 교사 내면의 분열은 교사가 가르치는 활동을 수행하는 과정에서 느끼는 공포에 대한 자기 보호적 반응이다.

내면의 분열을 극복하는 방법은 정체성의 분열을 불러온 '그 일'과 제대로 마주하는 방법밖에 없다. 교사에게 '그 일'은 수업일 것이다.

이러한 사실은 오쿠다 히데오의 소설 《공중그네》에 잘 묘사되어 있다. 이 소설에는 자신의 일을 하는 데 극도의 공포를 느끼는 인물들이 등장한다. 날카로운 것에 공포감을 느끼는 야쿠자 중간 보스, 공중 동작을 제대로 못 하는 서커스 단원, 1루로 공을 제대로 던지지 못하는 3루수 등과 같은 인물들이다. 그런데 이들의 공포증을 치료하는 괴짜 의사이라부의 처방은 의외로 간단하다. 그들을 공포를 느끼는 일에 과도하게 노출하는 것이다.

하지만 이라부는 막무가내로 그렇게 하는 것이 아니었다. 환자가 자신이 하는 일의 본질이 무엇인지 생각할 수 있는 질문을 던진다. 이를테면 3루에서 1루로 공을 제대로 던지지 못하는 프로야구 선수에게 '제구력'이 무엇인지 묻는다.

> "근데, 반도 씨, 제구력이란 게 뭐야?"
> "갑자기 물어보시면……." 허를 찌르는 질문이었다. 지금까지 단 한 번도 생각해 본 적이 없다.
>
> 《공중그네》, 205쪽

제구력을 잃어버려서 고통받던 반도씨는 자신이 늘 해오던 일인 '공을 정확하게 던지는 일'이 무엇인지에 대해서 처음으로 깊게 생각한다. 그리고 제구력에 공포를 느끼게 된 이유를 알게 되면서 증상을 스스로 치유하게 된다. 공포를 극복하기 위해서는 내면을 분열시킨 일의 본질과 마주하지 않으면 안 되는 것이다. 너무나 당연한 일이지만 많은 사람이 놓치고 있는 사실이다. 수업도 마찬가지다.

수업이 주는 공포의 본질과 마주하기 위해서는 교사가 상호작용하고 있는 대상이 주는 공포와 마주해야 한다. 그 가운데 가장 큰 공포는 역시 학생들과의 관계일 것이다. 파머는 교사의 공포를 이해하려면 학생들 역시 수업 속에서 처참히 떨고 있다는 사실을 기억하라고 조언한다.

지옥에서 온 학생

수업을 할 때 도저히 소통할 수 없는 아이들이 있다. 교사와의 만남을 아예 거부하는 아이들이다. 파머는 어떤 형태로든 간에 교사와 소통하지 않고, 교사에게 아무런 반응을 보이지 않는 학생을 '지옥에서 온 학생'이라고 표현한다. 이 말은 파머의 경험에서 나온 것이다. 그는 우연한 기회에 미국 중부의 작은 도시에 있는 대학에서 몇 시간 동안 시범 강의를 하게 된다. 그는 교수법으로 명성이 자자했기 때문에 그날도 멋지게 강의를 끝낼 수 있을 것이라 기대했다.

하지만 수업이 시작되자마자 자신과 전혀 소통하지 않는 학생을 발견하게 된다. 강의 시작에서부터 거의 누운 자세로 일관하던 학생 때문에 파머는 그 수업을 완전히 망쳤다. 그런데 공항으로 가는 차를 운전해주던 젊은 청년과 대화를 하면서 그 지역의 학생들이 힘든 환경에서 공부하고 있다는 사실을 알게 되었다.

그 지역의 대부분 가정에서는 대학에 진학하여 진득하게 공부하는 것을 사치로 여겼다. 얼른 취직해서 가족의 생계를 책임지라고 강요받는 것이 그 지역 학생들의 일반적 삶이었다. 물론 '반쯤 누워 있던 학생'이 그러한 가정환경인지는 모르지만, 파머는 그 일을 계기로 수업에 참여하지 않는 아이들을 새롭게 보게 되었고, 이후부터 그러한 아이들을 '지옥에서 온 학생'이라고 부르기 시작한 것이다.

파머가 '지옥'이라는 단어를 사용한 것은 학생들의 무례함을 지적하기 위한 것이 아니다. 이 '지옥'은 학생들이 교실이라는 공간으로 오기 전까지 머물렀던 공간을 의미한다. 지옥에 가까운 일상을 보내던 아이들에게, 완전한 집중이 필요한 '배움'은 공포에 가깝다는 것이다. 결국 파머는 수업 시간에 느끼는 공포가 교사만의 것이 아니라는 사실을 말하고 있다.

> '지옥에서 온 학생'은 처음부터 뚱한 학생으로 태어난 것이 아니라 자신을 통제할 수 없는 상황 때문에 그렇게 된 것이다. 많은 학생들을 대변하는 곤경을 겪고 있는 이 학생은 나로 하여금 학생들의 상황을 깊이 성찰할 수 있게 했다.
>
> 같은 책, 104쪽

교사와 상호작용하는 것을 주저하는 학생들은 나름의 이유로 학교 밖에서 지옥의 삶을 버티고 있을 가능성이 크다는 것이다. 우리나라 교실에 그토록 많은 '엎드려 자는 학생들'도 학교를 마치면 '사교육'이라는 지옥으로 돌아가야 한다. 아이들은 지옥에서 버티다가 겨우 학교로 돌아오지만, 학교의 사정도 학원과 크게 다르지 않다. 학생들은 자신들이 진정으로 배우고 싶은 것을 배우지 못한다. 배우기 싫은 것을, 배우기 싫은 장소에서, 억지로 배우고 있는 것이다.

입시 위주의 교육정책은 사교육과 공교육의 경계를 허물었다. 사교육은 애초에 학생들의 '진솔한 생각'에 관심이 없었다. 성적을 올리는 것이 중요한 공간에서 '나의 생각'은 필요 없는 것이기 때문이다. 타인이 만들어놓은 생각을 암기하는 것에 익숙해진 아이들에게 진정한 배움에 대한 열망은 점점 사라져가고 있다.

　공교육도 사정은 마찬가지다. 단편적 입시정책은 학교마저 학원으로 만들어버렸다. 아이들은 학교와 학원에서 많은 시간을 보내지만, 그 공간에서 자신의 삶과 진심을 말하지 못한다. 삶과 진심이 사라진 공간에서, 학생들은 진정한 배움과 마주하는 것에 대해서 무의식적인 공포를 느끼는 것이다.

　정답을 가능하면 빠른 시간에 인출하도록 강요받아 온 학생들에게, 자신의 생각을 비판적으로 반추하는 '진짜 공부'는 새로운 공포일 수 있다. 따라서 수업이 교사에게 주는 공포의 본질은 '진짜 공부를 망설이는 학생들에게 교사가 얼마나 다가가야 하는가?'일 것이다.

　그렇다면 이러한 공포를 극복하기 위해서 어떻게 해야 할까? 수업이 교사의 정체성이 되기 위해서는 어떻게 해야 할까? 파머는 교실에 존재하는 '역설'을 분리하지 말라고 조언한다.

수업은 역설과 함께 추는 춤

멈춤과 나섬에 대하여

수업은 학생에 대한 멈춤과 나섬의 연속이다. 수업을 하다 보면 학생들이 스스로 깨우쳐야 할 순간이 있다. 이러한 깨우침이 일어나기 위해서는 교사의 가르침과 기다림이 동시에 필요하다. 교사는 학생들이 어떤 개념이나 원리를 깨우치는 데 필요한 단서를 충분히 가르쳐야 한다. 그 이후에 기다려야 한다. 학생들이 스스로 깨우치도록 기다리는 '멈춤'의 시간도, 그것이 일어나도록 도와주는 '나섬'의 시간도 필요한 것이다.

그런데 학생들이 어떤 것을 깨우치는 순간을 예측하기가 쉽지 않다. 게다가 그 순간은 학생마다 모두 다르다. 그러니 교사가 언제 멈추어야 할지, 언제 나서야 할지를 판단하는 것은 상당히 어렵다. 멈추면 깨우침이 늦어질 것 같고, 나서면 깨우침이 사라질 것 같은 순간. 교사는 이런 역설의 순간을 견뎌야 한다.

교실에서 수업할 때 이런 순간이 잦다. 그래서 파머는 수업을 '역설의 공존'이라고 표현한다. 역설이라는 말을 '상충하는 가치'라고 생각하면 이해가 빠를 것 같다. 수업은 한 시간도 안 되는 짧은 시간에 이루어지지만, 그 속에는 교사의 수많은 판단이 숨겨져 있다. 대부분의 판단이 그렇듯 교실에서 이루어지는 판단도 완벽할 수 없다. 하나의 가치를 선택하면 다른 가치는 버려지게 된다. 진도를 나갈지 중요한 개념을 반복해서 다룰지, 보편적인 개념에 집중할지 실제적인 사례에 집중할지, 개별 학습자에게 집중할지 보편적 수준에 맞추어서 수업을 진행할지, 텍스트 내용만을 전달할지 교사의 소신을 말할지…… 순간순간 이러한 가치 갈등은 끝이 없다.

그래도 교사가 수업을 이어나가기 위해서는 매 순간 선택을 해야 한다. 이러한 선택은 교사라는 일을 그만둘 때까지 지속되며, 자신의 의지로 그칠 수도 없다. 마치 그리스 신화에 등장하는 '시지프의 돌'과 같다. 다른 곳으로 옮겨놓았다고 생각하는 순간 다시 그 자리로 되돌아와 있는 무거운 돌처럼, 언제나 교사를 짓누르고 있기 때문이다.

그런데 시지프와 교사에게는 결정적 차이가 있다. 시지프에게는 선택의 여지가 없지만, 교사에게는 '도피'라는 선택지가 남아 있다. 특히 학생들과 소통하지 못한 수업(나 혼자 떠든 수업)을 하고 난 다음이면, 교사들은 수업에서 도피하고 싶어진다. 이러한 도피를 결심하면 교사는 학생에게 다가가는 '나섬'을 멈추게 된다. 파머는 이러한 현상을 다음과 같이 표현한다.

학생들에게서 위협을 받는 선생들은 정체(멈춤)를 선택하게 된다. 그들은 자신의 경력, 교단, 지위, 연구 실적 뒤로 자신의 몸을 숨긴다.

《가르칠 수 있는 용기》, 109쪽

멈춤을 선택한 교사들은 더 이상 학생들에게 다가서는 노력을 기울일 필요가 없다. 권위적인 전달자에 머무르면 된다. 교실에 존재하는 멈춤과 나섬 사이에서 고민할 필요 없이, 자신이 준비한 내용을 일방적으로 전달하면 그만이다. 그때부터 교실은 중력이 사라진 밋밋한 공간이 되고, 교사와 학생은 상호작용할 수 없는 멈춤의 상태를 유지하게 된다.

3월에 웃지 않는 교사

교사들이 처음부터 멈춤을 선택하는 것은 아니다. 멈춤보다는 오히려 나섬을 선택하는 경우가 많다. 교직 생활을 시작하는 단계에서는 아이들과 격 없이 어울리고 아이들을 자신과 동등한 인격체로 존중한다. 그런데 시간이 지나면서, 업무에 치이면서, 사람들에게 상처를 받으면서, 교사는 아이들을 향하는 발걸음을 멈추게 된다.

수업의 공포를 견디려면 에너지가 필요하지만, 다른 곳에 불필요한 에너지를 쏟다 보니 교실에서 쓸 에너지가 남아 있지 않게 된다. 바닥난 에너지를 채우려면 시간이 필요하지만, 교사에게는 이러한 시간마저 허락되지 않는다. 그러니 그냥 '멈춤'을 선택하는 것이다. 그 순간 항상 밝게 웃던 교사는 권위적인 사람으로 바뀌게 된다.

교사에게 이러한 변신이 얼마나 보편적인지 말해주는 유명한 경구가 있다. 신규 교사가 발령받을 때부터 가장 많이 듣는 그 유명한 말. "3월에는 절대로 웃지 마라."이다. 학기 초에 아이들을 제압하지 못하면 일년 내내 고생한다는 말이다. 아이들과의 인격적 상호작용보다 교사의 권위를 먼저 보여주라는 말이다. 하지만 3월에 웃지 않는 교사는 9월에도 웃지 못한다. 결국 문제는 공포와 마주할 용기다.

파머의 입장에서 보면, 웃음을 잃어버린 교사는 '멈춘 교사'이다. 자신의 정체성과 학생들의 정체성을 연결하려는 고단한 작업을 멈춘 사람이라고 볼 수 있다. 파머는, 교사가 역설이 주는 공포를 극복하려면 여러 가치 가운데 하나를 억지로 선택하는 것을 멈추라고 말한다. 다양한 가치들이 공존하도록 수업을 조직하라는 말이다. 그 시작은 역설을 분리하지 않는 것이다.

우리는 너무나도 반사적으로 역설을 분리하기 때문에, 그런 습관 때문에 치러야 하는 대가를 이해하지 못한다. 역설의 양극은 배터리의 양극과 같다. 플러스와 마이너스가 서로 합쳐질 때 생명의 에너지가 생겨난다. 만약 이 양극을 서로 떼어놓으면 전류는 흐르지 않게 된다.

같은 책, 137쪽

파머에게 역설은 '에너지를 창조하는 긴장'과 같은 말이다. 수업 시간에 존재하는 다양한 역설 상황은 교육 활동을 활기차게 만들고, 교사와 학생의 적극적인 상호작용을 이끌어준다는 것이다. 그래서 교실에서 존재하는 역설적 가치들 중에서 '이것 아니면 저것'이라는 이분법적 선택을 하지 말고, 되도록 그것들이 공존하도록 수업을 설계하는 것이 중요하다는 말이다.

파머가 놓친 교사의 딜레마

파머는 교실에서 역설의 공존을 조직하는 6가지 원리를 제시한다.

- 공간은 제한적이면서 개방적이어야 한다.
- 공간은 다정하면서도 긴장되어야 한다.
- 공간은 개인과 집단의 목소리를 동시에 수용해야 한다.
- 공간은 학생의 '작은' 얘기와 강제와 전통이라는 '큰' 얘기를 동시에 존중해야 한다.
- 공간은 고독을 지지하면서 동시에 일체감을 부여해야 한다.
- 공간은 침묵과 언어를 동시에 환영해야 한다.

같은 책, 151-152쪽

'제한'과 '개방'은 학습 내용에 대한 역설을 말한다. 학습 목표를 달성하기 위해서는 그에 적합한 내용을 제한적으로 선택해서 수업을 진행하되, 처음에 제시했던 내용에 얽매이지 말라는 것이다. '다정'과 '긴장'은 수업의 분위기를 말한다. 편안한 수업 분위기를 유지하되, 긴장하면서 사고할 수 있는 여건을 마련하라는 것이다.

'개인'과 '집단'의 목소리는 학생들의 의견을 수렴하는 허용을 말한다. 공동의 목소리를 수렴하되, 개인의 의견도 무시해서는 안 된다는 것이다. '작은 얘기'와 '큰 얘기'는 학생들의 경험과 추상적 개념이 동시에 다루어져야 한다는 말이고, '고독'과 '일체감'은 학생들이 스스로 생각할 수 있는 시간과 타인과 생각을 교류하는 시간이 조화되어야 한다는 말이다. '침묵'과 '언어'는 이야기가 오가는 시간과 그것이 없는 시간을 의미하는 것으로서, 수업 시간에 침묵도 언어만큼 중요하다는 것을 말하고 있는 것이다.

파머의 이러한 처방은 근원적이며 본질적이다. 수업이 주는 역설을 그대로 받아들이고, 그것이 공존하도록 만들어주는 것이 '가르침'의 본질임을 알려주고 있다.

하지만 파머의 처방에는 몇 가지 아쉬운 점이 있다. 먼저 그의 처방은 너무 거시적이다. 대립하는 가치들이 공존하는 수업을 조직하기 위한 6가지 원리도 추상적이라서 손에 잡히지 않는다. 그의 처방은 대학과 같은 고등교육의 수업 설계에는 도움이 될 수 있지만, (파머는 오랜 시간 대학에서 근무하면서 교수들의 강의 설계를 위한 컨설팅을 주로 했다.) 초·중등학교의 교사들이 겪고 있는 고통을 해결하기에는 적절하지 않은 측면이 있다.

그리고 파머의 처방이 가지고 있는 가장 큰 문제점은, 교사가 겪는 가치 갈등을 '수업 시간에 일어나는 상황'에만 한정하여 설명하고 있다는 것이다. 다시 말해, 그가 말하는 수업은 아이들의 삶과 연장선상에 있는 행위가 아니라 삶에서 완전히 분리된 시공간에서 이루어지는 행위에 가깝다. 이는 칸트가 순수이성의 영역을 설명하기 위해서 이성을 처음부터 우리의 삶에서 분리해 놓고 시작하는 것과 비슷하다고나 할까. 어쨌든 뭔가 조금 부족하다는 생각이 든다. 아이들은 교실 밖의 세상과 연결되어 있으며, 교사가 수업 시간에 느끼는 공포와 갈등도 교실 밖의 상황과 분리해서 생각할 수 없기 때문이다.

극복할 수 있는 것과 극복할 수 없는 것

이런 고민에 빠져 있던 나를 건져준 책이 서근원의 《수업에서의 소외와 실존》이다. 서근원은 교사가 수업 시간에 겪는 가치 갈등을 '딜레마'로 설명한다. 파머가 말한 역설과 비슷해 보이지만, 수업을 보는 관점은 훨씬 포괄적이다. 그는 교사가 수업 시간에 겪는 딜레마들이 교실 밖에서부터 출발한다고 주장한다. 학자가 되기 전에 오랜 시간을 교사로 근무한 경험이 있어서인지, 그의 글은 현장에서 고통받는 교사에게 구체적이면서도 묵직한 위로를 건넨다.

서근원은 우선 교사의 딜레마를 기능적·구조적·인식론적·존재론적 딜레마로 나누어서 설명한다. 기능적 딜레마는 '업무를 중시할지, 아니면 수업을 중시할지?'에 대한 딜레마다. 실제로 교사들은 수업보다 업무에 대한 부담을 더 크게 느낄 때가 많다. 이 선택에 따라 교사의 정체성은 완전히 달라진다.

구조적 딜레마는 '진도를 우선할지, 아니면 학생들의 실제 이해도를 우선할지?'에 대한 딜레마다. 이는 '교과서로 수업할지, 아니면 내가 준비한 내용으로 수업할지?'와 같은 맥락으로 이해해도 좋다. 인식론적 딜레마는 '교과서에 나오는 객관적 지식을 그대로 가르칠지, 아니면 교사의 해석을 포함하여 가르칠지?'에 대한 딜레마다. 마지막으로 존재론적 딜레마는 교과 지식과 그 해석에 대한 무속함에서 오는 공포와 관련된다. 즉 '좌절하여 가르침을 망설일지, 아니면 도전하며 가르침을 긍정할지?'에 대한 딜레마다.

그는 이러한 딜레마들 가운데 교사가 극복할 수 있는 것과 극복할 수 없는 것을 명확하게 구분한다. 기능적·구조적 딜레마는 교사의 선택으로 극복할 수 있지만, 인식론적·존재론적 딜레마는 극복할 수 없다는 것이다. 한마디로 교사에게 객관과 주관 사이의 선택, 멈춤과 나섬 사이의 선택은 평생 안고 가야 하는 과제인 것이다. 이러한 해석은 파머의 '역설'에 대한 인식과 비슷하지만, 그 선택이 교실 밖의 상황과도 연결된다는 점에서 차이가 있다. 서근원은 교사가 이런 딜레마를 인정하는 것이 중요하다고 말한다.

수업은 표면상으로는 교사가 학생에게 지식을 전달하는 일이지만, 그 이면에는 교사가 자신의 한계를 자각하고 새로운 가능성을 지속적으로 열어가는 과정이다. 그것은 교사의 존재 양식이며, 실존이다.

《수업에서의 소외와 실존》, 122쪽

서근원 역시 교사는 수업을 통해서 실존하는 사람이라고 말한다. 그가 말한 '새로운 가능성을 지속적으로 열어가는' 일이란, 자신의 한계를 긍정하되 가르침에 대한 소신을 포기하지 않는 태도를 말하는 것이리라. 이러니 가르치는 일이란 결코 쉬운 일이 아니다. 박수와 갈채가 쏟아지는 일이 아니라, 눈물과 땀 냄새가 진동하는 극복의 과정이다. 교사의 정체성을 확립한다는 것은 가르침이 주는 공포를 긍정하는 일인 동시에 자신의 한계를 알아가는 일이다.

그런데 파머와 서근원의 말이 불편하게 들리는 사람도 있을 것이다. 둘 다 교사에게 '고통을 직시하고 수업이 주는 긴장감을 유지해야 합니다.'라고 말하기 때문이다. 이렇게 불편한 긴장감이 교사에게 필요할까? 나아가 그 긴장은 교사만 느끼는 것이 아니라 학생들도 함께 느낄 것인데, 꼭 그런 긴장감이 있어야 할까?

여기에 답하기 위해서는 다시 파머의 글로 돌아가야 한다. 파머는 긴장이 회피의 대상도 아니고 극복의 대상은 더더욱 아니라고 말한다. 긴장은 침묵의 시간을 견디게 만들어주기 때문에 포용의 대상이다.

이런 포용이 없다면, 견딤의 고통 때문에 우리는 빨리 갈등을 해결하는 방안을 찾게 될 것이다. 그런 고통을 견딜 이유가 없다고 생각하기 때문이다. 그러면 우리는 교실의 침묵을 견디지 못하고 자기가 질문을 던지고 자기가 대답하게 될 것이다.

《가르칠 수 있는 용기》, 168쪽

교사는 수업 시간에 시끄러움보다 침묵을 더 견디기 어려워한다. 침묵의 시간은 배움이 일어나지 않는 시간인 것처럼 느껴지고, 가르침이 소거된 시간처럼 느껴진다. 하지만 침묵이라는 '긴장의 시간'을 통해서 중요한 생각들이 응결될 수 있다.

교실에서 일어나는 여러 가지 역설과 딜레마는 교사와 학생 모두에게 긴장을 준다는 측면에서 중요한 요소다. 파머는 교사가 역설이 주는 고통을 견뎌서 더 높은 수준으로 올라가야 학생들에게 깊이 있는 가르침을 줄 수 있다고 말한다. 학생들이 양극의 긴장을 통해서 개방된 탐구의 문을 열고 들어가 풍성한 배움의 영역에서 살아갈 수 있다고 말한다.

다만 긴장과 고통이 풍성한 성장으로 전환되기 위해서는 이것이 '위로'가 될 수 있어야 한다. 이러한 사실을 잘 설명한 책이 니체의 《비극의 탄생》이다.

'수업 실패 페스티벌'이 필요한 이유

니체는 찬란한 문명과 막강한 군사력을 자랑하던 그리스 시민들이, 왜 디오니소스 축제 동안 펼쳐지는 '비극 공연'에 그토록 열광했는지에 대해서 탐구했다. 소포클레스로 대표되는 그리스 비극작가들의 작품은 디오니소스 공연장에 모인 그리스인들을 매료시켰다. 찬란한 시절을 구가하던 그리스인들이 '슬픈 이야기'에 그토록 몰입한 이유는 무엇일까? 니체는 수많은 문헌 분석을 통해서 그 비극이 위로를 준다는 사실을 발견한다. 타인이 겪은 '객관적인 비극'은 하나의 가상 경험이 되어 나의 '주관적 비극'을 극복할 수 있는 힘이 된다는 것이다.

> 진정으로 존재하는 자, 근원적인 일자(하나의 사람)는 영원히 고통받는 자와 모순에 가득 찬 자로서 자신의 지속적인 구원을 위하여 동시에 매혹적인 환영과 즐거운 가상을 필요로 한다.
>
> 《비극의 탄생》, 45쪽

우리는 타인의 행복보다는 나와 비슷한 고통을 겪는 타인의 비극에 더 큰 위로를 받는다. 이것은 옹졸한 마음이 아니라 인간의 본성이다. '나만 그런 것이 아니구나!'라는 생각은 절망에 빠져 있는 사람을 구원하는 강력한 힘이다. 니체는 우리가 삶이라는 비극에서 구원받기 위해서는 타인의 고통을 가상으로 체험할 수 있는 비극이 필요하다고 주장한다. 비극적 주인공이 등장하는 영화나 드라마에 열광하는 것도 같은 맥락이다.

소포클레스의 《오이디푸스왕》은 대표적인 비극 가운데 하나다. 자신이 살인자라는 것을 직감하고 있음에도 불구하고 끝까지 살인범의 수사를 몰아붙이는 오이디푸스 이야기는, 공연을 보는 그리스 시민들의 마음속에 '그래, 나에게도 저런 무모함과 우직함이 있지.'라는 공감과 위로를 선사했다. 그리스 시민들은 비극 앞에서도 인간의 존엄성을 포기하지 않는 오이디푸스왕의 모습에서 자신이 겪고 있는 고통을 극복할 힘을 얻었던 것이다. 《오이디푸스왕》을 번역한 천병희는 "파멸할 줄 알면서도 자신의 의지를 굽히지 않았고, 또 그렇게 함으로써 진정한 의미의 비극의 주인공이 될 수 있었다."라고 했다. 비극을 외면하지 않아야 삶의 중심에 설 수 있다는 것이다.

그렇다면 교사가 겪는 공포와 비극이 위로가 되려면 어떻게 해야 할까? 이미 답은 나와 있다. 교사의 고통을 과감히 드러내고 서로 공유해야 한다. 예를 들면, '수업 우수 사례'보다 '수업 실패 페스티벌'이 필요하다는 말이다. 연구대회도 그렇고 공모전도 그렇고 '성공한 사례'만을 대상으로 한다. 그런 우수 사례들은 다른 교사들에게 공감과 위로를 주기 어렵다.

교사들의 좋은 수업을 칭찬하는 공간은 많지만, 교사의 수업 실패담을 드러내고 이에 대해 공감과 위로를 전하는 공간은 거의 없다. 성공한 수업만큼, 아니 성공한 수업보다 실패한 수업을 솔직하게 내어놓고 서로 위로하고 응원하는 페스티벌이 있다면 교사들은 거기에서 위로를 받을 수 있을 것이다.

진리의 커뮤니티

교사의 정체성을 형성하기 위해서는 수업이 주는 긴장과 고통을 견뎌야 한다고 했다. 이제는 개인을 넘어서 교육을 실천하는 커뮤니티가 어떤 정체성을 가져야 하는지에 대해서 탐구해 보자.

파머는 교육이 '진리를 탐구하는 커뮤니티'라고 가정할 때 교육이라는 커뮤니티가 어떤 정체성을 띠어야 하는지를 정립하는 것이 중요하다고 말한다. 그는 교육 커뮤니티의 정체성을 정립하기 위해서 다른 커뮤니티의 유형부터 살펴본다. 친분과 사랑을 중심으로 모이는 지인과 가족 형태의 '치료 커뮤니티', 공공성을 실현하기 위한 사회적 단체로서의 '민간 커뮤니티', 제품의 생산과 판매를 중심으로 한 '마케팅 커뮤니티'가 그것이다.

파머는 치료 커뮤니티는 친밀하지 않은 사람을 배척하기 때문에 진리 탐구에 적합하지 않고, 민간 커뮤니티는 '최대다수의 최대행복'이라는 원리 적용을 통해서 공공의 문제를 해결하기에는 적합하지만 진리의 탐구에 그대로 적용하기에는 부족하다고 말한다. 마케팅 커뮤니티 역시 고객(학생이나 탐구 대상)이 늘 옳다는 입장을 취하기 때문에 교육적 대의를 그르칠 수 있다고 덧붙인다.

파머는 이 세 가지 커뮤니티는 교육의 커뮤니티가 될 수 없다고 말하고, 교육을 위한 새로운 커뮤니티로서 '진리의 커뮤니티'를 제안한다.

진리의 커뮤니티의 핵심은 심리적인 친밀성도 사회적인 정체성도 실용적인 책임성도 아니다. …… 리얼리티의 본질과 우리가 리얼리티를 이해하는 방식에 대한 전제 조건을 세우는 것이다. 사실 이것이야말로 모든 교육의 기반이 된다. 진리의 커뮤니티의 핵심은 이것이다. "리얼리티는 관계의 연결망이며, 우리는 그 속에서 일체감을 획득할 때 리얼리티를 인식하게 된다."

《가르칠 수 있는 용기》, 184쪽

이것을 한마디로 요약하면, '교육의 본질은 관계의 연결이다.'라고 할 수 있다. 파머는 이러한 진리의 커뮤니티가 과거의 객관론적 커뮤니티(상명하달 커뮤니티)와 본질적으로 다르다고 말한다. 상명하달 커뮤니티의 중심에는 전문가가 있다. 여기서의 탐구는 대상(진리)을 전문가(교사)가 인식하고 해석해서 아마추어(학생)에게 전달하는 단선적 방식으로 이루어진다. 일방통행과 같다.

아마추어는 전문가를 통해서만 대상을 인식할 수 있다. 이것을 교육에 적용하면, 철저히 교사 중심으로 이루어지는 '가르침 중심 수업이'라고 볼 수 있다. 상명하달 커뮤니티는 쓸데없는 주관이 끼어드는 것을 애초에 차단하기 때문에, 학습자들은 난해함과 지루함을 억지로 견뎌야 한다.

그러나 진리의 커뮤니티에서는 모든 인식자(학생)가 주제(진리)와 직접 대면한다. 그리고 가장 중요한 것은 인식자와 인식자가 상호 연결되어 있다는 것이다. 상명하달 커뮤니티에 한 방향의 전달만 존재했다면, 진리의 커뮤니티는 양방향의 소통이 거미줄처럼 엮이게 된다.

그런데 이런 복잡한 상호작용을 견디기 위해서는 궁극적으로 지향해야 할 중심이 있어야 한다. 한마디로 '공동의 관심사'가 필요하다. 그것이 없다면 진리의 커뮤니티는 농담의 커뮤니티, 잡담의 커뮤니티로 전락하게 된다. 파머는 이러한 중심축에 '주제'가 자리 잡아야 한다고 말한다. 주제는 수많은 인식자(학생)들의 상호작용을 하나로 묶어주는 본드와 같은 역할을 한다는 것이다.

그런데 파머가 말한 '진리의 커뮤니티'에는 조금 아쉬운 점이 있다.

그가 제시한 진리의 커뮤니티에 '주제', '인식자(학생)', '상호작용'이라는 요소는 있지만 '전문가(교사)'는 없기 때문이다. 그가 전문가를 배제한 이유는 인식자가 전문가를 거치지 않고 주제 및 다른 인식자와 직접 상호작용하는 것을 추구했기 때문이다.

이는 대학과 같은 고등교육에서는 가능하지만, 초등학교와 중등학교에서는 적용하기 어렵다. 더구나 그의 주장은 앞에서 언급한 '배움 중심 수업'이 가지고 있는 한계점을 그대로 가지고 있다. 다시 말해, 교사의 가르침이 소거된 상태에서 학생 중심의 배움이 가능하다는 무한긍정에 사로잡혀 있는 것이다. 내가 교육 현장에서 배운 진리 가운데 하나는, 한쪽으로 치우친 무한긍정은 아무것도 해결해 줄 수 없다는 것이다.

그래서 파머가 말한 진리의 커뮤니티에는 교사가 포함되어야 한다. 교사와 학생, 가르침과 배움이라는 상호보완적 가치를 이분법으로 갈라놓고 그중에 어느 하나에 무게를 두는 것은 또 다른 소외를 불러오기 때문이다.

배움을 넘어 상황으로

듀이의 저서 가운데 《민주주의와 교육》이 있다. 이 책은 그의 중기 저작으로 1916년에 출판되었다. 이미 100년을 훌쩍 넘긴 글이지만, 그 안에는 교육정책이 만들어놓은 이분법적 가치 갈등으로 고통받는 교사를 구원하는 처방들이 담겨 있다. 하지만 이 책을 읽어나가려면 무한한 지구력이 요구된다. 그래서 그의 교육철학을 보다 쉽고 간단하게 읽어보고 싶은 독자라면 〈나의 교육 신조〉를 읽어보길 추천한다. 이 글은 그의 전기 저작이지만 《민주주의와 교육》의 부록으로 실려 있다.

듀이는 지식 아니면 경험, 교사 중심 아니면 학생 중심, 가르침 아니면 배움과 같은 '이것 아니면 저것'과 같은 이분법적 선택을 가장 경계한다. 가르침과 배움이 상황 속에서 균형을 이루어야 하고, 교사와 학생은 지속적으로 상호작용해야 하며, 교사는 학생들의 지속적 성장을 도와주어야 한다고 말한다. 하나의 가치로는 진정한 교육이 일어나기 어렵다는 것이다. 그래서 그는 교사의 적절한 훈육을 강조한다.

> 교사의 일은 단순히, 그가 가지고 있는 보다 풍부한 경험과 보다 성숙된 지혜로, 생활의 훈육이 아동에게 어떤 방식으로 이루어져야 하는가를 결정하는 데 있다.
>
> 〈나의 교육 신조〉, 《민주주의와 교육》, 516쪽

그렇다면 교사의 역할은 훈육에 그칠까? 그는 교사에게 조금 더 적극적인 역할을 주문한다.

> 교사는 아동이 경험에서 접하게 되는 여러 가지 교과 내용에 관하여 명확하고 선명한 심상을 계속적으로 형성·확대해 나가도록 보살펴 주어야 한다.
>
> 같은 책, 521쪽

듀이가 말한 여러 가지 교과 내용은 크게 두 가지로 나뉜다. 하나는 '과학'이고, 다른 하나는 '예술'이다. 과학이 이성적 영역이라면 예술은 감성적 영역이다. 과학은 삶에서 부딪히는 다양한 문제를 체계적으로 분석하여 합리적으로 해결하기 위한 언어다. 예술은 삶과 동떨어진 전문가들의 영역이 아니라 세상을 역동적으로 인식하여 삶의 리듬을 생성하는 언어를 말한다.

따라서 듀이에게 과학과 예술은 고도의 지식을 가진 전문가들이나 순수예술을 추구하는 예술가들만의 영역이 아니라 모든 사람에게 꼭 필요한 삶의 양식이다. 따라서 교사의 역할은 학생들이 그들을 둘러싼 환경과 끊임없이 상호작용하면서 성장할 기회를 주는 것이다. 그래서 자신의 삶을 경탄할 수 있는 어른으로 자랄 수 있도록 도와주는 것이다. 그러한 상호작용에서 교사가 빠질 수는 없다. 어쨌든 교육은 교사를 통해서 이루어지기 때문이다.

이런 의미에서 교육은 과학과 예술이, 인간 경험으로 생각할 수 있는 가장 완전하고 긴밀한 관계로, 결합된 형태를 말한다.

같은 책, 524쪽

결국 교사의 가장 중요한 역할은 학생들이 교과, 타인, 환경과 끊임없이 상호작용하도록 만들어주는 것이며, 교사 역시 그러한 상호작용의 거미줄 속에서 주체이자 객체로 존재해야 한다.

진리의 커뮤니티, 조금 더 구체적으로 말하면 '수업의 커뮤니티'의 중심에는 교사, 학생과 같은 주체가 자리해서도 안 되고, 가르침과 배움이라는 행위가 자리해서도 안 된다. 주체와 행위를 구성하는 요소 중에서 어느 하나가 중심을 차지하면 다른 요소들은 필연적으로 소외될 수밖에 없기 때문이다. 그렇다고 주제가 중심에 자리 잡으면 주체와 행위가 소외된다. 이러한 소외 현상을 극복할 수 있는 길은 하나밖에 없다. 상호작용하는 상황 그 자체가 중심에 자리하면 된다.

상황이 중심이 된다면 상황을 구성하는 교사, 학생, 주제 모두가 주인공이자 소중한 가치로서 실존할 수 있다. 상호작용하는 상황이 중심이 될 때 교사의 정체성은 보다 명확해진다. 교사는 학생들이 자신의 삶을 열정적으로 살아갈 수 있는 상호작용 환경을 제공하고, 그 속에서 함께 상호작용하는 사람이면 충분하기 때문이다.

교사의 철학은 수행문이 되어야

듀이는 교사가 이러한 훌륭한 일을 수행한다는 점에 있어서 무한한 존엄성을 깨달아야 한다고 말한다. 그래서 듀이의 〈나의 교육 신조〉는 다음과 같은 구절로 끝난다.

> 이리하여 교사는 언제나 신의 참 예언자요, 진정한 신의 왕국으로의 안내자이다.

같은 책, 525쪽

'신의 참 예언자'라는 말에서 큰 위로를 받았다. 듀이가 말한 신은 종교적 신이 아니다. 그는《공동신앙》에서 도그마적인 교리에 매몰된 특정 종교에 의지하는 것을 경계한다. 진정한 종교적 삶은 특정 신을 숭배하는 좁은 시각에서 벗어나서, 타인과 사회의 고통에 반응하는 삶이라고 말한다. 듀이가 꿈꾼 사회는 모든 시민이 지성을 바탕으로 행복하게 살아가는 민주주의 사회였다. 교사는 민주시민을 기르는 일을 한다는 측면에서 볼 때 진정한 종교적 삶을 실천하고 있으며, 그러하기에 교사는 진정한 신의 예언자가 되기에 충분하다.

예언자가 자신의 미래를 예측하듯이, 교사도 자신의 고통을 짐작할 수 있다. 그래도 교사는 이러한 삶을 멈추어서는 안 된다. 그것과 마주하는 과정에서 자신의 철학을 형성하고, 그것을 교실에서 실현해야 한다. 그러니 교사의 철학은 로맨틱한 언어가 아닌 정체성을 실현하는 수행문이 되어야 한다. 어떤 공포와 고통이 기다리고 있을지 알지만, 교사는 그것을 피하지 않고 일단 시작하는 사람이 되어야 한다는 것이다. 테드 창의 단편 〈네 인생의 이야기〉는 그러한 용기를 실천하려는 교사들에게 큰 위로가 될 것이다.

테드 창의 단편 모음집《당신 인생의 이야기》에 실려 있는 〈네 인생의 이야기〉는 삶을 구성하는 언어를 완전히 새로운 관점에서 다시 그려낸다. 이 작품은 언어가 공허한 약속이 아니라 생각을 현실화하는 단초가 될 수 있음을 알려준다. 소설의 주인공인 루이스는 언어학자이다. 그녀는 지구에 갑자기 출현한 외계인 '헵타포드'의 언어를 해독하는 과정에서 그들의 언어가 과거, 현재, 미래를 통합해서 표현하고 있다는 사실을 알아낸다. 그들은 말을 시작할 때 이미 자신들의 대화가 어떻게 마무리될지 알고 있으며, 그들에게 어떤 일이 일어날지도 안다. 그런데 왜 대화를 시작하는 것일까? 그들에게 언어는 행동의 현실화를 위한 수행문이었던 것이다.

> 헵타포드의 경우 모든 언어는 수행문이었다. 정보 전달을 위해 언어를 이용하는 대신, 그들은 현실화를 위해 언어를 이용했다. 그렇다. 어떤 대화가 됐든 헵타포드들은 대화에서 무슨 말이 나올지 미리 알고 있었다. 그러나 그 지식이 진실이 되기 위해서는 실제로 대화가 행해져야 했던 것이다.
>
> 《당신 인생의 이야기》, 219쪽

헵타포드의 언어를 익힌 루이스는 자신의 미래에 어떤 비극이 생길지 모두 알게 된다. 하지만 그녀는 그 삶을 그대로 선택한다. 소설의 마지막은 그녀의 숭고한 선택으로 마무리된다. 그녀의 담담한 독백은 허황된 약속들 사이에서 방황하는 교사들에게 묵직한 위로를 건넨다.

상실과 골방

'잃음'이라는 고통에 대하여

이제 수업이라는 범주를 넘어서 교사의 삶 전체, 나아가서는 우리의 삶 전체에 걸쳐서 자존감을 무너트리는 것들에 대해서 이야기해 보고자 한다. 지금부터 함께 읽어나갈 책은 올리버 색스의 《아내를 모자로 착각한 남자》이다.

이 책은 '상실', '과잉', '이행', '단순함의 세계'라는 네 개의 주제로 구성되어 있다. '상실'은 기억과 감각을 잃어버린 환자들에 대한 이야기고, '과잉'은 감각이 통제할 수 없을 만큼 넘쳐나서 고통받는 사람들의 이야기다. '이행'은 과거의 장면과 기억으로 갑자기 회귀하는 증상 때문에 고통받는 사람들의 이야기고, '단순함의 세계'는 자폐증을 가진 환자들에 대한 이야기다.

이 네 가지 주제 가운데 '상실'과 '과잉'에 대한 내용을 중심으로 이야기를 풀어나갈 것이다. 이 책에 나오는 환자들의 고통에서 우리가 겪는 삶의 고통을 발견하고, 그들이 그것을 극복하는 모습을 통해 '상실'과 '과잉'에 대처하는 실마리를 찾을 수 있을 것이다.

책의 1부 '상실'에는 총 9명의 환자가 등장한다. 가장 먼저 나오는 이야기인 〈아내를 모자로 착각한 남자〉는 이 책에 나오는 이야기 가운데 가장 인상적이다. 이야기의 주인공인 P선생은 오랜 시간을 성악가로 활동했던 음악 교사다. 그런데 어느 날부터 학생들이 자기 앞으로 다가와도 얼굴을 알아보지 못하는 일이 반복된다. 그의 증상은 드라마에서 볼 수 있는 '안면 인식 장애'보다 훨씬 심각했다. 사람의 얼굴만 알아보지 못하는 것이 아니라 사물도 구분하지 못했다. 색스는 그의 증상을 파악하기 위해서 다큐멘터리 잡지인 《내셔널지오그래픽》을 펼쳐서 여러 사진을 보여준 다음, 그것을 자신에게 설명해 달라고 말한다. P선생의 반응은 다음과 같다.

그의 반응은 아주 이상했다. 그의 눈은 내 얼굴을 쳐다볼 때처럼 여기저기로 빠르게 옮겨다니며 각각의 세세한 특징을 잡아냈다. 그 중에서도 특히 밝게 빛나는 것이나 색채, 형태에 대해 민감한 반응을 보이며 설명을 했다. 그러나 결코 장면 전체를 파악하지는 못했다. 마치 레이더 화면이라도 확인하는 것처럼 사소한 것은 잘 보았지만 전체적인 것은 안중에도 없었다.

《아내를 모자로 착각한 남자》, 30쪽

신경과 의사인 색스도 P선생 같은 환자는 처음 접했다고 한다. 그는 당황한 기색을 감추고 일단 P선생의 증상을 기록하는 것으로 그날의 진료를 마쳤다. 집으로 가도 좋다는 말을 건네자 P선생은 벗어두었던 모자를 찾기 시작했다. 그런데 그는 또다시 이상한 행동을 하기 시작한다. 손을 뻗어서 아내의 머리를 잡고 자기 머리에 쓰려고 하는 것이다. 아내를 모자로 착각했던 것이다.

상실과 나

P선생 같은 증상을 가진 사람을 주변에서 본 적은 없지만, 그가 겪고 있을 고통에 가슴이 저렸다. 곰곰이 생각해 보니 내가 그의 고통에서 공감한 부분은 '상실의 본질'이었던 것 같다. 상실에는 두 가지 종류가 있다. 내 몸과 기억을 잃어버리는 '나의 상실'과 내 밖에 존재하는 무언가를 잃어버리는 '나 이외의 상실'이다. 하지만 어떤 상실이든 공통점이 있다. 언제나 갑자기 찾아온다는 것이다.

상실의 순간은 예측할 수 없다. 모든 상실은 아리고 씁쓸하다. 아끼던 물건을 잃어버리면 새것이 생겨도 항상 그것이 생각난다. 소중한 사람을 잃는 것도 마찬가지다. 그 사람을 대체할 사람을 찾기란 매우 어렵다. 그 사람이 가족인 경우는 평생 그 허전함을 안고 살아야 한다.

이러한 '나 이외의 상실'만큼 고통스러운 것이 '나의 상실'이다. '나 이외의 상실'은 나만 굳건하면 언젠가는 이겨낼 수 있다. 하지만 나(기억이

나 감각)를 잃어버리면 상실에서 빠져나올 수 있는 주체 자체가 사라지는 것과 같다. 그래서 '나'를 상실한 사람은 몇 겹으로 중첩되는 꿈속을 방황하는 사람처럼 살아야 한다.

소중한 대상을 잃었을 때, 소중한 가치를 잃었을 때, 삶의 방향을 잃었을 때 우리를 다시 일으켜주는 것은 '나'라는 정체성이다. 정체성은 나에게 다음과 같이 묻는다. '내가 지금 뭐 하고 있지?', '내가 지금 왜 여기에 있지?', '이렇게 살아도 괜찮은 건가?' 이러한 질문에 대답할 수 있는 '나'가 사라진다면, 그 상실은 우리를 완전히 주저앉힐 것이다. 이러한 나의 상실은 어떻게 극복해야 할까?

영혼을 치료하는 사람의 시선

여러 검사를 해본 결과, 색스는 P선생이 '내면적 인식 불능증'에 걸렸다고 진단한다. 우리가 사물을 인식하기 위해서는 감각신경을 거쳐 뇌로 전달된 정보가 시각적 이미지로 창조되어야 하는데, P선생은 그러한 영상을 만드는 데 필요한 시각피질에 결함이 생긴 것이다. 하지만 색스는 의사로서 그를 도와줄 방법이 없다는 사실을 알게 된다. 하지만 그는 거기서 멈추지 않는다. 그는 진료실을 벗어나서 P선생의 삶을 직접 관찰하기 시작한다.

그는 어떤 면에서는 지극히 정상이지만, 또 어떤 면에서는 도저히 어떻게 손써볼 도리도 없을 정도로 증세가 심각해 보이기도 했다. 아내를 모자로 착각할 정도인 사람이 어떻게 음악학교에서 학생들을 가르칠 수 있단 말인가? 생각할 시간이 필요했고, 한 번 더 그를 만나봐야 했다. 그것도 그의 평소 모습을 가장 잘 볼 수 있는 곳, 바로 집에서.

같은 책, 30-31쪽

그에게는 충분한 검사 자료들이 있었다. 의사로서 해줄 수 있는 일이 없다는 것을 환자에게 알리고 진료를 그만둘 수도 있었다. 그런데 색스는 진료실을 벗어나 P선생의 집으로 향한다. 환자는 자신의 증상을 병원만이 아닌 자신의 일상 전체에서 겪기 때문이다. 색스는 바로 이러한 부분까지 생각한 것이다. 참으로 멋진 의사이다.

P선생이 집에서 일상생활을 어떻게 하는지를 관찰한 색스는 묘한 장면을 목격한다. 그가 생각보다 멀쩡하게 일상생활을 하고 있었던 것이다. 언제나 노래를 흥얼거리면서 밝게 살아가고 있었다. 사물을 구분하지 못하고, 사람도 알아보지 못하는 사람이 어떻게 평범한 생활을 하는 것일까? 색스는 이 궁금증을 해결하기 위해서 P선생의 아내에게 그가 저렇게 행동할 수 있는 이유를 묻는다. 아내는 다음과 같이 말한다.

그이는 모든 걸 노래를 부르면서 해요. 먹을 때도, 옷을 입을 때도, 목욕할 때도 말이에요. 뭘 하든 노래를 부르면서 해요. 노래를 부르지 않고는 아무것도 할 수 없어요.

같은 책, 40쪽

그녀의 말을 듣고서야 P선생의 행동 방식이 눈에 들어왔다. 그의 아내가 모든 것을 정해진 위치에 놓아두면 P선생은 자기만의 리듬에 맞추어서 그 물건들을 사용할 수 있었던 것이다. 시각적 구분 능력을 잃었지만, 그는 노래와 리듬을 통해서 자신의 삶을 살아갈 수 있었던 것이다. P선생의 삶과 직접 마주한 색스는 마음속으로 처방전을 작성한다. 그리고 앞으로 어떻게 살아가야 하는지 묻는 P선생에게 색스는 다음과 같이 말한다.

"저로서는 어디가 잘못된 건지 말씀드릴 수가 없습니다. 다만 제가 보기에 좋은 점은 말씀드릴 수 있습니다. 선생님은 훌륭한 음악가이고 음악은 선생님의 삶 그 자체입니다. 만약 제가 처방을 내린다면, 음악 속에 파묻혀서 생활하시라고 하고 싶습니다. 이제까지 음악이 선생님 생활의 중심이었다면, 이제부터는 생활의 전부라고 생각하시고 지내시라고 말입니다."

같은 책, 41쪽

삶의 중심이 삶의 전부가 되는 순간이었다. 내가 감동한 부분은 환자의 삶에서 중심을 읽어내는 색스의 시선이었다. 색스는 자기 삶에 대해서 서술해 놓은《모든 것은 그 자리에》에서도, 의사는 환자의 증상에만 집중해서는 안 되고 환자(인간)의 삶을 전체적으로 헤아려야 한다고 강조한다. 색스는 P선생을 관찰하면서 음악이 그의 삶에서 중심이라는 것을 파악한다. 그가 뇌기능의 일부를 상실했지만, 음악을 통해서 그것을 극복해 나가는 것을 자신의 눈으로 확인했던 것이다. 색스는 환자에게 새로운 것을 추가하여 상황을 극복하라고 말하지 않았다. 원래 그 사람이 가지고 있던 강점을 발견하고, 그것이 삶의 새로운 동력이 될 수 있도록 만들어주었다. 한마디로 그는 진정한 영혼의 치료사였다.

교사의 먼지 묻은 옷

상실을 극복하기 위해서는 확고한 '삶의 중심'이 있어야 한다. 그렇다면 그러한 삶의 중심은 어떻게 얻을 수 있을까? 사람들마다 삶의 중심은 다를 것이다. P선생에게는 음악일 것이고, 헤밍웨이에게는 치열한 참여의식이었을 것이며, 무라카미 하루키에게는 글쓰기와 마라톤일 것이다. 하지만 분명한 것은 그것이 '소유적 가치'가 되어서는 안 된다는 것이다. '존재적 가치'만이 우리를 상실로부터 건져줄 수 있다. 좋은 친구와의 만남, 여행, 글쓰기, 운동, 그림 그리기, 명상하기 같은 것들이 좋은 중심일 것이다. 물론 이러한 것이 아니라도 '긍정적 몰입'을 할 수 있는 일이라면 모두가 삶의 중심이 될 수 있다.

그런데 이러한 삶의 중심을 꾸준히 유지하기 위해서는 그것을 수행할 '공간'이 필요하다. 다른 사람의 방해를 받지 않고 나만의 시간을 보낼 수 있는 개인적인 공간이 있어야 한다. 그 공간은 자신의 삶의 중심을 실천하는 곳이자, 그것에 몰입하는 자신의 모습을 지속적으로 확인할 수 있는 곳이어야 한다.

그런데 많은 사람이 삶의 중심이 되는 활동에만 집중하지, 그것이 이루어지는 공간에 대해서는 생각하지 않는다. 우리의 사고와 행위는 그것이 이루어지는 시간과 공간에서 이루어지는 것이다. 만약 시간과 공간 가운데 하나만 택하라고 하면 나는 과감히 공간을 선택할 것이다. 어떤 공간에서 사고를 하는지, 어떤 공간에서 행위를 하는지가 그것의 과정과 결과에 결정적 영향을 주기 때문이다.

가장 좋은 것은 삶의 중심이 되는 활동을 할 수 있는 자신만의 공간을 마련하는 것이다. 그래서 많은 사람이 자신만의 작업 공간, 서재, 연구실, 연습실을 마련한다. 자신만의 공간에서 삶의 중심이 되는 활동을 지속할 수만 있다면, 우리 삶에 예고 없이 찾아오는 수많은 상실도 충분히 극복할 수 있기 때문이다. 이러한 사실은 《군주론》을 쓴 마키아벨리의 삶을 통해서도 분명히 확인할 수 있다.

그는 피렌체에서 외교를 담당하는 장관이었다. 그러던 중에 정권을 잡고 있던 인물이 실각하면서 메디치 가문이 다시 정권을 잡게 된다. 이후 공화정은 해체되고 군주정이 시작된다. 정권이 바뀌자 이전 정부의 실세였던 마키아벨리도 관직을 잃고 감옥에 갇히게 된다. 그는 우여곡절 끝에 석방이 되었고, 자신의 정치적 입장과는 다른 메디치 정부의 관료로 복귀하기 위해서 군주제를 찬양하는 글을 쓰게 된다. 그것이 바로 《군주론》이다. 이 책은 역사상 가장 길고 논리적인 자기소개서라고 볼 수 있다. 그런데 당시 피렌체를 통치하던 로렌초 드 메디치는 그의 책을 거들떠보지도 않았다. 그는 결국 교외의 허름한 집에 칩거하면서 여생을 보내게 된다.

인생의 절정기에 모든 것을 잃은 단테처럼, 마키아벨리도 삶의 클라이맥스에서 모든 것을 잃었다. 그런데 그의 철학은 이 시점부터 피어난다. 그는 운명이 가져다준 가혹한 시련을 견디기 위해서 자신만의 골방을 마련한다. 《군주론》의 부록에는 그 시절을 견디던 마키아벨리가 지인에게 보냈던 편지가 번역되어 있는데, 그 편지에는 그가 자신만의 골방을 어떻게 마련했는지에 대해서 구체적으로 설명되어 있다.

> 저녁에는 집에 돌아와서 서재에 들어갑니다. 들어가기 전에 저는 하루 종일 입었던 진흙과 먼지가 묻은 옷을 벗고 궁정에서 입는 옷으로 정장을 합니다. 그렇게 적절하게 단장한 후 옛 선조들의 궁정에 들어가면 그들은 저를 반깁니다. …… 네 시간 동안 거의 지루함을 느끼지 않으며, 모든 근심과 가난의 두려움을 잊습니다.
>
> 〈1513년 12월 10일 당시 교황청 대사로 주재하던 프란체스코 베토리에게 보낸 편지〉,
> 《군주론》, 183쪽

마키아벨리는 자신만의 골방에서 독서와 사색을 하면서 상실의 시간을 견뎌냈던 것이다. 한순간에 모든 것을 잃었지만 자신을 지탱하던 '삶의 중심'은 잃지 않았던 것이다. 독서와 사색이라는 중심은 누구도 빼앗아 갈 수 없었다. 나는 그의 편지를 읽으면서 '먼지 묻은 옷'이라는 부분에서 눈을 멈추었다. 어떻게 보면 먹고살기 위해서 하는 모든 밥벌이는 '먼지 묻은 옷'과 같다는 생각이 들었다.

아이들과 부대끼며 그들의 삶을 기르는 교사의 옷에는 먼지가 많이 묻을 수밖에 없다. 퇴근하고 옷을 보면 분필, 밥풀, 먼지, 물감, 연필 자국 같은 것들이 묻어 있는 경우가 많다. 교사의 일상은 필연적으로 먼지를 동반한다. 그래서 모든 교사는 집에 가서 일상의 흔적을 벗고 깨끗한 옷으로 갈아입는다.

하지만 깨끗한 옷으로 갈아입고 자신만의 공간으로 들어가는 사람은 드물다. 자신만의 공간에 들어가지 않으면 자신의 삶에 다이빙할 수 없다. 결국 중요한 것은 '국면 전환'이다. 교사에게는 단순히 옷을 갈아입는 전환을 넘어서, 자신을 둘러싸고 있는 일상의 공간으로부터 분리되는 전환이 필요하다.

내면의 골방을 밝히는 스위치

타인의 삶과 자신의 삶을 연결하는 일을 해야 하는 교사에게 '마키아벨리의 서재'와 같은 골방이 절대적으로 필요하다. 꾸밈없는 자기 모습과 진지하게 대면하는 시간은 그러한 골방에서 이루어지기 때문이다. 하지만 교사들에게 이러한 물리적인 공간은 그림의 떡이다. 배우자에게 "근데 있잖아, 나도 나만의 공간을 좀 만들어야겠어."와 같은 말을 하려면 상당히 튼튼한 심장을 가져야 한다. 방황하는 교사의 영혼을 누일 공간을 찾기란, 샐러드를 좋아하는 사자를 찾는 일만큼이나 어렵다.

그래도 실망하긴 이르다. 교사에게 필요한 공간은 휘황찬란한 호텔방도 아니고 수많은 책이 꽂혀 있는 유럽풍의 서재도 아니다. 그저 자신과 마주할 수 있는 공간이면 충분하다.

나의 골방은 마음속에 있다. 오랜 시간 골방을 찾아 헤매던 내가 최근에야 깨달은 사실이 있는데, 교사에게는 물리적 골방만큼이나 내면의 골방도 중요하다는 것이다. '내면의 골방'은 함석헌의 시에서 가져온 말이다.

그대는 골방을 가졌는가?

이 세상의 소리가 들리지 않는

이 세상의 냄새가 들어오지 않는

은밀한 골방을 그대는 가졌는가?

님이 좋아하시는 골방

깊은 산도 아니요 깊은 들도 아니요

지붕 밑도 지하실도 아니요

오직 그대 맘 은밀한 속에 있네

〈그대는 골방을 가졌는가?〉 일부, 《수평선 너머》, 109-110쪽

내면의 골방은 '마음속 도피처'라고 생각한다. 일상이 주는 고통에서 잠시 벗어나서 자신의 삶을 돌아보고 스스로를 위로하는 공간이다. 물리적 골방보다 내면의 골방이 좋은 점은, 내가 어디에 있든 그곳으로 들어갈 수 있다는 사실이다. 그냥 내 마음속의 스위치만 켜면 된다.

중요한 것은 '스위치'다. 일상의 소리와 냄새를 무력화하고, 나를 괴

롭히는 기억과 상처를 잊게 만들며, 오로지 나에게 몰입할 수 있는 그런 스위치가 필요하다. 교사가 가장 쉽게 활용할 수 있는 스위치는 '영화'와 '책'일 것이다.

자신이 좋아하는 영화를 반복해서 보면, 마음속에 새로운 스위치가 만들어지기 시작한다. 그래서 즐겨 보는 영화의 대사, 장면, 분위기, 타이밍까지 거의 완벽하게 복기할 수 있으면 스위치가 완성된 것이다. 마음속의 스위치만 올리면 그 대사와 장면을 언제든 마음속에서 상영할 수 있다. 마음속 골방에서 상영되는 영화는 자유롭게 재구성이 가능하다. 주인공에게 말을 걸어보기도 하고, 좋아하는 대사를 반복해서 음미할 수도 있다. 교사는 영화 속 갈등과 비극을 마음속에서 재현하면서 소소한 위로를 받을 수 있으며, 자신의 내면에 깊이 다이빙할 수 있다. 그 과정에서 교사는 자신의 경험을 다시 사유하고, 자신의 고통을 극복할 수 있는 것이다.

이동진은《영화는 두 번 시작된다》의 서문에서 "영화평론가는 경험을 사유하며 다시 시작하는 자다."라고 적었다. 극장에서 상영되었던 영화가 끝나더라도 자신의 마음속에서 그 영화를 다시 꺼내 보는 과정이 새로운 의미를 형성한다는 말이다. 교사는 자신의 경험을 재구성하여 수업에서 새로운 의미를 형성한다는 측면에서 영화평론가와 비슷하다. 재구성과 의미 생성이라는 고단한 일을 지속해야 하는 교사에게, 영화라는 스위치는 강력한 삶의 중심이 될 수 있다.

책도 마찬가지다. 어디를 가든 책 한 권쯤은 가방에 넣어 다니면 좋다. 그래서 시간이 날 때마다 책 속에 펼쳐진 세상으로 도피하면 좋다.

책이 없더라도 자신이 좋아하는 구절을 암송하거나 소설의 장면을 상상하면 언제든지 그 세계로 다이빙할 수 있다. 이때 교사는 꾸미지 않은 자신과 마주할 수 있다.

그래서 영화와 책은 교사를 일상의 세계에서 도피하게 하는 훌륭한 스위치다. 이 스위치를 마련해 두면, 교직원 회의와 수많은 교육청 연수도 행복한 시간으로 채울 수 있다.

그런데 여기서 꼭 기억할 것이 있다. 내면의 골방에 들어가는 것은 영원한 도피를 위한 것이 아니다. 다시 자신의 일상으로 건강하게 돌아오기 위한 것이다. 내면의 골방에 들어가기 전의 나와 그곳을 다녀온 나는 확연히 다르다. 들어가기 전의 나는 일상의 먼지를 하찮고 남루한 것으로 여기지만, 골방을 다녀온 나는 일상의 먼지를 소중한 삶의 기록으로 여기게 된다. 일상의 고통과 진지하게 마주할 용기가 생긴다.

그러니 교사에게 내면의 골방은 필수 아이템이다. 마음속에 이러한 골방을 분양받기 위해서는 꾸준한 노력이 필요하다. 한창 아이를 키우는 사람들은 그런 시간을 내기 어렵겠지만, 아이가 잠든 이후의 시간을 이용한다면 불가능한 것도 아니다. 나는 주로 그 시간을 이용해서 나만의 세계로 꾸준히 다이빙하고 있다. 그렇게 한번 골방을 마련해 놓으면 평생 걱정할 필요가 없다. 그곳은 나만 머물 수 있는 공간이기 때문에 다른 사람은 갈 수도 볼 수도 없다. 그 골방은 영원히 거기에 있어준다. 교사의 자존감이 자라는 공간도 이러한 내면의 골방이 되어야 한다.

과잉과 구토

프랑켄슈타인의 진심

《아내를 모자로 착각한 남자》의 두 번째 챕터는 '과잉'에 대한 이야기다. 이 챕터를 읽어본 교사라면, 이야기에 등장하는 인물들이 교사와 닮아 있다고 느낄 것이다. 교사의 삶은 본질적으로 과잉과 함께하기 때문이다.

과잉은 여러 가지로 정의할 수 있겠으나, 내가 말하고자 하는 과잉은 '본질을 찾지 못하고 잡다한 것을 자기에게 욱여넣는 것'이다. 정신없이 범람하는 수업 기법과 아무도 읽지 않는 장학 자료는 그러한 '욱여넣음'을 부추기는 주범이다. 교육부와 교육청은 한마음이 되어 모든 기법과 정책이 하나같이 중요하다고 우겨댄다. 새로운 기법과 새로운 정책에 익숙해지지 않으면 교사 생활이 위태로울 것처럼 말한다. 그들은 언제나 교사를 불안하게 만든다.

그러다 보니 교사는 자신의 정체성이 무엇인지 고민할 여유도 없이 일단 그러한 정보들을 욱여넣고 있다. 그리고 자신의 마음속에 그러한 기법과 정책을 모두 섭렵하고 있는, 그래서 누구에게도 뒤처지고 싶지 않은 '이상적인 나'를 만들어간다. 이상적 나를 유지하기 위해서 또 새로운 연수를 들어야 하는 악순환이 반복되는 것이다.

연수는 본질적으로 공부가 될 수 없다. 그러니 연수를 들으면 들을수록 교사는 자신을 더욱 부족한 존재로 인식하게 된다. 그러면 교사는 더욱 새로운 것을 배우려고 한다. 주변에 화려한 것들은 널려 있지만, 정작 자신의 삶을 지속하는 데 필요한 음식은 하나도 삼키지 못한 미다스 왕처럼, 교사 역시 자신을 둘러싼 수많은 가치 중에서 어느 하나에도 몰입하지 못한 채 새로운 것만을 찾아다니고 있다. 그야말로 과잉의 삶을 버티고 있는 것이다.

나 역시 '이상적인 나'를 만들려다가 완전히 주저앉았던 적이 있다. 내가 '욱여넣음'에 사로잡힌 비정상적 상태라는 것을 알려준 것은 소설 《프랑켄슈타인-현대의 프로메테우스》였다. '이상적인 나'는 내가 만들어낸 이 소설에 등장하는 '괴물'과 다름없었다.

메리 셸리가 21세에 집필한 이 소설은 '빅터 프랑켄슈타인'이라는 과학자와 괴물에 대한 이야기다. 프랑켄슈타인은 연구를 통해 생명이 없는 것에 생명을 불어넣는 방법을 터득하게 되고, 무덤에서 구한 신체를 결합해서 '괴물'을 탄생시킨다. 한마디로 새로운 생명체를 만들어낸 것이다. 그런데 막상 노란 눈을 뜨고 움직이기 시작한 2미터 40센티미터의 거구를 보자, 프랑켄슈타인은 공포를 느낀다. 그래서 그는 괴물을 버리고 도망친다. 외면당한 괴물은 서서히 살인자가 되어간다.

소설의 초반부에 등장하는 괴물은 사람들과 잘 지낸다. 그리고 자신의 정체성을 찾기 위해서 끊임없이 노력한다. 그때마다 프랑켄슈타인과 사람들은 그를 외면한다. 괴물이 프랑켄슈타인에게 요구하는 것은 한 가지밖에 없다. 자신과 같은 모습의 반려자를 만들어달라는 것이었다. 정체성을 찾고 싶었던 괴물에게 반려자는 마지막 동아줄과 같은 것이었다. 하지만 프랑켄슈타인은 그 약속마저 어기고 괴물을 또 버리게 된다. 결국 분노한 괴물은 프랑켄슈타인이 사랑하는 사람과 가족을 무참히 살해하고, 프랑켄슈타인도 비극적인 최후를 맞는다.

내가 이 소설에서 주목한 부분은 괴물의 고통이었다. 프랑켄슈타인은 자신의 욕심 때문에 새로운 대상을 창조했지만, 괴물이 정체성을 갖도록 도와주지 않고 방치한다. 자신을 통제하지 못하고 끝없이 광기를 내뿜는 괴물의 모습을 보면서 나는 묘한 연민을 느꼈다. 프랑켄슈타인이 괴물을 만들어냈듯이 나 역시 '이상적인 나'를 만들어둔 채 계속 방치하고 있었기 때문이다.

과잉이라는 급행열차에서 내릴 용기

교사들은 보통 1정 연수를 마치면 마음속에 '이상적인 나'를 하나씩 만들기 시작한다. 수업이 주는 공포에 시름하며 자존감이 낮아져 있던 교사들은, 1정 연수를 통해서 많은 지식과 기법을 익혀나간다. 그리고 개학과 동시에 자신이 배웠던 내용들을 교실에 쏟아내기 시작한다. 그런데 강사에게 들을 때는 그렇게 멋지고 훌륭해 보이던 것들이, 막상 교실에서 해보면 제대로 되지 않는다. 과잉을 발산하는 교사는 학생들에게도 벅찬 존재다.

그러한 시도가 제대로 되지 않는 이유는 명확하다. 대충 얼기설기 엮어서 자기 안에 욱여넣었던 것들은 어느 하나도 온전히 교사의 것이 되지 못하기 때문이다. 하지만 교사가 만들어낸 '이상적인 나'는 어느 하나도 제대로 하지 못하는 나를 위로하지 않는다. 오히려 '현실의 나'를 원망하면서 더욱 열심히 배우라고 닦달한다.

'현실의 나'가 '이상적인 나'를 따라잡을 수 있을까? 언제나 이상과 현실 사이에는 큰 강이 놓여 있다. 그래서 교사는 좌절과 함께 살아가는 존재다. 교사가 좌절에 대응하는 유형은 두 가지다. '내가 열심히 하지 않아서 그래.' 유형과 '에라 모르겠다.' 유형. 보통 젊은 교사들은 전자에서 출발한다. 내가 아는 것이 부족하고 제대로 실천하지 않아서 그렇다고 생각하고 더 많은 연수를 듣고 더 많은 분야를 공부한다. 하지만 그중에 교사의 정체성으로 녹아드는 것은 거의 없다.

앞에서 말했듯이 수업 시간에 이루어지는 모든 선택과 결정은 교사의 정체성에서 출발한다. 그것이 정립되지 않은 상태에서 새로 욱여넣는 것들은 교사의 삶을 더욱 정신없게 만든다. 그렇게 급행열차에 올라타게 되면 중간에 내리고 싶어도 내릴 수가 없다. 이러한 악순환의 고리에 기름을 붓는 것이 근시안적 교육정책이다. 교사라면 누구나, 그렇게 유행하던 기법과 정책도 잠시 스쳐 지나가는 유행일 뿐이라는 것을 알고 있다. 그 순간 교사는 허무주의에 빠지게 된다.

내가 들였던 노력과 시간이 쓴웃음으로 바뀌는 순간이 찾아오는 것이다. 그때부터 교사는 아무것도 진심으로 배우려고 하지 않는 '에라 모르겠다.' 유형이 된다. 배우려는 의지를 잃은 교사가 진정한 교사로서 살아갈 수 있을까? 과잉의 가장 큰 후유증은 교사의 열정을 갉아먹는 것이다.

그러니 교사가 가장 먼저 벗어던져야 할 것은 과잉이라는 악순환의 고리다. 내가 과잉의 상태에 있다는 것부터 자각해야 한다는 말이다.

상실을 과잉으로 채우는 비극

상실과 과잉은 상반되는 것처럼 보이지만 실제로는 서로 연결되어 있다. 잃어버린 만큼 새로운 것을 채우고자 하는 것이 인간의 본능이기 때문이다. 다만, 상실은 우리가 쉽게 알아차릴 수 있는 반면에, 과잉은 쉽게 알아차리기 어렵다. 부족한 것에는 불편함을 느끼지만, 넘쳐나는 것에 대해서는 일단 긍정부터 하기 때문이다. 하지만 색스는 상실보다 과잉이 더 심각한 문제일 수 있다고 말한다.

'위험하리만치 좋은 몸 상태'와 '병적인 특출함', 그것은 기만적인 행복감이다. 그 밑에는 심연이 입을 벌리고 있다. 그것이 과잉이 놓은 무시무

시한 함정이다. 그것은 자연이 놓은 함정일 수도 있고, 우리 자신이 놓은
함정일 수도 있다.

《아내를 모자로 착각한 남자》, 161쪽

과잉의 밑에는 심연이 입을 벌리고 있다는 표현이 참으로 무섭다. 교사들이 겪는 허무감 역시 과잉이 가져온 끝없는 심연일 것이다. 과잉의 끝이 비극이라는 것을 알지만, 그것을 멈추기가 쉽지 않다. 세계사를 살펴보아도 인간이 행한 과잉이 얼마나 비참한 결과를 가져오는지 확인할 수 있다. 인간은 '적절함'에 만족하지 못하고 '아찔함'을 추구하기 때문이다. 히틀러의 홀로코스트는 아리아인의 아찔함을, 진시황의 분서갱유는 절대군주의 아찔함을, 크메르크루즈가 자행한 킬링필드는 있는 자들을 처단하는 아찔함을, 중세의 마녀사냥은 종교적 아찔함을 누리기 위한 인간의 자발적 선택이었다. 하지만 과잉이 무서운 것은, 이것이 권력자들만의 전유물이 아니라는 것이다.

권력자들이 극단적 쾌락을 추구하기 위해서 과잉을 선택한다면, 보통의 사람들은 책임을 회피하기 위해서, 그리고 자신이 가진 것을 잃지 않기 위해서 과잉을 선택한다. 과잉에 익숙해진 사람들은 적극적인 방관자가 된다. 최근에 우리 사회에서 일어났던 여러 참사들에도 과잉의 흔적은 뚜렷하게 나타난다. 모든 참사에는 그것을 경고하는 시그널이 있었지만, 관련자들은 처벌을 피하기 위해서 그것을 방관했다.

자신이 가진 것을 내려놓기 싫어하는 옹졸함은 인간을 과감한 짐승으로 만든다. 아우슈비츠 생존 작가인 프리모 레비는《이것이 인간인

가》에서, 잃는 것에 대한 두려움이 인류에게 어떤 과잉과 비극을 불러왔
는지에 대해서 담담하게 기록해 두었다. (빅터 프랭클의《죽음의 수용소에서》
가 수용소에 있었던 사람들의 심리적 변화 과정에 집중했다면,《이것이 인간인가》는 수
용소의 문화와 그것을 둘러싼 힘의 역학관계에 대해서 종합적인 시각에서 다루었다.)

　나아가 제2차 세계대전의 비극을 히틀러라는 절대권력자 한 사람의
탓으로 돌리는 것을 경계해야 한다고 말한다. 오히려 그에 협조하여 자
신의 기득권을 놓지 않으려던 보통의 참모들과, 수많은 수용소가 존재
한다는 것을 직간접적으로 알고 있었음에도 거기에 적극적으로 대응하
지 않았던 보통의 독일 국민들의 방관적 태도에 주목할 필요가 있다는
것이다.

　요컨대 잃는 것에 대한 두려움은 기형적인 과잉을 불러온다. 색스가
주목한 지점도 바로 이 부분이다.《아내를 모자로 착각한 남자》의 2부에
등장하는 톰슨 씨가 이러한 과잉을 보이는 환자다. 그는 심한 기억상실
증후군을 앓는 사람이다. 어떤 일이든지 몇 초만 지나면 잊어버린다. 자
신이 과거에 식료품점을 운영했으며, 기억상실 증후군을 치료하기 위해
서 병원에 입원했다는 사실도 기억하지 못한다.

　그는 이러한 상실을 극복하기 위해서 과잉을 선택한다. 잊히고 사라
지는 것들을 메우기 위해서 끊임없이 주위의 사물과 자신에 대해 이야
기를 만들어냈다. 순간적으로 목격한 세계나 그것을 보고 느낀 감정을
즉흥적으로 말할 뿐, 세상과 진심으로 소통하지 못했다. 자신을 둘러싼
세계를 자기만의 상상력으로 끝없이 급조하는 삶을 살아가고 있었다.
색스는 이것을 정체성 상실에 의한 과잉이라고 말한다.

> 우리는 누구나 우리의 인생 이야기, 내면적인 이야기를 지니고 있으며 그와 같은 이야기에는 연속성과 의미가 존재한다. 그리고 그 이야기가 곧 우리의 인생이기도 하다. 그런 이야기야말로 우리 자신이며 그것이 바로 우리의 자기 정체성이기도 한 것이다.
>
> 같은 책, 193쪽

나는 이 부분에서 '연속성'과 '의미'라는 단어에 집중했다. 그리고 톰슨 씨의 이야기와 교사들의 이야기를 비교해 보았다. 교사들의 이야기가 톰슨 씨의 이야기와 별 차이가 없었다. 교사들의 이야기도 대부분 자신에 대한 이야기가 아니라 타인에 대한 이야기였으며, 연속적 경험에 대한 이야기가 아니라 일시적 경험이나 감정에 대한 이야기였다.

결국 정체성이라는 것은 이야기의 연속성과 의미에서 나온다. 내가 마주하고 있는 대상과의 상호작용이 연속적으로 유지되고, 그러한 행위를 하는 과정과 결과에서 의미를 발견할 수 있어야 '하나의 이야기'가 되는 것이다. 그 이야기가 정체성이 된다. 그러니 아무리 많은 연수와 이야기를 접한다고 해도, 그것을 꾸준히 공부하면서 그것이 주는 '의미'를 나의 이야기로 만들어가지 않으면 나의 것이 되지 못한다.

경탄을 앗아가는 무관심

과잉이 무서운 이유는 일상에서 느낄 수 있는 경탄을 빼앗아 간다는 데 있다. 이는 톰슨 씨의 임상 기록을 읽으면서 들었던 생각이다. 그는 일상에서 만나는 사람, 자연, 행위에서 오는 감정을 느낄 수 없게 되었다. 색스의 기록에 의하면, 톰슨 씨는 감정이 전혀 없는 사람처럼 말하고 있었다. 잃어버린 정체성을 채우기 위해서 자신을 둘러싼 대상으로 직관적인 이야기를 만들어서 말하고 있었지만, 그가 수없이 만들어낸 이야기에는 아무런 감정이 느껴지지 않았다. 색스는 그의 증상을 나음과 같이 진단한다.

> 그의 경우 가장 큰 '실존적인' 비극은 기억에 있지 않았다. 그의 기억이 완전히 황폐해진 것은 사실이지만 문제는 기억에만 있지 않았다. 그에게는 느낀다는 기본적인 능력이 사라진 것이다. '잃어버린 영혼'이란 이것을 말한다.
>
> 같은 책, 200쪽

톰슨 씨는 자신을 둘러싼 세상과 소통하지 못하고, 그것을 기계적으로 인식할 뿐이었다. 세상에 대한 무관심, 이것이 톰슨 씨의 진정한 비극이었다. 그는 자신의 삶에 갑자기 찾아온 상실의 빈자리를 과잉으로 채우려고 노력했지만, 과잉이 영혼마저 가져가 버린 것이다.

앞에서 과잉에 매몰된 삶이 급행열차를 타는 것과 비슷하다고 말했다. 모든 것에 적당한 관심을 준다는 것은, 그 무엇과도 진심으로 소통하지 못한다는 말과 같다. 이렇게 되면 자신과 마주하는 세계가 모두 '무관심의 영역'에 머무르게 된다. 자신을 둘러싼 대상을 경탄의 세계로 인식하지 못하고 단순한 '배경'으로 인식하게 되는 것이다. 이러한 삶을 파울루 프레이리는 '동물적 삶'이라고 말한다. 그는 《페다고지》를 통해서 인간은 세상을 단조로운 배경으로 인식하는 삶이 아닌, 환경을 끊임없이 변화시키고 그러한 변화를 인식하면서 사는 '역사적 존재'로 살아야 한다고 주장한다.

> 인간은 동물과 달리 그냥 살아가는 게 아니라 존재하는 것이며, 인간의 존재는 역사적이다. 동물은 탈시간적이고 단조롭고 통일적인 '배경' 속에서 삶을 살아가지만, 인간은 끊임없이 창조하고 변화시키면서 세계 속에서 존재한다.
>
> 《페다고지》, 118쪽

인간으로 존재하기 위해서는 자신을 둘러싼 환경을 의식적으로 인지하고, 그것과 소통하면서 변화를 일으킬 수 있어야 한다는 말이다. 모든 것과 상호작용하려는 과잉의 삶은 무엇과도 진지하게 소통하지 않겠다는 '단절의 삶'과 같다. 과잉으로 인식하는 세상은 나에게 이야기가 될 수 없다. 역사는 맥락이 있는 이야기다. 인간이 역사적 존재가 되기 위해서는 맥락이 있는 이야기를 만들 수 있어야 한다. 타인의 이야기, 단편적 이야기, 급조한 이야기가 아닌, 세상과 진심으로 소통한 이야기가 필요하다는 말이다.

자신이 과잉에 빠져 있다는 것을 인식했다면, 남은 것은 '흉내를 멈출 용기'를 선택하는 것이다.

가오나시의 가면

미야자키 하야오의 애니메이션 작품을 보고 나면 이상하게 마음이 따뜻해진다. 아마도 그의 작품에는 유독 여성 중심 서사가 많기 때문일 것이다. 그는 작품 활동을 시작할 때부터 여성의 목소리로 이야기를 풀어냈다. 그래서인지 그의 작품은 포용적이고 따뜻하며 과잉을 배적한다. 한마디 대화도 시도하지 않고 자존심으로 버티다가, 갑자기 도시와 지구와 우주를 한번에 날려버리는 남성 중심 서사로는 묵직한 감동을 주기 어렵다. 여성 중심의 서사는 과잉을 만들기 전에 대화와 이해로써 갈등을 적절히 해결해 나가기 때문에, 여러 번 반복해서 볼수록 그 감동이 더해진다.

그렇다고 그의 작품이 과잉을 아예 다루지 않는 것은 아니다. 그는 자본주의와 어른의 탐욕이 만들어낸 과잉을 의도적으로 보여주고, 이 현상을 어떻게 극복할지에 대한 메시지를 작품에 담아낸다. 대표적인 작품이 〈센과 치히로의 행방불명〉이다.

이 작품에서 과잉을 상징하는 것이 '가오나시'다. 검은 몸에 길쭉한 가면을 쓰고 등장하는 캐릭터다. '가오나시'는 우리말로 '얼굴이 없는'이라는 뜻이다. 실제로 가오나시는 얼굴과 표정이 없는 상태에서, 가면처럼 생긴 것을 쓰고 다닌다. 얼굴이 없다는 것은 정체성이 없다는 것을 말한다. 이는 자신만의 목소리가 없다는 것으로 확인할 수 있다. 그는 자신이 삼킨 대상의 목소리로만 말을 할 수 있으며, 그 목소리로 끊임없이 "배고프다", "먹고 싶다"를 외친다.

교사는 가오나시가 타인의 목소리를 통해서만, 다시 말해 타인의 정체성을 흉내 내는 과정을 통해서만 자신의 생각을 표현한다는 사실에 주목할 필요가 있다. 가오나시에게 진짜 목소리와 정체성은 없는 것이다. 자신의 정체성이 없는 상태에서 타인의 삶을 흉내 내는 가오나시의 모습은, 방황하는 교사 초년생의 모습과 비슷하다.

경쟁과 소유를 통해서 교사의 능력을 줄 세우는 학교에서, 교사들이 소외당하지 않기 위해 가장 먼저 시도하는 것은 연구대회. 수업과 연구를 통해서 교사 본연의 정체성을 형성하기 전에, 경쟁이라는 바다에 일찌감치 잠수하기 시작한다. 이 잠수를 오래 유지하려면 일단 좋은 등급을 꾸준히 받아야 한다. 그러다가 좋은 결과가 알려지면 평소에 받지 못했던 관심과 축하를 한번에 받을 수 있다.

젊은 교사가 이런 문화에 너무 일찍 노출되다 보면, 선배들의 장기를 가리지 않고 흉내 내기 시작한다. 그리고 그 흉내를 멈추지 못한다. 나역시 이러한 흉내에 매몰된 적이 있었다. 그것이 어떤 교육적 가치를 가지는지 고민하지 않고, 달콤한 성취에 취해서 어깨에 힘을 주던 시절이 있었다.

하지만 어느 순간 그러한 연구대회들이 교사의 본업과 동떨어져 있다는 것을 깨닫게 되었다. 이미 많은 연구대회가 교육적 가치는 완전히 상실한 채 업체들의 배만 불려주는 시장으로 전락해 있었다. 정체성보다 소유를 추구하던 나는, 나만의 강점을 키우지 못하고 다른 사람의 강점을 모방하고 있었던 것이다. 나의 맨얼굴을 보지 못하고 다른 사람의 가면을 쓰고 살았던 것이다. 내가 가면을 쓰고 있다는 사실을 알려준 책이 프란츠 파농의 《검은 피부 하얀 가면》과 이졸데 카림의 《나와 타자들》이다.

정신과 의사로서 알제리 독립운동에 헌신했던 프란츠 파농은 《검은 피부 하얀 가면》에서 프랑스 식민지에 사는 흑인들의 이중성을 해부하고 있다. 겉으로는 자신들을 억압하는 백인들로부터 독립하기를 원하지만, 실제로는 백인들의 있어 보이는 문화와 생활양식을 동경하는 증상을 발견하게 된 것이다. 그는 흑인들이 고유한 정체성을 외면하고 끝없이 백인의 가면을 쓰고자 노력하는 과정에서 자신들만의 특색 있는 문화를 발전시키지 못했다고 비판한다. 한번 가면을 쓰기 시작하면 끝이라는 것이다.

가면을 쓰는 것을 경계해야 할 이유는 또 있다. 현대사회는 가치의 다양성이 지배하는 사회다. 과거처럼 특정 국가, 종교, 문화, 민족이라는 절대적 가치에서 자신의 정체성을 형성하기 어려운 시대를 살고 있다는 말이다. 자신도 모르는 사이에 타자의 가치에 많은 영향을 받게 된다는 것이다. 우리가 이 사실을 정확하게 인지하지 못하면 자신의 정체성을 잃어버리게 된다. 이러한 사실에 집중한 사람이 오스트리아 철학자 이졸데 카림이다. 그는 《나와 타자들》에서 현대인의 정체성을 '감소된 정체성'이라고 말한다.

개인들에게 다원화가 미치는 의미를 번역한다면, 감소된 정체성이다! 오늘날 우리는 더 작은 자아다. …… 우리는 완전하지 않은 자아이며, 오늘날 우리 자신의 개인적인 정체성은 언제나 우리와 완전히 다른 정체성으로 연결된다. 우리는 오늘날 어쩔 수 없이 외부의 관점을 내면의 관점으로 포함시켜야 한다.

《나와 타자들》, 60-61쪽

자본의 가치를 숭상하는 언론과 고통은 감추고 꾸며진 행복을 연출하는 SNS가 범람하는 시대에, 자신의 삶을 우직하게 살아가는 것은 매우 힘든 일이 되었다. 그러니 한번 가면을 쓰기 시작하면 평생 가면을 쓰고 살아야 한다.

앞에서 말한 책들을 읽어보면, 가면을 쓰고 있는 동안 우리의 맨얼굴이 처참히 망가진다는 것을 알 수 있다. 교사가 자신의 맨얼굴을 가꾸기 위해서는, 타인의 삶으로 만든 가면을 과감히 벗어야 한다. 가면의 무게를 줄여서 잠수를 멈추고 다시 수면 위로 떠올라야 한다. 그래서 다시, 교사 본연의 삶으로 돌아와야 한다. 가면을 벗는 방법을 고민하던 내게 '구토하기'라는 단어는 운명처럼 다가왔다.

구토와 충격

P선생의 사례에서 말했듯이 색스는 진료실에만 머무는 것이 아니라 환자의 공간으로 찾아간다. 다양한 환자의 유형을 파악하기 위해서 뉴욕 거리를 구석구석 돌아다니며, 이상 행동을 보이는 사람들을 수시로 관찰했다. 그러던 어느 날, 투렛증후군이 의심되는 노부인을 만나게 된

다. 투렛증후군이란 자신의 의지와 관계없이 특정 행동을 무의식적으로 반복하는 증상을 말한다. 그 노부인은 60대 정도이며 백발을 하고 있었다. 그녀는 그냥 보기에도 뭔가 심각한 혼란에 빠져 있는 사람처럼 보였다고 한다. 마치 발작을 일으키는 것처럼 특이한 경련 행위를 반복하고 있었다.

자세히 관찰하기 위해서 가까이 다가가 보니, 그녀는 다른 사람의 행동을 끊임없이 모방하고 있었다. 1초도 안 되는 시간에 지나가는 사람의 다양한 습관을 파악해서 그것을 따라 하고 있었던 것이다. 얼마나 피곤한 삶일까? 문제는 이러한 모방하기를 자신의 의지로 멈출 수 없다는 것이다.

> 그녀는 수없이 많은 사람들의 특징을 잡아서 몸으로 흉내 냈다. 특히 사람들의 두드러진 몸짓과 표정을 과장되게 흉내 냈다. 의도적으로 과장하는 게 아니라 발작적으로 그렇게 했다.
>
> 《아내를 모자로 착각한 남자》, 212쪽

자신의 고유한 몸짓과 개성을 버린 상태에서 한순간도 쉬지 않고 타인의 흉내를 낸다는 것은 진정 고단한 일일 것이다. 색스는 그녀가 모든 사람을 흉내 낼 수 있었기 때문에 정작 자기 자신은 되지 못했다고 말한다. 하지만 더 충격적인 것은 그 이후의 이야기다. 그렇게 타인을 흉내내던 그녀가 갑자기 흉내를 멈춘 순간이 찾아온 것이다.

> (그녀는) 자기 자신 및 타인에게서 오는 압력이 너무나도 강해서 이미 폭
> 발 일보 직전의 상태에 있었다. 별안간 더는 참을 수 없게 된 노부인은
> 샛길로 들어가서 초췌한 모습으로 토해내기 시작했다. 그녀가 흉내 낸
> 40~50명의 몸짓과 자세, 표정과 태도, 즉 그녀의 모든 레퍼토리를 토해
> 냈다.

같은 책, 213쪽

짧은 시간에 걸쳐서 자신이 모방했던 사람들의 흉내를 한 번 더 격렬하게 냈던 것이다. 그녀가 토해내듯 사람들의 특징을 흉내 내는 장면은 너무나 충격적이었다. 나는 그녀가 샛길로 접어드는 순간, 뭔가 자기만의 방법으로 흉내를 멈추는 행동을 할 것이라고 추측했다. 잠시 앉는다든지, 물을 마신다든지, 아니면 약을 먹는 것과 같은 행동을 예상했지만, 그녀는 자신의 과잉을 집약해서 표출했다. 마치 구토하듯 말이다.

노부인의 구토가 나에게 충격만 준 것이 아니다. 그녀의 모습을 통해 교사의 과잉을 멈추기 위해서 어떻게 해야 하는지를 직관적으로 알아챌 수 있었다. 내가 떠올린 것은 '교사는 노부인과 다른 구토를 해야겠구나.'라는 생각이었다.

노부인에게 구토는 타인을 흉내 내고 싶다는 충동을 극복하지 못한 결과물이자 그것을 반복하는 기제였다. 하지만 나는 구토를 '잡다한 것을 토해내는 과정'으로 바꾸어야겠다고 생각했다. 다른 사람의 것을 흉내 내고 있던 것, 어쩔 수 없어서 억지로 담아두었던 것, 나의 정체성이 되지 못했던 잡다한 지식과 찌꺼기를 과감히 구토하기 시작해야겠다고

다짐했다. 그리고 과감히 구토하기 시작했다. 그것들을 내 속에 욱여넣는 데는 오랜 시간이 걸렸지만, 구토하는 데는 오랜 시간이 걸리지 않았다. 불필요한 것들을 토해내고 나니 속이 후련했다.

사르트르의 소설《구토》에는 참을 수 없는 구토증을 느끼는 로캉댕이 등장한다. 로캉댕의 구토증은 이상과 현실의 괴리에서 출발한다. 그는 구토증을 감추거나 외면하지 않는다. 그 불쾌감을 통해서 자신이 어떻게 살아가야 할지를 결정한다. 그러니 자발적 구토는 타인의 삶을 모방하는 것이 아니라 나의 삶을 주체적으로 살아가겠다는 건강한 몸부림이라고 할 수 있다.

그러나 타인의 것과 나의 것을 무 자르듯 명확하게 구분하기는 쉽지 않다. 이것을 구분하는 방법은 '지속 가능한 충격'을 줄 수 있는지 여부다. 다시 말해, 지속 가능성과 충격이라는 두 요소 중에서 하나라도 빠져 있다면, 그것은 불필요한 가면이자 과잉일 가능성이 크다. 새로운 것이 주는 신선한 충격을 잠시 즐길 뿐 그 충격을 즐거운 마음으로 꾸준히 유지할 수 없다면, 그것은 덜어내야 할 것일 가능성이 크다는 것이다. 충격은 거짓을 벗겨내는 가장 강력한 도구라는 점에서 교사의 삶에서 매우 중요하다.

황현산은《사소한 부탁》에서, 소설《어린 왕자》의 결말에 '충격'이라는 요소가 등장하는 것에 주목할 필요가 있다고 말한다. 어린 왕자는 여우와 지내며 세상에 대한 종합적인 지혜를 얻게 되지만, 자신의 별로 돌아가기 위해서 뱀에게 물리기로 결심한다. 황현산은 이러한 '물림'이라는 극단적 귀향 방법이 여우가 알려준 분석적 지혜보다 훨씬 효과가 있었다고 말한다. 이어서 충격의 본질을 다음과 같이 설명한다.

> 충격은 길들이기가 아니며, 시간을 바치는 일이 아니다. 충격은 관계를
> 만들지 않는다. 그러나 충격은 허위의 관계가 벗겨진 곳에서 진정한 관
> 계를 드러낸다.
>
> 《사소한 부탁》, 139쪽

충격은 '허위의 관계'라는 무중력에 강력한 당김을 선사하는 것이다. 새로운 것은 모두가 충격의 대상이 될 수 있다. 하지만 그것이 찰나의 순간에 그칠 때, 어느 것도 교사의 정체성이 되지 못한다. 중요한 것은 그 충격을 얼마나 오랫동안 유지할 수 있느냐 하는 것이다. 처음에 느꼈던 신선한 충격은 아니더라도 그 파동을 유지할 수 있어야 한다. 그래야 우리를 둘러싸고 있는 수많은 거품을 걷어낼 수 있다.

구토와 충격까지 이야기했다면, 이제 교사의 자존감을 높일 수 있는 결정적 방법에 거의 다다른 것이나 마찬가지다. 이제 남은 것은 하나다. 교사를 둘러싼 수많은 지식과 영역 중에서 자신에게 맞는 것을 발견하고, 그 발견이 주는 충격을 유지하는 방법을 알아내는 것이다. 그것을 발견해야 교사는 그 분야에 몰입할 수 있고, 자신의 삶의 중심을 찾을 수 있으며, 궁극적으로는 곤두박질하는 교사의 자존감을 끌어올릴 수 있다. 여기에는 결정적 전환이 필요하다. 바로 '연수'에서 '공부'로의 전환이다. 이를 위해서는 교원 교육 시스템의 전반적인 개혁이 필요하다.

식민성을 끊어야 한다

지금 교육청에서 강조하는 수많은 정책 가운데 수업 관련 이슈만 나열해도 '온작품 읽기 수업, 하브루타 수업, 거꾸로 수업, 토의토론 수업, 소프트웨어 수업, 놀이 수업' 등이 떠오른다. 수업을 넘어서 교육 전반으로 넘어가면 상황은 더욱 심각해진다. 최근 상소하고 있는 '민주시민교육, 세계시민교육, 인성교육, 환경교육, 미래교육, 감수성교육' 등등 이루 셀 수 없을 정도로 많다. 이 가운데 많은 것들이 의무 연수로 규정되어서 교사들을 들들 볶고 있다.

안 그래도 바쁜 교사들은 저 중에 하나도 제대로 소화하기 어렵다. 수많은 연수, 그 중에서도 대부분의 원격 연수들은 소리가 소거된 상태에서 윈도우 작업 바에 늘어져 있다. 그러니 연수를 이수했다고 그 내용을 이해한 것도 아니고, 연수를 듣지 않았다고 그것을 모르는 것도 아니다. 그래도 교육청은 모든 것이 중요하니 일단 들어놓으라고 말한다. 교사를 믿지 못하니 모든 주제를 교사에게 떠먹여 주려는 것이다. 이래서는 곤란하다. 이런 방식으로는 어느 것도 교사의 정체성이 되지 못한다.

그렇다면 교육 현장에 왜 이토록 많은 기법과 정책이 쏟아져 내려올까? 물론 그러한 것들이 현장의 문제를 개선하고 교사의 전문성을 신장하는 측면도 있지만, 이건 해도 너무한 수준에 이르렀다. 나는 이러한 기법과 정책의 과잉 현상이 어디서 시작되었는지 궁금했다. 내가 발견한 과잉의 원인은 '식민성'이었다.

우리나라 교육 관료, 정책가, 이론가 들은 외국의 이론을 과도하게 숭상한다. 교육 현장에 문제가 생기면 우리나라의 철학이나 전통에서 해결책을 찾지 않고 무턱대고 외국 사례와 이론부터 수입한다. 지금까지 시행되어 온 정책들을 가만히 살펴보면, 이것이 보통 심각한 문제가 아니라는 것을 알 수 있을 것이다.

미국, 일본, 핀란드, 영국, 프랑스 같은 나라에서 이론가들이 오면, 그들은 국빈 대접을 받는다. 그 나라의 교육정책을 배우려고 뻔질나게 그 나라를 방문하지만, "좋긴 좋던데, 너무 급하게 다녀가지고…… 우리나라에 맞지 않을 것 같기도 하고, 아닌 것 같기도 하고……."라면서 말을 얼버무린다. 그래놓고는 외국에서 들여온 틀에 우리나라 현실을 적당히 끼워 맞춰서 정책과 기법을 날조해 낸다. 교육 관료들은 현장의 고통을 알지 못한 채, 프랑스혁명을 이끌던 연설가의 표정을 지으며, "일단 우리가 말하는 새로운 정책을 적용해야 과거의 문제를 해결할 수 있습니다."라고 말하고 있다. 그렇게 70년을 외국의 것을 수입했지만, 그것들은 우리 교육의 문제를 어느 하나 제대로 해결하지 못했다. 언제까지 이런 바보짓을 반복할 것인가? 언제까지 교사들을 아이들에게서 떼어놓을 것인가?

서근원은 이러한 식민성의 시작을 일제강점기 교육정책에서 찾는다. 그는 《학교 혁신의 패러독스》에서, 조선 시대까지 우리나라의 교육철학에는 회인(悔人)과 교민(敎民)이 공존했다고 분석한다. 회인이란 소통하는 과정에서 스스로 깨우치는 능동적 교육을 말하고, 교민은 타인의 가르침에 복종하는 수동적 교육을 말한다. 그런데 일제강점기를 거치면서 회인적 패러다임이 박탈되었다는 것이다. 제국주의자들은 우리 민족이 스스로 깨우치는 것을 두려워했고, 타인의 가르침에 철저히 복종하는 사람을 기르는 교육만을 남긴 것이다.

우리나라는 일제로부터는 독립했지만, 소위 말하는 '있어 보이는 나라'를 숭상하는 식민적 태도는 여전히 극복하지 못하고 있다. 보통의 시민들은 일찍이 거기에서 벗어났지만, 고위 관료와 기득권 세력은 여전히 식민성이라는 커다란 추를 몸에 묶은 채 깊은 바닷속에 잠겨 있다. 특히나 교육계를 이끌어가는 사람들에게는 더 무거운 추가 매달려 있는 것 같다. 그들은 수면으로 올라와서 우리 것과 우리 현장을 보려고 하지 않는다. 서근원은 우리나라에서 이루어지고 있는 수많은 교육 혁신과 다양한 정책들이 필패하고 있는 이유를 이러한 식민성에서 찾고 있다.

최근에 등장한 민주시민교육만 하더라도 그렇다. 교육부가 2018년 발표한 '민주시민교육 활성화를 위한 종합계획'을 찬찬히 읽어보면, 그 안에 지독한 식민성이 담겨 있음을 알 수 있다. 민주시민교육 계획 수립을 위한 참고 사례를 미국, 영국, 프랑스, 독일에서 찾는 것은 둘째 치더라도, 민주시민교육 철학을 정립하는 과정에서 가장 먼저 등장하는 것이 영국의 '크릭 보고서(Crick's Report)'라는 것은 문제가 있다고 생각한다. 물론 좋은 사례이긴 하지만, "굳이 그렇게 해야만 속이 후련했냐?"라고 반문하고 싶다. "그럼 정 선생, 외국의 이론 말고 우리나라에 민주주의와 관련한 철학이 있소?"라고 묻는다면, 나는 주저 없이 동학을 말하겠다.

민주주의라는 것이 따로 있는가? 그 핵심은 타인과 소통하면서 어른답게 살아가라는 것이다. 이것은 사람과 사람과의 관계에서 양적 변화를 추구하는 것이 아니라 질적 변화를 추구하는 것이다. 동학은 바로 이러한 질적 변화를 추구했다는 점에서 서양철학과 근본적으로 다르다. 이는 동학사상을 체계적으로 분석한 백승종의 《동학에서 미래를 배운다》를 읽어보면 명확하게 알 수 있다.

서양의 계몽주의와 근대사상은 자유와 평등에서 출발한다. 하지만 이것은 양적 접근이다. 모두가 동등하게 자유와 평등을 누리라는 말이지만, 실제로 그것은 남성 중심의 담론이었기 때문에 여성을 비롯한 약자들은 암묵적으로 배제되었다. 하지만 백승종은 최제우와 최시형이 추구한 철학은 서양의 양적 접근이 아니라 사람과 사람의 관계 속에서 자유와 평등을 실현하는 질적 접근이라는 것을 강조한다.

관계의 질적 개선을 꾀했던 분들이지요. 최제우와 최시형은 인간 사회의 '관계망'을 매우 중요하게 생각했어요. 그분들이 구축한 인간관계망은 결국 어떻게 해서든 세상을 바꾸고자 한 노력의 소산이었지요. 더욱 구체적으로 말해, '포(包)'와 '접(接)'이라고 하는 새로운 조직이 등장하게 되었던 것입니다.

《동학에서 미래를 배운다》, 70쪽

동학은 질적 개선의 범주를 한 단계 더 넓혀나간다. "남자 성인만 존귀한 것이 아니다. 여성과 아이, 노인과 청년 모두 그 자체로 존귀하게 대접받아야 한다. 그리고 사람만이 귀한 것이 아니다. 자연 역시 그 자체로 귀한 것이니 귀하게 대해야 한다."라고 말하고 있다. 인간을 넘어서 자연까지 아우르는 품격을 기르라는 철학은, 자연과 동물을 정복의 대상으로 삼으라고 말하던 데카르트, 자연을 단순히 도피의 대상으로 여기던 루소, 자연을 조작의 대상으로 여기던 베이컨의 철학보다 훨씬 너른 품을 가지고 있다.

그러니 민주시민교육의 철학적 기반으로, 아니 철학적 기반뿐만 아니라 세부 내용을 수립하는 데 있어서도, 동학사상과 그들의 혁명 기록이 영국의 '크릭 보고서'보다 못한 것이 무엇인가? 나아가 이오덕의 민주교육 철학이 거트 비에스타의 민주주의 철학보다 못한 것이 무엇인가? 동학의 품이 훨씬 너르고, 이오덕의 글이 훨씬 명쾌하다. 무엇보다 우리 사회에 바로 적용할 수 있는 적절성을 가지고 있다. 나는 아직도 무거운 추를 끊어내지 못하고 있는 높은 분들의 생각을 이해하지 못하겠다.

요컨대 교사들이 교육 활동에 집중하고 그것이 교사의 정체성이 되려면, 교육정책에 숨어 있는 식민성부터 덜어내야 한다. 그리고 사회는 거기에 몰입하는 교사를 지켜봐 주어야 한다.

교사를 기다리는 품격

무언가를 소화하는 데는 시간이 걸린다. 그러니 다양한 정책과 기법을 교사에게 욱여넣는 것이 능사는 아니다. 교사가 소화할 때까지 기다려주는 것이 정책을 집행하는 사람들의 품격이다.

교육청과 연수원에서 주최하는 대부분의 교원 교육은 '공부'가 아니라 '연수'에 그친다. 물론 연수가 주는 충격을 지속 가능한 공부로 전환하는 것은 교사 각자의 몫이다. 하지만 수많은 교육정책이 유행처럼 뜨고 지는 것을 몸으로 겪은 교사들은 그 중에 어느 하나도 제대로 공부하지 않으려고 한다.

삶이라는 것은 기다림의 연속이다. 기다리지 않고 얻을 수 있는 것은 아무것도 없다. 특히나 '성숙'에는 기다림이 필요하다. 교사에게 지식을 욱여넣으려 하지 말고, 교사들이 스스로 주제를 선택해서 자발적으로 공부할 수 있도록 기다려주어야 한다. 1정 연수는 교사들에게 매우 중요하며 교사의 삶을 꾸려나갈 새로운 동력을 얻는 결정적 시간이다. 그러니 다른 연수는 몰라도 이 연수만큼은 정말 공부로 이어져야 한다.

문제는 이렇게 중요한 연수의 모든 커리큘럼을 연수원에서 일방적으로 제시한다는 데 있다. 몇 시간의 선택 프로그램은 있지만, 그것은 말 그대로 생색내기다. 대부분 연수원에서 정해놓은 커리큘럼을 교사들에게 일괄적으로 적용한다. 가장 큰 비극은 서열화에 있을 것이다. 짧은 기간의 연수로 교사의 역량을 평가하고, 그것을 정상분포곡선에 끼워 맞추자는 생각은 도대체 어디에서 나왔을까? 이렇게 해서는 1정 연수 역시 과잉으로 가는 KTX가 될 뿐이다.

우선 출발점부터 잘못되었다. 1정 연수가 공부가 되기 위해서는 공부할 주제에 대한 선택권이 교사에게 주어져야 한다. 사전에 설문 조사를 통해서 교사들이 무엇에 대해서 결핍을 느끼는지 조사하고, 그것을 반영한 교육과정을 꾸려야 한다. 그러려면 1정 연수를 한 명의 연구사가 담당해서는 안 된다. 이렇게 중요한 연수를 연구사 한 명이 독박으로 운영하는 경우가 많다. 한 기수가 끝나면 "고생했죠?"라는 말과 함께 다음 연구사에게 넘어가는 것이다. 제대로 된 인력풀을 만들고 수시로 업데이트하기 위해서는 고도의 전문성과 집중력이 필요하다.

제대로 연수팀을 꾸려서 운영하고, 최소 5년 동안은 한 팀에서 근무할 수 있는 여건 조성과 팀원 변동에 따른 체계적 인원 보충이 지원되어야 한다. 이렇게 숙고한 과정에서 교육과정이 나와야 한다. 그리고 교사들이 원하는 과목을 자유롭게 선택해서 수강하도록 해야 한다. 자신에게 절실한 주제와 기법에 대해서 여유를 가지고 침잠할 수 있는 시간을 주어야 한다. 그 시기가 아니면 그러한 침잠 기회는 당분간 찾아오지 않는다. 그러한 침잠이 진짜 공부가 된다.

"말은 좋은데, 시간과 노력, 그리고 돈이 너무 많이 들지 않을까요?"라고 반문할 수도 있다. 그런데 이러한 시간, 노력, 돈을 들이는 것이 정부의 역할이다. 조금 거창하게 말하면, 교육은 사람을 기르는 일이자 나라를 지탱하는 기둥이다. 교사는 교육을 온몸으로 실천하는 신의 예언자들이다. 그 정도의 투자와 노력도 기울이지 않으려면, 애당초 교사의 능력을 평가할 생각조차 하지 말아야 한다는 것이 솔직한 나의 생각이다.

소설 《프랑켄슈타인》의 괴물은 '우-' 소리만 내는 바보가 아니다. 자신을 버린 프랑켄슈타인 박사를 다시 만났을 때, 그가 물은 말은 '왜 자신을 만들었고, 왜 버렸는가?'이다. 이 소설에서 가장 결정적 장면일 것이다. 다수의 평론가들은 이 소설이 책임질 수 없는 창조 과정이 어떤 비극을 불러오는지에 대한 경고를 담고 있다고 말한다. 이 설명을 듣고 나면, 소설의 부제가 '현대의 프로메테우스'인 이유를 알 수 있다. 프로메테우스는 인간을 창조했지만 왜 인간을 만들었는지 말하지 않았다. 프랑켄슈타인 박사도 괴물을 창조했지만 그 이유를 설명하지 않았다. 방치된 괴물은 외로움과 소외의 시간을 거치면서 진짜 괴물이 된 것이다.

교사의 정체성도 마찬가지다. 정체성을 찾아가는 것은 교사의 몫이지만, 교사만의 몫은 아니다. 교사가 상실과 과잉의 고통에서 벗어나서 수업이 주는 고통과 춤추기 위해서는 자신의 이야기를 만들 여건을 만들어주어야 한다. 그리고 진짜 공부를 할 수 있는 시스템도 마련해 주어야 한다. 사회가 교사를 지원하지 못한다면 교사들이 겪는 소외는 지속될 수밖에 없을 것이고, 교사의 자존감은 영영 바닷속에 머물 것이다.

매너리즘에 빠졌을 때

교사에게 필요한 광기

김수영 전집 | 김수영
광기의 역사 | 미셸 푸코

1.
이성만 가지고는 곤란하다

교사는 이중 감금 상태

여성 과학자로 치열한 삶을 살아온 호프 자런의 《랩걸》을 읽어보면, 안정된 일상이 얼마나 큰 행복을 주는지 알 수 있다. 그녀는 미네소타의 작은 마을에서 태어났다. 교수였던 아버지의 실험실에서 하루 종일 실험 도구를 가지고 놀다가 저녁이 되면 아버지의 손을 잡고 집으로 돌아오는 일과를 하루도 빠짐없이 반복했다. 자런은 성장하여 자신만의 실험실을 꾸리고 아버지와 비슷한 연구자의 삶을 살아간다. 그녀는 누구도 방해하지 않는 자신만의 공간에서 자신만의 실험을 하면서 안정된 삶을 살아간다.

그런데 그녀의 글을 읽다가 궁금한 것이 생겼다. 같은 장소에서 오랜 시간 같은 실험을 반복하다 보면 지겹지 않았을까? 하지만 그녀의 글에

5장
매너리즘에 빠졌을 때

320

서는 그러한 지루함을 발견할 수 없었다. 다른 사람이 몇 시간 만에 끝낼 실험을 그녀는 일주일 넘게 매달리기도 했다. 자신의 일을 진정으로 즐기고 있었으며, 매 순간 경탄의 삶을 살아가고 있었다. 나는 그 비결이 궁금했는데, 답은 그녀의 일터인 '실험실(Lab)'에 있었다.

실험실은 내가 진짜 나일 수 있는 장소가 되었다. …… 내 실험실은 도피처이자 망명처이다. 그곳은 직업상 전투를 벌이다가 후퇴해서 몸을 쉬는 곳이자, 내 상처를 돌아보고 갑옷을 보수하는 곳이다.

《랩걸》, 36쪽

그녀는 과학자로 살았기 때문에, 평생 자신의 연구에 대한 타인의 평가를 받아야 했다. 그러니 그녀의 삶에도 교사의 삶만큼이나 많은 내적 갈등이 있었을 것이다. 이러한 갈등의 순간에 선택할 수 있는 길은 두 가지다. 하나는 타인의 목소리에 자신을 맞추는 것이고, 다른 하나는 자신의 소신을 밀어붙이는 것이다. 그녀는 후자를 선택했다.

시간이 걸리더라도, 다른 사람들에게 혹평을 받는다 하더라도 그녀는 자신의 소신을 굽히지 않고 연구를 이어나갔다. 그러다가 마음이 답답할 때는 훌쩍 현장으로 떠났다. 그곳에서 캠핑을 하면서 시료를 채취하고, 그 결과를 다시 연구실로 가져오는 일을 반복했다. 요컨대, 그녀에게 자신의 실험실은 본업을 수행하는 공간이자 정체성을 확인하는 공간이었다. 궁극적으로 그곳은 삶이 주는 고통까지 치유할 수 있는 축복의 공간이었다.

그렇다면 교사는 어떨까? 교사는 교실이라는 실험실에서 다른 사람에게 방해받지 않고 자신의 실험을 마칠 수 있는가? 나는 아니라고 생각한다. 교사는 자신의 철학을 구현하지 못하고, 교실이라는 공간에만 갇혀서 글을 통해서 삶을 가르치고 있다. 그러니 교사는 이중 감금 상태에 놓여 있다고 볼 수 있다.

우리나라가 처한 교육 현실, 즉 입시 위주의 경쟁 체제에서 교사의 소신과 철학은 중요한 것이 되지 못한다. 중요한 것은 오로지 학생들의 성적과 성과다. 일단 SKY 대학만 많이 보내면 유능한 교사가 되고, 훌륭한 교사로 인정받는다. 교사는 아이들에게 정치, 사회, 문화, 역사, 예술에 대한 폭넓은 시각을 가르치고 싶어도, 사회는 그러한 소신을 환영하지 않는다. 사회는 교사에게 영화 〈죽은 시인의 사회〉의 키팅 선생님이 아니라, 영화 〈위플래쉬〉의 플래처 교수 같은 사람이 되라고 말하고 있다. 교실은 아이들의 삶을 기르려는 교사의 소신이 환영받을 수 없는 공간이 되어버렸다.

삶을 기르는 교육이 되지 못하고 점수를 기르는 교육을 반복하다 보니, 교육은 삶의 현장에서 점점 멀어지고 있으며, 대부분의 교육이 실내에서 이루어지고 있다. 조금 더 구체적으로 말하면, 아이들의 교육에서 노동이 사라지고 있다. 삶이 녹아 있는 현장에서 다양한 체험과 노동을 통해서 교육을 하려 하지 않고, 닫힌 교실에 아이들을 욱여넣고 글과 영상으로 가르치고 있는 것이다. 교육은 현장에서 멀어져서 '실내화'되고 있다.

철학자 김영민은 《자본과 영혼》에서 현대사회의 '실내화' 현상, 즉 자연(외부)에 있는 것을 모조리 실내로 가져오려는 병폐를 비판한다. 그는 "실내화란 곧 실내의 사치화이자 소유화인데, 그것은 외부(자연)의 배제와 인위적 조작으로 가능해진다."라고 말한다. 실내화의 핵심이 배제와 조작에 있다는 것이다.

자연을 배제하면 인간의 본능인 노동도 자연스레 배제된다. 모든 것이 깔끔하게 정리된 실내에서 이루어지는 교육은, 삶에서 시작하는 교육이 아니라 말에서 시작하는 교육이다. 이오덕의 말처럼, 삶이 말이 되고 말이 글이 되어야 하지만, 지금 교육은 글이 말을 지배하고 말이 삶을 지배하는 격이다. 이러한 상황에서 날개를 다는 것은 결국 꾸며진 '조작'이다. 조작은 필연적으로 남루해질 수밖에 없다.

발터 벤야민은 《일방통행로》에서, 아이들을 위한 교구와 교재를 개발하려는 계몽주의자들의 생각을 비판한다. 아이들은 본능적으로 노동 활동을 할 수 있는 '작업장'을 찾아가게 되어 있으니, 아이들이 그러한 자연에 노출되도록 만들어주면 된다는 것이다. 꾸며진 조작이 아니라 본능적 조작을 할 수 있는 여건을 만들어주는 것이 어른의 역할이라는 말이다.

그럼에도 교사는 여러 가지 이유로 아이들에게 꾸며진 것과 만들어진 말들만 가르치고 있다. 교사는 아이들이 살아가는 실제 세상에서 땀 냄새 나는 수업을 하지 못하고 있다. 모형과 교재로 채워진 삭막한 교실에서 '꾸며진 것'과 씨름할 뿐이다. 이중 감금 상태에 놓여 있는 사람이 선택할 수 있는 길은 하나밖에 없다. 매너리즘이다.

하나의 가치와 매너리즘

눈치와 간섭이라는 정신적 감금, 모든 가치를 실내적 가치로 조작해야 하는 공간적 감금은 교사를 피곤하게 만든다. 이런 피곤함에서 벗어날 수 있는 가장 좋은 방법이 열정과 선을 긋는 것이다. 어느 것에도 열정과 새로움을 느끼지 않고 적당히 처리하면 된다.

하지만 여기서 분명히 짚고 넘어가야 할 것이 있다. 매너리즘을 강요하는 것은 사회와 학교라는 시스템이지만, 이것을 지속하는 것은 교사 본인의 선택이라는 사실이다. 매너리즘은 원래 자신도 모르는 사이에 찾아온다. 그래서 그 시간을 지나지 않는 교사는 거의 없다. 문제는 자신이 매너리즘에 빠져 있다는 것을 인지하지 못하는 교사가 의외로 많다는 것과 그것을 인지해도 계속 거기에 머무는 교사가 많다는 데 있다. 이러한 측면에서 보면, 매너리즘은 어쩔 수 없는 수동적 '빠져듦'이라기보다 안락함을 유지하기 위한 적극적 '선택'에 더 가깝다.

나 역시 한때 매너리즘에 빠져 살던 시절이 있었다. 하지만 이러한 '매너리즘의 유지'가 치명적 결과를 불러온다는 것을 알게 되었다. 매너리즘은 '가치의 빈곤함'으로 연결된다.

매너리즘은 교사가 느낄 수 있는 수많은 감정을 '안정감'과 바꾼 결과다. 풍부한 감정과 다양한 가치는 소거되고, 그 자리에 같은 것의 반복만 남은 상태다. 다시 말해, 매너리즘은 '가치의 빈곤함'과 같은 말이라는 것이다. 이 말은《하이타니 겐지로의 생각들》을 읽으면서 발견한 것이다.

이오덕, 권정생의 글만큼이나 하이타니 겐지로의 글은 교사에게 깊은 위로를 준다. 그는 17년 동안 교사로 살면서 아이들과 수많은 시와 글을 썼다. 이후《나는 선생님이 좋아요》,《태양의 아이》같은 책을 펴내면서 일본의 국민 작가로 급부상했다. 그는 책을 통해 벌어들인 인세를 자신을 위해 쓰지 않고 유치원을 지어서 아이들에게 삶과 교육으로 돌려주었다. 그렇게 이와지섬과 오키나와의 섬에서 아이, 생명, 자연에 대한 글을 쓰다가 생을 마감했다. 그는《하이타니 겐지로의 생각들》에서 아이들의 유연한 생각을 극찬하면서 상대적으로 유연하지 못한 어른들의 사고를 비판한다. 짧은 문장이지만 그 충격은 대단했다.

하나의 답, 하나의 가치밖에 인정하지 못하는 쪽이 빈곤합니다.

《하이타니 겐지로의 생각들》, 114쪽

나는 이 문장에서 나의 모습을 발견했다. 나야말로 가장 빈곤한 가치를 가진 교사로 살아가고 있다는 생각이 들었다. 학부모의 비판보다는 인기를 원했고, 관리자의 눈총보다는 인정을 원했으며, 수많은 위험이 도사리는 삶의 현장보다는 안락한 교실에 머무르길 원했기 때문이다. 나는 현실과 타협하기 위해 '안정감'이라는 가치만 남기고 나머지 가치들에는 질끈 눈을 감아버린 교사가 되어 있었다. 나를 둘러싼 어떤 것에도 진정으로 마음을 주지 않았고, 아이들에게 상처받지 않으려고 적당히 거리를 두고 있었다. 그러던 와중에 읽게 된 하이타니 겐지로의 글은, 내가 '가치의 빈곤' 상태, 다시 말해 매너리즘에 빠져 있다는 것을 알려주었다.

차이 있는 반복

자신이 매너리즘에서 빠져 있다는 사실을 안다고 해도 막상 거기에서 벗어나려면 무엇을 어떻게 해야 할지 모르는 경우가 많다. 매너리즘에서 벗어난다는 것이 자신의 일상을 그만둔다는 말은 아닐 것이다. 중요한 것은 일상의 반복을 멈추는 것이 아니라, 그 안에 숨겨진 가치의 빈곤 상태를 벗어나는 것이다. 그러니까 '일상이 주는 반복을 유지하는 범위에서 어떻게 '열정'과 '새로움'을 추구할까?'에 대한 답을 찾는 것이 중요하다. 이에 대한 실마리를 찾을 수 있었던 책이 프랑스 철학자인 들뢰즈의 《차이와 반복》이다. 들뢰즈는 이 책에서 '차이를 만들어내는 반복을 하라.'라고 주문한다.

흔히 우리는 반복이 '같은 것'을 되풀이하는 것이라고 생각한다. 하지만 들뢰즈는 반복에 대한 새로운 정의를 제안한다. 반복은 같은 것을 되풀이하는 것이 아니라 '다시 시작할 수 없는 어떤 것을 되풀이하는 것'이라고 말한다. 다시 시작할 수 없는 것은 바로 '차이' 때문이다.

훌륭한 피아니스트는 최고의 연주를 위해서 하나의 곡을 수없이 반복해서 연주한다. 만약 피아니스트가 어떤 곡을 천 번 연습한다고 했을 때, 각 연주를 녹음해서 분석해 보면 천 개의 연주는 미세하지만 조금씩 차이가 있다. 피아니스트는 이전에 했던 연주를 똑같이 반복할 수 없다는 말이다. 조금씩 차이나는 반복을 통해서 그토록 훌륭한 연주를 할 수 있는 것이다. 결국 차이를 만드는 것이 반복이라는 것이다.

내가 주목한 지점도 바로 이 부분이다. 매너리즘을 극복하는 방법은

'차이를 생성하는 반복'을 하는 것이다. 퇴사를 한다고, 완전히 새로운 일을 시작한다고, 다른 삶의 패턴을 시도한다고 해서 '새로움'이 형성되는 것은 아니다. 그것보다 중요한 것은 반복을 통해 차이를 만들어낼 수 있는 삶의 방식인 것이다.

이제 남은 것은 각자의 일상에서 차이를 생성할 수 있는 방법을 발견하는 것이다. 내가 발견한 방법은 '불편함에 대한 긍정'과 '열정을 품은 광기'다.

2.

불편함에 대하여

김수영의 죽음

사실 책을 좋아하는 사람이라면, 어느 길목에서건 김수영을 만나게
되어 있다. 내가 좋아하는 작가들의 책에도 김수영은 단골손님이었다.
그래서 무작정 《김수영 전집》(1권은 시, 2권은 산문)을 사서 읽기 시작했
다. 아무 준비 없이 그의 시를 읽어나가던 나는, 오랜만에 읽는 것에 대
한 공포를 느꼈다. 도대체 무슨 말을 하고 있는지 도무지 이해할 수 없
었다. 그렇게 1권을 힘들게 읽어나가던 중에, 책의 마지막에 이르러서
야 만난 작품이 〈풀〉이다. 고등학교 시절, 수능 시험을 보기 위해서 열심
히 밑줄 그으며 배웠던 바로 그 시였다. 그리고 책의 마지막에 있는 작
가 연보를 읽으면서 이 시가 김수영이 죽기 전에 마지막으로 썼던 시라
는 것을 알게 되었다. 그 순간 나도 모르는 힘에 이끌려 김수영의 죽음

에 대해 더 찾아 읽기 시작했다.

　그는 평소에 술을 아주 좋아했다. 그날도 어김없이 지인들과 술을 마셨다. 그 자리에 이병주라는 문인도 동석했다. 김수영은 평소 이병주에 대해서 좋게 생각하지 않았다. 김수영이 술에 취해서 자리에서 일어나자, 이병주가 자신의 외제차로 함께 가자고 했다. 김수영은 육두문자를 날린 다음, 평소처럼 버스를 타기 위해서 걸어갔다. 평소 그를 따랐던 정달영은 김수영의 뒤에서 멀찌감치 걷다가, 정류장에 도착한 김수영을 보고 다시 술자리로 돌아갔다.

　그런데 한참을 기다려도 버스가 오지 않자, 김수영은 걸어서 서울 거리를 배회한다. 그러다가 마침 집으로 가는 버스를 타게 되었고, 마포를 거쳐서 서강 종점에 내린다. 이미 자정이 다 된 시각이었다. 인도를 걸어가던 그에게 갑자기 강한 불빛이 비쳤다. 버스가 인도로 뛰어들면서 김수영의 뒤통수를 들이받은 것이다. 그는 급하게 병원으로 후송되었으나 끝내 숨을 거두었다.

　세상에 존재하던 모든 허위에 철저한 비판을 가하던 강골 시인이 그토록 허무하게 죽었다는 사실을 알게 되었다. 이후 나는 그의 작품 세계를 제대로 공부해 보자는 마음을 먹고 여러 책을 읽어나갔다. 그 가운데 큰 도움이 되었던 책이 이은정의 《김수영, 혹은 시적 양심》과 최하림의 《김수영 평전》이다.

　이 책들을 읽고 나서 다시 《김수영 전집》을 읽어나갔다. 그때부터 내 앞에 나타난 김수영은 이전의 김수영이 아니었다. 다시 만난 그의 시와 산문은 매너리즘에 빠져 있던 나를 완전히 깨워주었다.

스스로에게 느끼는 불편함

이은정은 김수영 시 읽기의 진정한 의미가 '불편함'을 느끼는 데 있다고 말한다.

무엇보다도, 김수영의 시를 읽으면 안온했던 일상이 불편하게 느껴진다. 생각해야 할 것을 생각하지 않은 채 살고 있었다는 느낌, 날이 무뎌진 것도 모른 채 무심하게 흘러가고 있었다는 느낌에 섬뜩해진다.

《김수영, 혹은 시적 양심》, 4쪽

앞에서도 언급했지만, 매너리즘을 극복하기 위해서는 먼저 자신이 매너리즘에 빠져 있다는 것을 알아차려야 한다. 자신이 어떤 상태에 있는지 끊임없이 생각하지 않으면 그 상태에서 벗어나는 일은 불가능하다. 그런데 이러한 자각을 방해하는 것도, 그것을 금방 잊어버리게 만드는 것도 모두 안정감이다.

그래서 자신의 삶에 지속적으로 불편함을 느끼는 것이 중요하다는 것이다. 일상이라는 안정감은 "괜히 스스로를 불편하게 하지 말고, 적당히 순응하면서 살아."라고 말한다. 문제는 여기에서 비롯된다. 자신을 향한 불편함을 지속적으로 외면하면, 우리는 삶의 방향을 잃어버린 채 일상이 주는 안락함으로 도피하게 된다. 이러한 사실을 잘 드러내는 소설이 톨스토이의 《이반 일리치의 죽음》일 것이다.

이 소설의 시작은 이반 일리치의 죽음으로 시작한다. 그는 고위직 판사였다. 장례식에 모인 사람들은 그에 대한 기억과 슬픔을 나누는 것보다 그의 빈자리에 누가 갈지에 더 큰 관심을 보인다. 누구 하나 그의 죽음에 진정으로 슬퍼하지 않는다. 그의 죽음이 비참한 이유는 자신의 불편함을 외면한 데 있다.

그는 유능한 법조인이었지만 더 높은 자리로 올라가는 것만을 생각할 뿐, 가족과의 시간에는 점점 소홀해진다. 시간이 지날수록 아내와의 불화가 깊어지고 자식들과의 관계도 어색해진다. 그는 이러한 상황을 자신이 초래했다는 것을 자각하고 무의식적인 불편함을 느끼지만, 여기에 일절 반응하지 않는다. 그는 그 불편함을 잊어버리기 위해서 일로 도피해 버린다.

> 그는 일 속에 파묻혀 오직 거기서 삶의 재미를 느꼈다. 그리하여 마침내 그 재미라는 것이 그를 삼켜버리고 말았다.
>
> 《이반 일리치의 죽음》, 35쪽

가족을 외면하고 일이 주는 만족만을 추구하던 그에게 큰 시련이 찾아온다. 큰 병에 걸려 투병 생활을 시작하게 된 것이다. 그제야 이반 일리치는 자신의 삶을 돌아보지만, 때는 이미 늦어버린 후였다. 그렇게 쓸쓸하게 죽는다.

이 소설을 읽고 기억해야 할 것은 '나에게 안정감을 주는 것들이 정말 중요한 가치인가?'를 끊임없이 생각하는 태도일 것이다. 김수영의 시에서 특기할 만한 부분이 바로 이러한 '자기반성'이다.

나는 타락해 있는 것이 아닌가 …… 이 안락에, 이 무사에, 이 타협에, 이 체념에 마비되어 있는 것은 아닌가.

《김수영 전집 2 - 산문》, 131쪽

그렇다면 김수영의 자기반성, 다시 말해 자기에게 느끼는 불편함은 어디서 오는 것일까? 이은정은 이것을 "끈적한 일상과 서늘한 이상의 줄다리기"에서 찾는다. 김수영은 자신이 이상적 삶에 다가가기 위해서 끝없이 몸부림치고 있는지, 아니면 세상과 적당히 타협한 채 마비된 삶을 살고 있는지를 평생 반성하며 살았던 것이다. 이러한 불편함과 자기반성이 모두 시가 되었다. 그에게 시는 현실 비판과 이상이 공존하는 공간이라고 볼 수 있다.

시와 일상은 그에게 있어 결코 뗄 수 없는 하나의 궤도이지만 동시에 양극에서 당기는 줄다리기와도 같은 것이어서 시인은 늘 그 가운데에서 예민해질 수밖에 없었다.

《김수영, 혹은 시적 양심》, 14쪽

방과 거리

김수영은 자신의 줄다리기를 유지하기 위해서 개인적 공간인 방과 사회적 공간인 거리를 끝없이 오간다. 이은정은 김수영의 시에서 '방'은 세상과 고립된 공간이자 안주와 정착의 공간을 나타내며, '거리'는 세상과 소통할 수 있는 공간이지만 정착할 수 없는 공간을 나타낸다고 말한다. 〈방 안에서 익어가는 설움〉, 〈그 방을 생각하며〉 같은 시들이 김수영의 이러한 내면의식을 잘 보여준다.

방이 정적인 공간이라면 거리는 동적인 공간이다. 김수영은 방에만 머무르지 않고 거리로 나간다. 〈거리 1〉, 〈거리 2〉에서 자신이 꿈꾸던 이상이 실현될 것이라는 '희망'을 노래한다. 방은 시를 쓰는 공간이지만, 그가 실제 삶을 살아가는 공간은 거리였다. 그는 방과 거리를 끝없이 오가는 삶을 살고자 했으며, 이것을 잘 표현한 시가 〈구름의 파수병〉이다.

이은정은 〈구름의 파수병〉에서 "거리에 나와서 집을 보고 / 집에 앉아서 거리를 그리던 어리석음도 이제는 모두 사라졌나 보다"라는 시구가, 한곳에 안주하기를 거부하는 김수영의 시 정신을 명확하게 보여준다고 말한다. 이런 그가 향하는 곳이 '산정(산의 꼭대기)'이다.

> 그에게 안주란 '시를 배반하고 사는 마음'이자 '시를 반역한 죄'였기에 '산정'은 방과 거리를 떠난 공간이자 방과 거리를 오가던 피로에서 물러나 있는 공간이면서, 동시에 그 어디에도 투신할 수 없는 시인의 마음이 가파르게 올라서서 벌 받는 자리이다.
>
> 《김수영, 혹은 시적 양심》, 34쪽

이 설명을 통해 시의 제목이 '구름의 파수병'인 이유를 이해할 수 있다. 산 밑에 있을 때는 구름이 높은 곳에 있는 것 같지만, 산의 꼭대기에 올라가 보면 구름이 바로 옆에 있다. 김수영은 방과 거리 사이에서 오 가던 피로감에 지쳐 있었지만, 결국 산의 정상으로 간다. 그곳은 세상과 떨어져 있는 공간인 동시에 세상을 한눈에 조망할 수 있는 자리다. 그에 게 산정은 세상으로부터의 도피처인 동시에 세상으로 돌아갈 수 있는 가장 좋은 출발점이었던 것이다.

교사와 프리즘

김수영은 안락한 방에서 느끼는 불편함을 극복하기 위해 끝없이 거 리로 나갔다. 그는 4·19혁명 당시에도 거리에서 학생들과 함께했다. 혁 명을 마친 이후 환희에 젖어 쓴 시가 〈우선 그놈의 사진을 떼어서 밑씻 개로 하자〉이다. 민중을 억압하던 사람의 사진을 모조리 떼어내고, 진정 한 자유민주주의를 쟁취하자는 생각을 시로 표현한 것이다. 그의 시는 과격한 시어들로 넘쳐난다. 하지만 그러한 시어는 그가 역동하는 역사 속에서 고통받는 민중과 함께했기 때문에 나올 수 있었다. 나아가 이 시 에서 말한, 사진을 떼어내는 순서에 주목할 필요가 있다. 김수영은 "우 선 가까운 곳에서부터 / 차례차례로 / 다소곳이 / 조용하게 / 미소를 띄 우면서" 떼어내라고 적었다. 참 멋진 말이다.

혁명은 급진적 사유가 절정에 달한 결과물이다. 울분과 고통이 극에 달했을 때 터져 나오는 것이 혁명이다. 그래서 혁명은 흥분을 동반한다. 하지만 흥분이 지속되면 혁명의 성과가 유지될 수 없다. 흥분을 가라앉히고 냉철하게 판단하는 서늘함이 필요하다. 김수영은 서늘함이 없으면 혁명으로 되찾은 시민의 권리가 또 다른 권력자에게 넘어갈 뿐이라는 것을 알고 있었다. 그래서 사진을 떼어낼 때 가까운 곳부터 다소곳이 미소를 띠면서 떼라고 말한 것이다.

김수영이 서늘한 비판자로 살 수 있었던 까닭은 뜨거움이 지배하는 '거리'와 냉철함이 지배하는 '방' 사이를 부단히 오갔기 때문이다. 다시 말해, 그의 삶을 관통하는 '불편함'은 냉정과 열정 사이에서 나온 결과물이었다고 볼 수 있다. 한곳에 안주하지 않으려면 냉정과 열정이 동시에 필요하다는 것이다.

교사에게 학교와 사회는 모두 열정의 공간이 되지 못한다. 사회와 학교는 교사에게 생각하지 말고 매뉴얼대로 행동하라고 말한다. 교실에서도 중립을 지키는 미지근한 사람이 되라고 강요한다. 중립을 지켜야 하는 교사는 어디에도 마음을 쏟지 못한다.

우리나라는 OECD 국가 가운데 유일하게 교사의 정치 기본권이 금지되어 있다. 정당 가입과 후원 같은 기본적인 정치 행위를 보장받지 못한다. 나아가 모든 교육 활동에서 '중립'을 유지하라고 강요당한다. 물론 취지는 이해한다. 학생들에게 한쪽으로 치우친 생각을 강요하는 것은 균형적 세계관 형성에 방해가 될 수 있기 때문이다. 하지만 치우친 발언을 하지 말라는 것과 아예 정치적 소신을 언급하지 말라는 것은 완전히 다른 문제다. 학교는 삶의 방향을 기르는 '가치 추구'의 공간임에도 불구하고, 정작 그 길잡이 역할을 해야 할 교사의 손과 발은 묶여 있다.

교사의 가치와 소신은 교육 활동에서 가장 기본이 되는 것이다. 교사는 교과서를 가르치는 사람이 아니라 교과서를 통해서 가르치는 사람이고, 사회적 가치를 주입하는 사람이 아니라 현상에 숨겨진 다양한 국면을 해석하는 사람이다. 그러니 교과 지식과 사회 현상은 교사라는 프리즘을 통과하면서 수없이 많은 줄기와 가지로 흩어질 수 있어야 한다. 하나의 빛이 프리즘을 통과하여 다양한 색으로 갈라지듯이, 사회에서 강요하는 획일적인 목소리도 교사라는 프리즘을 통해 수많은 생각으로 변주되어야 한다는 말이다.

그래야 아이들은 여러 생각들 속에서 갈등할 수 있다. 이것이 교사의 가장 중요한 역할이 아닐까? 수없이 변주되는 줄기 가운데 무엇을 다룰지를 선택하는 것이 바로 교사의 소신과 해석이다. 소신과 해석이 곧 교사의 '교육철학'이다. 김구 선생은 〈나의 소원〉에서 철학이 교육의 기본이라고 말한다.

교육의 기초가 되는 것은 우주와 인생과 정치에 대한 철학이다.

《백범일지》, 430쪽

교육을 위해서는 우주와 인생과 정치에 대한 철학이 필수라는 것이다. 이것이 교사의 정체성이 되는 것이다. 교사가 수업 시간에 자신의 철학을 소신껏 말하지 못한다면 그 교사는 교실에서 실존할 수 있을까? 자본과 경쟁이라는 획일적 사회 가치가 교사라는 프리즘을 거치지 않은 채 학생들에게 바로 주입된다면 우리 사회는 앞으로 어떻게 되겠는가? 사회는 교사들이 마지막 파수꾼이라는 것을 잊지 않아야 한다.

다행인 것은 사회가 교사에게 열정을 허락하지 않는다고 교사에게 열정의 공간이 없는 것은 아니라는 사실이다. 오히려 교사 스스로 만드는 열정의 공간이 더 오래 유지될 수 있다.

교사 스스로 만드는 광장

교사에게는 식어버린 열정을 다시 불태우고, 자신의 익숙함을 냉철하게 돌아볼 수 있는 공간이 필요하다. 김수영 정신의 핵심은 '낯섦에서 오는 불편함을 긍정하고, 그것을 지속하는 정신'이다. 이 정신을 기르기 위한 가장 좋은 방법은, 일단 학교 밖으로 나와서 다양한 사람들이 모이는 광장으로 가는 것이다. 그래서 다른 일을 하는 사람들과 소통하면서 그들의 삶을 배우는 것이다. 다른 삶을 만나는 것은 자신의 삶을 낯설게 볼 수 있는 좋은 방법이다.

교사들은 특히나 다른 직업의 사람들과 잘 어울리지 않는다. 나와 비슷한 처지에 있는 사람들은 누군가의 새로운 시도와 열정을 환영하지 않는다. 동일성이 지배하는 공간에 있으면 일상의 안락함을 의심하지 않는다. 진정한 삶은 그 안락함을 다른 시선에서 바라볼 수 있어야 시작된다. 영화 〈트루먼 쇼〉에서 자신이 살던 거대한 세트를 벗어나려는 트루먼을 떠올려 보라. 그를 막으려던 크리스토프가 던진 말도 "내가 너에 대해서 가장 잘 알고 있어."였다. 낯섦에서 오는 불편함을 긍정할 수 있어야 진정한 삶을 시작할 수 있는 것이다.

군이 학교 밖을 나가지 않더라도 교사는 스스로 광장을 만들 수 있다. 학교 안에서 나에게 익숙하지 않은 공간이 있다면 그곳이 광장이 될 수 있다. 한 번도 가보지 않은 교실에 가보거나, 다른 과목 선생님과 이야기를 나누거나, 상담실이나 보건실에 가는 것도 좋은 방법이다. 돌봄 교실이나 방과후 교실, 급식실도 더없이 좋은 광장이 될 수 있다. 낯선 공간에 가서 그동안 소통하지 않았던 사람들과 이야기 나누는 것으로 충분하다.

자신의 상황을 완전히 새롭게 인식하는 과정을 통해서 교사는 스스로 광장을 만들 수 있다. 스스로 만든 광장에서 교사는 열정을 유지할 수 있고, 그 공간에서 자신의 삶을 혁명할 수 있다. 교육혁명은 그 이후에나 가능한 일이다. 스스로 광장을 만들지 못하는 사람은 자신의 삶도 혁명할 수 없다. 이는 최인훈의 소설 《광장》에 명확하게 나타난다.

소설의 주인공 이명준은 남한에 자유를 누릴 수 있는 공간이 없다고 생각하고 자유로운 토론과 광장이 있다는 북으로 간다. 하지만 그곳에 있던 주체적 혁명과 광장이 오래전에 사라졌다는 것을 알고 크게 실망한다. 이후 전쟁이 발발하게 되고, 포로수용소에 갇혀 있던 이명준은 남한도 북한도 아닌 중립국을 선택한다.

이명준이 꿈꾸던 유토피아는 어디에도 없었다. 결국 광장은 민중들이 스스로 만들어나가야 한다는 것이다. 누가 만들어주지 않는다. 교사의 광장도 마찬가지다. 자유를 억압하던 사람의 사진을 가까운 곳부터 떼어나가듯이, 교사는 가까운 곳에 있는 억압부터 제거해 나가야 한다. 억압은 언제나 안락함 뒤에 숨어 있기 때문이다. 교사가 느끼는 안정감은 나를 대신하여 누군가가 겪는 억압이나 동료가 겪는 독박에서 오는 경우가 많다. 내가 억압을 느끼지 못한다고 해서 학교에 억압과 독박이 없는 것이 아니다. 이것을 발견하기 위해서는 나의 상황을 새롭게 볼 수 있는 '불편함'이 필요하다.

3.

꾸준함은 주체성과 사랑에서

분수보다 폭포, 그리고 다이빙

차이를 생성할 때 가장 중요한 것이 '주체성'이다. 다른 사람을 모방하거나 타인이 인정해 주는 가치를 좇아서 차이를 생성한다면 그것은 오래가지 못한다. 신영복은 《담론》에서 진정한 차이를 생성하기 위해서는 다른 사람의 것을 상대적으로 우월하게 생각하는 '위화감'을 버려야 한다고 말한다. 나만의 소신을 바탕으로 차이를 생성해야 한다는 것이다. 나는 주체성이라고 하면 '다이빙'이 떠오른다.

다이빙은 중력을 거스르지 않으면서 자신이 가고자 하는 공간에 주저 없이 뛰어드는 담백한 행위다. 교사는 수많은 삶에 둘러싸여 생활하고, 삶 속에서 판단을 내려야 하는 존재다. 그러니 일단 결심이 서면 내면의 골방이든 실제 삶의 현장이든 가리지 말고 담백하게 다이빙하는 태도가 중요하다. 다이빙은 누가 시켜서는 할 수 없는 일이다. 스스로 절벽 끝에 서지 않으면 뛰어내릴 수 없기 때문이다. 그러니 다이빙이야 말로 삶이 주는 억압과 공포를 오로지 자신의 힘으로 극복하는 찬란한 행위다. 다이빙은 상승보다 하강을 선택한다는 점에서 동양철학에 근접해 있는 행위이기도 하다.

서양철학은 중력을 거스르는 상승을 예찬한다. 니체의《차라투스트라는 이렇게 말했다》에 "춤추라!" 하는 말이 자주 등장하는 것도 이와 관련된다. 춤이라는 솟구쳐 오르는 행위를 통해서 자신의 운명을 긍정하고, 스스로를 극복하는 초인이 되라는 말이다. 서양인들이 중력의 거스름을 아름다움으로 여긴다는 사실은 광장마다 빠짐없이 설치되어 있는 '분수대'를 보면 알 수 있다.

서양인들은 중력을 거스르는 인위적 힘을 가해서 아래에서 위로 솟구치는 물을 아름답게 생각했다. (지금은 동양도 그렇다.) 인위적으로 솟구친 물은 언젠가는 바닥으로 추락하게 마련이다. 인위적 솟구침은 오래 지속할 수 없다는 말이다.

동양은 이러한 인위적 솟구침보다는 '하강'을 선택한다. 흔히 하강을 수동적 굴종으로 생각하기 쉽지만, 전혀 그렇지 않다. 하강은 능동적 결단이자 유연한 연대다. 바다가 그토록 넓은 것은 아래로 흘러간 물을 가리지 않기 때문이다. 바다를 이룬 것은 상승이라는 인위적 힘이 아니라 하강이라는 자연의 순리다. 인간은 하강이라는 메커니즘을 통해서만 타인과 어울릴 수 있다. 하강과 어울림의 사상이 잘 녹아 있는 책이 노자의《도덕경》이다. 노자가 물을 최고의 선이라 칭한 것도, 물이 하강과 어울림이라는 본성을 드러내기 때문이다.

어쨌든 핵심은 삶의 주인으로 살기 위해서 타인의 기준에 나를 맞추려 하지 말고, 자신의 소신을 향해서 다이빙할 수 있어야 한다는 것이다. 교사의 삶도 마찬가지다. 수많은 삶 사이에서 매 순간 선택을 해야 하는 일을 지속하려면, 자신의 소신을 끝까지 밀어붙이는 다이빙이 필요하다. 이러한 결심을 내린 교사에게 김수영의 시 〈폭포〉는 큰 위로가 될 것이다.

폭포는 곧은 절벽을 무서운 기색도 없이 떨어진다

규정할 수 없는 물결이
무엇을 향하여 떨어진다는 의미도 없이
계절과 주야를 가리지 않고
고매한 정신처럼 쉴 사이 없이 떨어진다
…
번개와 같이 떨어지는 물방울은
취할 순간조차 마음에 주지 않고
나타와 안정을 뒤집어놓은 듯이
높이도 폭도 없이
떨어진다

〈폭포〉 일부, 《김수영 전집 1 - 시》, 129쪽

우리가 부수어야 할 저울

김수영의 시를 읽다 보면 다음 행으로 넘어가기 힘들 정도로 강한 울림을 만나곤 한다. 아마도 그 울림은 '부러움과 부끄러움의 이중주'에서 나올 것이다. 높이도 폭도 재지 않고 무작정 하강하는 폭포의 모습을 떠올리고 있으면 그 담대함이 부러워진다. 동시에 뭐든지 계산하고 비교한 다음에야 그것을 실천으로 옮기던 나의 모습이 부끄러워진다. 생각만 하다가 실천으로 옮기지 못하는 일이 너무 많았기 때문이다. 마음속으로 끊임없이 키재기를 하고 있었던 것이다. 그러다 보면 정작 어느 것도 제대로 하지 못한다.

니코스 카잔차키스의 자전적 소설《그리스인 조르바》에 등장하는 '나'도 뭐든지 비교하느라 자신의 삶을 즐기지 못하는 사람이다. '나' 앞에 나타난 조르바는 다이빙하지 못하는 삶을 비웃는다.

"무슨 생각을 하시오?" 그(조르바)가 그 큰 머리통을 내저으며 다정하게 물었다. "······ 당신 역시 저울 한 벌 가지고 다니는 거 아니오? 매사를 정밀하게 달아보는 버릇 말이오. 자, 젊은 양반, 결정해 버리쇼. 눈 꽉 감고 해버리는 거요."

《그리스인 조르바》, 17쪽

현대인이라면 마음속에 저울 하나씩은 가지고 있을 것이다. 저울은 우리가 선택한 삶에 속절없이 다이빙하는 것을 가로막는다. 카잔차키스와 김수영은 '더 이상 키재기 하지 말고, 자신의 삶에 온전히 다이빙하시오.'라고 말하고 있었다. 도덕적으로 문제가 없다면 마음이 시키는 대로 살아도 좋다는 것이다. 특히나 김수영의 시에 나타난 하강은 단순히 삶을 즐기는 차원의 결단을 넘어서, 익숙함과 타협하지 않는 삶을 밀어붙이는 정신이 녹아 있다.

> 김수영에게 '나타와 안정'은 고여 있는 것이고 정지된 것이다. 한순간도 멈추지 않고 자신을 비롯한 모든 이들을 질타하며 밀어붙이고자 했던 그는 거센 속도를 지향한다. 그래서 그는 곧고 고매한 폭포의 정신을 '쉴 사이 없이', '번개와 같이', '취할 순간조차 주지 않고'라는 속도와 긴밀한 것으로 인식한다.
>
> 《김수영, 혹은 시적 양심》, 42쪽

그의 시에서 속도는 분주함이나 조급함을 의미하지 않는다. 망설이지 않는 용기이자 순간을 살아가겠다는 담백한 의지다. 이러한 담백함의 절정이 녹아 있는 시가 〈풀〉이다.

교사가 극복해야 할 거대한 힘

김수영의 〈풀〉에서 주목할 것은 '바람'과 '풀'이다. 바람이 민중을 억압하는 세력이고, 풀은 민중의 저항정신이라고 배웠다. 물론 틀린 것은 아니다. 하지만 이러한 해석은 뭔가 부족하다. 나중에 '광기'를 다루면서 말하겠지만, 김수영의 시를 제대로 이해하기 위해서는 그의 시어를 수동적 저항이 아닌 '주체적 저항'으로 해석해야 한다.

저항은 능동적인 활동이긴 하지만, 그 안에 미묘한 수동성이 내포되어 있다. 거대한 힘이 우리를 압박할 때, 저항은 거기에 대한 반작용으로 시작되는 경향이 있기 때문이다. 하지만 김수영의 시에 표현된 저항은 반응적 맞섬에 그치지 않는다. 거대한 힘을 완전히 전복할 수 있는 능동성(주체성)을 끝까지 밀고 나아가는 것에 가깝다.

가세트는《대중의 반역》에서 민중의 이러한 주도권을 불신한다. 그리고 "대중은 선택된 소수의 말에 귀를 기울여야 한다."라고 말하면서 대중이 여론을 형성하는 것의 한계점을 비판한다. 한마디로 분수를 지키라는 말이다. 이에 반해, 김수영은 민중의 저항을 끝까지 밀어붙이라고 말하고 있다. 저항은 혁명이 되어야 하고, 그 혁명의 결과가 지속되려면 시민들이 주도적인 담론을 형성할 수 있어야 한다는 것이다. 김수영은 대중의 잠재력을 믿었던 것이다.

'풀'을 수동적 '맞섬'이 아니라 주체적 저항 개념으로 이해하기 위해서는《논어》에 등장하는 국가와 백성의 관계를 먼저 이해해야 한다. 공자는 군자의 가장 큰 덕목이 '바람'과 같고, 백성의 가장 큰 덕목은 '풀'과 같다고 말한다. 군자는 백성을 통제할 수 있어야 하고, 백성은 그러한 통제를 잘 따라야 한다는 말이다. 김수영은 이러한 구시대적 프레임을 과감히 벗어버리자고 말하는 것이다.

〈풀〉의 1연에서, 풀은 바람의 힘으로 인해 일단 눕는다. 하지만 2연부터 반전이 일어난다. 바람보다 먼저 눕지만 바람보다 먼저 일어난다. 이는 3연에 가서 절정에 이른다. 이은정은 '눕는다'라는 시어를 정체된 시간으로 해석한다.

김수영은 정지된 시간과 정체된 시간을 부정하며 시간의 존재를 느끼는 그 짧은 순간마저 태만과 정지로 생각하기에, 끊임없이 자기를 내몬다. 그는 '확실히 규정할 수 없어도' 마치 '혁명'같이 빠른 속도로 현재와 미래를 실천해 나가야 한다는 강박관념을 가지고 있다.

《김수영, 혹은 시적 양심》, 47쪽

김수영이 실천한 정지와 정체의 부정은 안정과 나태에 대한 부정인 동시에 자유로운 삶을 가로막는 거대한 힘에 굴종하지 않겠다는 선언이라 할 수 있다.

교사의 소신을 가로막는 거대한 힘에 굴복하지 않겠다는 선언이 '주체적 저항'이다. 주체적 저항은 교육 담론의 주도권을 교사에게 옮기는 작업과 병행되어야 한다. 교사가 담론의 주도권을 쥐기 위해서 가장 시급한 것은 '교사의 정치적 자유'다. 학교 안에서도, 학교 밖에서도 교사는 자신의 정치적 소신을 자유롭게 말할 수 있어야 한다. 왜곡된 사회 현상을 무감각하게 받아들이는 학생이나 가짜 뉴스를 신봉하는 학생에게 "그것은 이런 이유 때문에 잘못된 거야."라고 말할 수 있어야 한다. 그래야 교사는 가르치는 일을 지속할 수 있다.

교육은 특급 호텔처럼 달콤하고 로맨틱한 건물에 들어선 고객을 안내하는 일이 아니다. 영화 〈스타워즈〉의 루크 스카이워커처럼, 거대한 힘이 지배하는 척박한 공간을 살아갈 제다이를 기르는 일과 비슷하다. 제다이 마스터는 제다이들을 안내하지 않는다. 철저히 가르친다. 자신의 철학을 당당히 말한 이후에 제자의 성장을 기다린다. 아이들의 선택과 판단도 교사의 가르침 이후에야 가능한 것이다. 교사의 정치적 중립은 교실에서 모든 선택과 판단을 빼앗아 갔다. 교사의 철학이 사라진 교실에서 민주시민은 자랄 수 없다.

학교 밖에서도 마찬가지다. 자유롭게 광장에 나가서 사람들과 어울릴 수 있어야 하고, 그 경험을 교실에서 펼칠 수 있어야 한다. 그래야 교사는 자신의 수업과 학생을 사랑할 수 있다. 사랑이 없는 곳에서 교육은 절대로 꽃필 수 없다. 학생을 주체적인 시민으로 기르기 위해서는 교사부터 주체적인 존재가 되어야 한다. 이는 교사들이 차이를 생성하는 삶을 살아야만 가능한 일이다.

아무튼, 사랑

그렇다면 교사의 주체성은 어디에서 오는가? 나아가 주체성을 지속할 힘은 어디서 오는가? 김수영의 글을 읽어보면 그 힘이 '내가 있는 곳에 대한 사랑'에서 온다는 것을 알 수 있다. 이것은 교사가 매너리즘을 극복하는 데 있어서 중요한 메시지다. 매너리즘은 자기가 머무는 공간과 시간에 대한 안정감이다. 하지만 그 안정감을 진정한 사랑이라고 말하기는 어렵다. 매너리즘은 자신이 머무는 시간과 공간의 무료함에서 시작된 것이지, 애착에서 시작된 것은 아니다. 차이를 생성하기 위해서는 일상을 '무료한 것'이 아닌 '사랑의 대상'으로 느끼는 것이 중요하다.

일상을 애착의 대상으로 만드는 좋은 방법은 '차이를 생성할 수 없는 것'부터 몰아내는 것이다. 단편적 즐거움, 일시적 만족감, 다른 사람의 시선과 평가 때문에 억지로 하던 일부터 걷어내는 것이다.

그러한 것들은 처음부터 나에게 있던 것이 아니다. 무료함이라는 고통을 이겨내기 위해서 나도 모르게 들여놓은 것이다. 외부에서 들여온 것은 자신의 정체성이 될 수 없기 때문에 빨리 덜어내어야 한다. 이는 김수영이 우리 민족에게 주문했던 것과도 일치한다.

김수영은 〈가다오 나가다오〉에서 우리 것이 아닌 것을 몰아내자고 말한다. 혼돈의 시간을 겪더라도 그것을 추슬러내는 것은 우리 민족의 몫이지 양키들과 소련인들의 것은 아니라고 말한다. 최하림은 김수영의 시에서 민족주의적 모습도 발견할 수 있다고 말한다. 건강한 민족주의는 애착의 또 다른 표현일 것이다.

반미를 입 밖에만 내도, 그 말의 전후 문장을 살피지 않고 구속해 버리는 때에 '양키 고 홈'을 외치는 이 시는, 뒤에 그 자신이 쓴 표현대로 서랍에나 넣어두어야 할 불온한 시었다. …… 이유는 한 가지, 이 나라는 그들의 나라가 아니고, 우리나라이므로, 우리는 여기서 무한자유를 요구하는 급진주의자였으며 문학적으로 초현실주의자였던 김수영이 정치적으로 민족주의적 모습을 띠고 나타나는 것을 유감없이 볼 수 있다.

《김수영 평전》, 329-330쪽

모더니스트였던 김수영도 민족주의적 감정에서는 자유로울 수 없었다. 민족에 대한 애착을 발견할 수 있는 또 다른 시가 〈거대한 뿌리〉다. 그는 진보주의, 사회주의, 통일, 중립 같은 이데올로기에 모조리 욕을 날린다. 동양척식회사, 일본영사관 같은 일제 잔재를 비롯해 아이스크림 같은 단어도 예외가 될 수 없다.

요강, 망건, 장죽, 종묘상, 장전, 구리개 약방, 신전,

피혁점, 곰보, 애꾸, 애 못 낳는 여자, 무식쟁이,

이 모든 무수한 반동이 좋다

이 땅에 발을 붙이기 위해서는

─ 제3인도교의 물속에 박은 철근 기둥도 내가 이 땅에

박는 거대한 뿌리에 비하면 좀벌레의 솜털

내가 내 땅에 박는 거대한 뿌리에 비하면

〈거대한 뿌리〉 일부, 《김수영 전집 1 - 시》, 286-287쪽

그는 〈거대한 뿌리〉를 통해 외부에서 들어온 이데올로기와 단어들을 모조리 뱉어내야 한다고 말한다. 우리 것의 소중함을 기억하고 거기에서 다시 시작하자고 주장하는 것이다. 이은정은 김수영의 시어인 '뿌리'를 다음과 같이 설명한다.

김수영의 시에서 물의 상상력이 흐르는 것이 아니라 내리꽂히는 폭포로 드러났다면, 나무의 상상력은 비상이 아니라 거대한 뿌리, 검고 굵은 뿌리로 땅에 얽혀 들어가는 동적인 힘으로 형상화된다. 그것은 바로 내가 내 땅에 박는 애정과 자긍의 뿌리에서 시작되기 때문이다.

《김수영, 혹은 시적 양심》, 52쪽

교사들이 주목해야 할 부분은 김수영이 왜 이토록 우리의 것에 집착했는지에 대한 이유일 것이다. 김수영은 모든 민중이 자유로운 삶을 누리기를 바랐다. 최하림 역시 김수영을 자유의 시인으로 평가한다. 그가 추구한 궁극적 이상은 자유였다. 자유는 더하기에서 오지 않고 빼기에서 온다. 시야를 가리는 외부의 것을 제거하고 자신의 내면과 마주할 수 있는 자만이 자유를 누릴 수 있다.

김수영의 탁월함은 자유를 사랑에서 찾는다는 점이다. 민족에 대한 사랑, 뿌리에 대한 사랑이 없다면 우리는 자유로울 수도 없고 주체적으로 살아갈 수도 없다는 것이다. 김수영은 가장 사랑했던 아들에게도 사랑하는 법을 배우라고 말한다.

아들아 너에게 광신(狂信)을 가르치기 위한 것이 아니다
사랑을 알 때까지 자라라
인류의 종언의 날에
너의 술을 다 마시고 난 날에
미대륙에서 석유가 고갈되는 날에

그렇게 먼 날까지 가기 전에 너의 가슴에
새겨둘 말을 너는 도시의 피로에서
배울 거다
이 단단한 고요함을 배울 거다

〈사랑의 변주곡〉 일부,《김수영 전집 1 - 시》, 345쪽

'인류의 종언', '미대륙의 석유가 고갈되는 날'이라는 시구는 이 세상에 존재하는 모든 것이 영원할 수 없다는 것을 표현하기 위한 것이다. 이러한 세상에서 자신을 잃지 않고 허무에 빠지지 않는 길은, 결국 사랑밖에 없다는 것이다. 아이들은 사랑의 가치를 배우면서 단단하게 응축되고, 사랑할 수 있는 아이가 어른으로 성숙한다는 것이다. 김수영은 시의 마지막에 '복사씨', '살구씨' 같은 시어를 통해 사랑을 표현한다. 아마도 사랑은 결국 응축이자 성숙의 과정이라는 것을 말하기 위함이 아닐까.

릴케 역시 사랑은 '성숙'이라고 말한다. 그녀는《젊은 시인에게 보내는 편지》에서 "사랑은 우선 홀로 성숙해지고 나서 자기 스스로와 타인을 위해 하나의 세계가 되는 것"이라고 했다. 누군가를 사랑하려면 스스로가 먼저 성숙한 세계를 이루어야 한다는 말이다. 김수영과 릴케 모두 "사랑이란 나의 고유함을 잃지 않는 것입니다."라고 말하는 것이다.

따라서 교사가 아이들에게 사랑을 실천하려면 교사부터 성숙한 세계를 만들어야 한다. 성숙한 세계는 외부에서 들여온 대상이 아니라, 고유한 자기를 발견하는 과정이다. 타인에게 보여주기 위해서 억지로 부여잡고 있던 소유적 가치들을 덜어내야만 일상의 소중함을 발견할 수 있

다. 일상 속에서 새로운 의미를 생성하지 못하면, 유능한 교사가 된다고 하더라도, 좋은 기관에 파견을 간다고 하더라도, 공문에 자주 이름을 올린다고 하더라도 일상이 주는 무료함을 극복할 수 없다. 무료함은 얼굴만 바뀔 뿐 교사의 다리에 또다시 무거운 추를 매달 것이기 때문이다. 일상에서 의미를 생성하고 싶은 교사라면 무엇이 본래 자기 모습인지, 무엇이 자신이 진정으로 사랑해야 할 대상인지부터 살펴야 한다.

작은 것들의 신, 교사

교사가 소신을 유지하고 차이를 생성하려면 주체성과 사랑이 필요하다고 했다. 하지만 주변 사람들은 이러한 소신을 가만두지 않는다. 교사 본연의 길을 가려는 사람을 일관된 잣대로 폄하하기도 하고, 눈에 보이지 않는 숭고한 노력을 가치 없는 것으로 깎아내리기도 한다. 교사가 그러한 상처에서 도피할 때, 그 길 끝에는 늘 매너리즘이 기다리고 있다.

그래도 교사는 자신의 소신을 끝까지 밀고 나가야 한다. 그래서 나만의 절벽 끝에 서야 한다. 한 걸음만 물러나면 안락한 반복과 타인의 인정이 기다리는 곳으로 돌아갈 수 있지만, 교사는 아무도 박수쳐 주지 않는 절벽 끝에 매일 서야 한다.

절벽 끝에 서는 것을 포기하지 않는 교사에게 김수영의 산문 〈시여, 침을 뱉어라〉는 담백한 위로를 줄 것이다. 이 글은 1968년 4월, 부산에서 열린 펜클럽 문학 세미나에서 김수영이 발표한 것이다. 많은 평론가들이 그의 산문 가운데 백미로 꼽는 글이다. 김수영은 이 글의 마지막을 다음과 같이 마무리한다.

> 시는 온몸으로, 바로 온몸을 밀고 나가는 것이다. 그것은 그림자를 의식하지 않는다. 그림자에조차도 의지하지 않는다 …… 모깃소리보다도 더 작은 목소리로 아무도 하지 못한 말을 시작하는 것이다. 아무도 하지 못한 말을. 그것을……
>
> 《김수영 전집 2 - 산문》, 403쪽

김수영은 절벽 끝에 서서 자신의 소신을 끝까지 밀어붙이는 삶을 응원하고 있었다. 남의 시선 때문에 소신을 꺾지 말고, 모깃소리보다도 더 작은 목소리로 자신의 소신을 외치라고 말하고 있었다. 그가 말한 작은 목소리는 자기 마음속의 진심이자 소신일 것이다.

무의미한 반복을 깨부수고 차이를 생성하는 것의 시작은 내 마음속에 숨어 있는 진심을 찾아내는 것이다. 그리고 그것을 입 밖으로 꺼내는 일을 계속해야 한다. 그 소리는 다른 사람에게는 모깃소리보다 작게 들리겠지만, 교사 자신에게는 천둥보다 큰 소리로 들릴 것이다. 꾸며진 말과 적당한 얼버무림이 아니라, 나의 진심을 외치고 실천하는 것이 가장 중요하다는 말이다.

아룬다티 로이의 소설 《작은 것들의 신》도 매너리즘에 빠진 교사가 어떻게 하면 자신의 삶을 긍정할 수 있는지에 대해서 직관적으로 배울 수 있는 작품이다. 그 핵심은 '작은 것을 소중하게 대하는 것'이다.

이 소설은 인도 카스트 제도에 의해서 삶이 파괴된 암무와 그녀를 기억하는 딸 라헬의 이야기다. 암무는 사랑해서는 안 될 불가촉천민 벨루타를 사랑하게 되고, 이 사실이 발각되면서 벨루타는 비극적 죽음을 맞게 된다. 벨루타는 공산주의라는 거대한 이념에 몸담고 있었지만, 이념이라는 '큰 것들'은 암무와 벨루타의 삶을 지켜주지 못한다. 이러한 비극적 상황에서 암무와 벨루타를 지탱해 준 것은 '작은 것들'이다. 일상에서 일어나는 작은 일들과 사물, 작은 변화에 모든 신경을 집중한다.

아룬다티 로이는 이 소설을 통해서 "이제는 큰 것에 대한 이야기가 아니라 작은 것들에 대해서 이야기해야 합니다."라고 말하고 있었다. 작은 것들이 암무와 벨루타의 삶을 지탱해 준 것처럼, 아이들의 삶을 지탱할 것도 작은 것들이다. 거창한 미래와 화려한 기술이 아니라, 지금 바로 아이들이 의지할 수 있는 작은 것들이 아이들을 기른다. 따라서 교사의 일 역시, 작은 것을 소중하게 기르는 일이 되어야 한다.

앞서 말했지만, 교사의 일은 겉으로 금방 티가 나는 일이 아니다. 아이들의 성장에는 시간이 필요하기 때문에, 시간을 견디지 못하는 교사는 자신의 일상에 매몰되거나 거창한 일로 도피한다. 하지만 그러한 '있어 보이는 일들'은 소유적 가치인 경우가 많다. 교사가 '큰 것처럼 보이는 것들'을 하면 할수록 교사의 삶은 더욱 남루해진다. 큰 것들은 교사의 매너리즘을 절대로 해결하지 못한다는 말이다.

교사에게 필요한 것은 작은 것들이고, 그 작은 것들을 온몸으로 밀고 나가는 용기다. 고민하지 않고 담백하게 떨어지는 폭포처럼 자신의 소신을 긍정하는 교사라면, 작은 것들의 신이 되기에 충분할 것이다.

열정을 억압하는 이성의 독백

'착함'은 이성의 힘

교사들은 대부분 착하다. 자신의 말과 행동을 거듭 단속하면서 다른 사람에게 피해 주지 않으려고 노력한다. 그래서 교사들은 무리에서 튀지 않으려는 '무난함'과 주어진 일을 묵묵히 해내는 '착함'을 두루 갖추고 있다. 나 역시 착한 교사가 되기 위해 노력했다.

그런데 착하게 살다 보니 어느 순간 겁쟁이가 되어 있었다. 부당한 일을 당해도 웬만하면 속으로 삭였고, 회의 시간에 하고 싶은 말이 있어도 꺼내지 못했다. 그렇게 몇 년을 보내고 나니 학교생활이 재미없었다. 어느 것에도 열정을 느끼지 못하는 무감각한 존재가 되어버렸다. 지독한 매너리즘에 빠진 것이다.

교사는 자신의 본심을 잘 드러내지 않는다. 감정도 최대한 감춘다. 마음은 '착하게 살면 너만 바보 된다.'라고 외치지만, 교사는 결국 이성적으로 행동하려고 노력한다. 본심을 드러내면 버릇이 없어 보일까 봐, 감정을 드러내면 공동체에서 소외당할까 봐, 진심을 말하면 동료와 관계가 안 좋아질까 봐 자신의 본심과 감정을 숨긴다. 이러한 이성적 착함이 교사를 더욱 무감각한 존재로 만든다.

그런데 잠시 생각해 볼 것이 있다. 학교를 포함한 우리 사회에서 착함은 왜 이렇게 숭상받는 덕목이 되었을까? 나아가 인간은 정말 이성으로 감정을 통제할 수 있는 존재일까? 근대 이후 등장한 사상가들은 인류 역사에서 이성이 지나치게 숭상받아 왔음을 지적한다. 다시 말해, 인간을 지배하는 것은 이성이 아니라 비이성적 요소일 수 있다는 말이다.

마르크스는 인간을 자신이 속한 계급 논리에 의거하여 행동하는 존재라고 설명했고, 프로이트는 인간을 무의식의 조종을 받는 존재라고 말했다. 조너선 하이트 역시 《바른 마음》에서, 인간을 "코끼리 등에 올라탄 기수"라고 말한다. 이성이라는 기수는 코끼리라는 감정을 이길 수 없다는 것이다.

리처드 도킨스는 《이기적 유전자》에서 인간의 행동에 영향을 미치는 것은 이성도 감정도 아닌 유전자의 힘이라고 말한다. 인간은 유전자 정보의 지배를 받는 꼭두각시일 뿐이라는 것이다. 이들의 주장을 종합해 보면, 인간은 이성적으로 판단하는 존재가 아니라 본능적으로 결정을 내리는 존재에 가깝다. 그 이후에 이성이 등판한다. 이성을 이용해서 자신이 그렇게 행동해야 할 이유를 끼워 맞추는 것이다. 요컨대, 인간은 이성보다 다른 요소의 영향을 더 많이 받는 존재이고, 그 중에서도 감정은 가장 강력한 영향력을 행사한다는 말이다.

수긍이 가는 설명이긴 하지만, 이러한 사실들이 교사의 삶에는 심각한 물음을 던진다. 인간이 이성적 판단에 따라 행동하는 존재가 아니라면 교육이 할 수 있는 일은 거의 없기 때문이다. 교사가 아무리 노력해도 학생들을 이성적 소양을 갖춘 민주시민으로 기르기 어렵다는 결론이 나오기 때문이다. 이러한 생각들은 학교에서 '감정(열정)'을 비롯한 다른 요소들을 제대로 가르치지 않으면 이성을 아무리 가르쳐도 별로 소용이 없다는 허무주의로 연결될 수 있다. 이를 해결하기 위해서는 교사의 역할에 대한 본질적인 질문들을 떠올려볼 필요가 있다.

'교육에 있어서 열정(감정)은 이성(지식)에 비해 왜 이렇게 주목받지 못했을까?', '교사는 어떻게 이성을 가르쳐야 하는가?' 같은 질문들이다. 이런 고민에서 나를 구해준 책이 미셸 푸코의 《광기의 역사》이다. 이 책을 읽고 나니 그동안 학교와 사회가 '열정'을 '비이성'으로 간주하고 억압해 왔다는 것을 알게 되었다. 나아가 인간은 이성과 광기의 균형을 유지해야 행복한 삶을 살 수 있다는 것도 알게 되었다. 이러한 균형을 잃으면 '이성의 독백'이나 '광기의 독백'이 시작되는 것이다. 균형을 회복하기 위해서는 억압된 광기부터 풀어주어야 한다.

광기는 원래 우리 곁에 있었다

《광기의 역사》는 프랑스 철학자 미셸 푸코의 박사학위 논문이자, 이후로 이어지는《말과 사물》,《감시와 처벌: 감옥의 탄생》,《성의 역사》와 같은 주옥같은 작품들의 모티프가 된 책이다. 따라서《광기와 역사》는 푸코의 철학을 이해하기 위해서 반드시 통과해야 할 관문이다. 푸코는 현대인들이 보편적으로 인식하고 있는 '광기'에 대한 부정적 관념에 의문을 가지게 된다. 현대인들은 광기를 정신질환으로 인식하고 있으며, 격리와 치료의 대상으로 받아들이기 때문이다. 푸코는 '광기'가 처음부터 이런 푸대접을 받았는지 조사하기로 마음먹었다. 그가 선택한 연구 방법은 '계보학적 탐구'다.

그는 광기의 역사를 연대기적으로 분석하기 위해서 역사적 시기를 중세 시대 및 르네상스 시대, 고전주의 시대, 근대 시대로 구분하고 각 시기에 기록된 방대한 역사 자료를 분석했다. 그 결과 광기에 대한 인식이 고전주의 시대와 근대를 거치면서 심하게 왜곡되었다는 것을 알게 되었다. 푸코는 이러한 왜곡이 모두 이성에 대한 맹목적 숭배 때문임을 발견하게 된다.

하나의 현상을 역사적 맥락 속에서 이해하는 푸코의 '역사적 시각'은, 교사가 매너리즘을 극복하고 차이를 생성하는 삶을 살기 위해서 가장 먼저 배워야 할 시각이다. 역사적 시각은 하나의 사태를 객관적으로 재해석할 수 있는 기회를 준다. 푸코가 광기의 역사를 탐구한 목적도 광기의 본질을 제대로 이해하기 위함이지, 정신질환자들의 치료가 불필요하다거나 격리되어 있는 광인을 해방하자는 주장을 펼치기 위한 것은 아니었다.

먼저 푸코는 중세 시대 광인들이 격리되지 않고 자유롭게 이동하는 삶을 살았다는 점에 주목한다. 그는 이것을 '광인들의 배'와 관련지어 설명한다.

> 이 모든 소설적이거나 풍자적인 배들 중에서 유일하게 실재한 것은 '광
> 인들의 배'뿐인데, 그 이유는 도시에서 도시로 야릇한 승객을 실어 나른
> 그러한 배들이 실재했다는 데 있다.
>
> 《광기의 역사》, 52쪽

중세 시대의 광인들은 배를 타고 자유롭게 유랑하면서 살았다. 이 도시와 저 도시로 옮기면서 보통 사람들과 어울려 살았다는 것이다. 그들은 매너리즘에 빠진 사람들에게 영감을 주는 독특한 존재였다. 광인들은 처음부터 사회에서 격리되지는 않았다. 푸코는 중세 시대 문학과 그림에 표현된 광인들의 모습, 역사적 기록을 바탕으로 이러한 사실들을 치밀하게 증명해 나간다.

그런데 중세 시대가 막을 내리고 르네상스 시대가 시작되면서 광인들에 대한 평가는 두 가지로 갈린다. 하나는 비극의식(광기에 대한 긍정)이고, 다른 하나는 비판의식(광기에 대한 부정)이다.

> 광기에 대한 비극적이고 우주적인 경험은 배타적이고 특권적인 비판의
> 식에 의해 은폐된다. 그래서 광기의 고전주의적 경험, 그리고 이것을 거
> 친 광기의 근대적 경험은 마침내 광기의 실증적 진실에 이를 전체적 형
> 상으로 간주될 수 없고, 철저하기에는 너무 함부로 제시되는 단편적 형

상이며, 결여되어 있는 모든 것 때문에, 다시 말해서 은폐되게 하는 모든 것 때문에 균형을 상실한 집합이다.

같은 책, 85쪽

800여 쪽에 달하는 이 책의 내용을 압축해서 표현한 내용이다.

광기의 '비극적이고 우주적인 경험'은 '직관적 인식과 경험'을 말한다. 푸코는 이것을 '직접적 이미지'라고 표현하는데, 우리가 일상생활에서 경험하는 "감 잡았어!"에 해당하는 것이다. '감'은 직관적이며 순간적으로 획득하는 것이기 때문에 타인에게 설명하기 어려운 것이다.

'배타적이며 특권적인 비판의식'은 이성적이며 분석적인 경험을 말한다. 이러한 경험은 광기를 무력한 것으로 만든다. 고전주의적 경험과 근대적 경험은, 광기가 특별한 공간에 수용되고 분류되고 치료되어야 할 대상으로 전락하게 되는 역사적 흐름을 말한다. 하지만 여기서 가장 주목해야 할 말은 '균형을 상실한 집합'이다. '균형 상실'은 앞으로 이어지는 글에서 가장 중요한 개념이기 때문이다. 푸코가 인류의 역사에서 균형이 상실되었다는 것을 발견할 수 있었던 것은, 그가 현상의 표면이 아니라 전체적 맥락을 '역사적 시각'으로 살펴보았기 때문이다.

이성의 독백과 균형의 상실

푸코에 따르면, 광기는 그 자체로 여러 가지 모습을 담고 있었다. 하지만 인류는 그것을 전체적 형상으로 보지 못하고 단편적인 모습으로 이해해 왔다고 한다. 대상을 환조로 보지 못하고 부조로만 본다는 것은 대상의 다양한 측면과 가치를 인정하지 못하는 빈곤 상태와 같다. 우리가《광기의 역사》에서 읽어내야 할 핵심도, 결국 교사에게는 '이성과 광기의 균형'이 필요하다는 사실이다.

이성의 독백도 곤란하지만 광기의 독백도 곤란하다. 광기의 회복은 열정을 회복하여 이성 쪽으로만 기울어진 운동장에 새로운 힘을 가하자는 말이다. 그래서 균형을 회복하자는 말이다. 균형을 상실한 인류에게 남은 것은 이성의 반복뿐이었다. 그래서 푸코는 인류의 역사를 '이성의 독백'이라고 표현했다.

연극 무대에서의 독백은 상당히 멋진 것이다. 관중에게 묵직한 공감과 감동을 선사한다. 독백이 묵직한 이유는, 그 순간 조명이 한 배우에게만 비추기 때문이다. 다른 배우들은 무대에 있더라도 조명을 받지 못한다. 푸코에 따르면, 인류의 역사라는 무대 위에는 이성이라는 배우만 있었던 것이 아니었다. 광기라는 배우가 처음부터 같이 있었다는 것이다. 그 배우는 중세와 르네상스 시대까지는 작은 조명이라도 받았다.

하지만 고전주의 시대에 접어들면서는 한 번도 조명을 받지 못했다. 관중들은 공연이 모두 끝나고 극장에 불이 켜지고 나서야 무대 위에 다른 배우가 있었다는 것을 알아차렸다. 극장에 불을 켠 사람이 바로 푸코다.

눈부신 조명이 극장을 환하게 밝히자, 광기라는 배우가 울먹이며 서 있었던 것이다. 이제 인류는 무대 위에 처음부터 다른 배우가 있었다는 것을 알게 되었다. 하지만 어떤 관객도 그 배우가 지금까지 외면받아 온 이유에 대해서는 묻지 않았다. 푸코는 1961년에 극장의 모든 조명을 켰으며, 왜 그 배우가 조명을 받지 못했는지 말했지만, 사람들은 그것에 관심을 두지 않았다. 관객에게 광기는 배우가 될 수 없는 존재였던 것이다.

'배우'를 '가치'라는 말로 바꾸어 보자. 실제 인류 역사에는 '이성'이라는 가치 말고도 수없이 많은 가치들이 있었다. 하지만 인류가 끝없이 진보할 수 있다고 외쳤던 계몽주의를 기점으로 '이성'이라는 가치가 압도적 지위에 올라섰다. 이후 다른 가치들은 철저하게 외면당하기 시작한다. 가치의 독점은 필연적으로 균형 상실을 부른다.

가치의 독점은 다양성의 상실과 같은 말이다. 이는 국가나 사회에도 심각한 문제를 일으킬 수 있다. 균형 상실은 그릇된 판단을 불러오기 때문이다. 재레드 다이아몬드는 《총, 균, 쇠》에서 중국이 유럽보다 주철, 나침반, 화약, 종이, 인쇄술, 항해술이 월등했음에도 불구하고 유럽에 주도권을 넘겨준 이유를 균형 상실에 따른 힘의 독점 현상에서 찾는다.

중국이 정치적·기술적 우위를 유럽에 빼앗긴 일을 제대로 이해하려면 우선 중국의 만성적 통일과 유럽의 만성적 분열부터 이해해야 한다. …… 어느 한 폭군의 결정은 당장 혁신을 중단시킬 수 있었고, 또 실제로 그 같은 일들이 자주 일어났기 때문이다.

《총, 균, 쇠》, 605-607쪽

균형이 상실된 국가는 폭군의 놀이터가 될 수밖에 없다. 폭군은 가치의 빈곤에 시달리는 사람이다. 폭군은 태어나는 것이 아니라 만들어지는 것이다. 인류는 이성이라는 가상의 폭군을 만들어놓고 그 뒤에 숨어서 지금까지 저지른 모든 악행에 대한 면죄부를 받아온 것이다.

안정을 추구하는 교사

가치 독점의 비극은 어떤 집단도 비켜 갈 수 없다. 조직을 유지하는 과정은 갈등을 해결하는 과정이며, 구성원들은 갈등을 해결하면서 주류 담론을 형성한다. 이러한 담론들에 의해서 의미가 형성되고, 중요하게 여길 가치와 배척할 가치가 구분된다. 문제는 이렇게 형성된 '집단의 가치'가 구성원 개인의 가치를 억압하는 경우가 많다는 사실이다. 집단의 가치가 개인의 가치를 압도하게 되면, 집단의 가치와 반대되는 것을 말하는 구성원은 배척되거나 차별을 겪게 된다. 우리나라는 아직도 이러한 집단주의 경향이 짙게 나타난다.

세계 문화를 체계적으로 분석한 홉스테드는 집단의 가치가 개인의 가치를 압도하는 문화를 '집단주의 문화'라고 말한다. 그는 《세계의 문화와 조직》에서 76개 나라 사람들을 대상으로 개인과 집단을 어떻게 인식하는지를 조사한 결과를 제시한다. 1위에 가까울수록 개인주의 문화인데, 1위는 미국이다. 우리나라 순위는 65위다. 집단주의 성향이 상당히 짙은 나라에 속한다. 물론 이 순위는 2005년에 발표된 것이기 때문에 지금은 많이 달라졌다고 볼 수 있지만, 우리나라에 있는 수많은 공동체에서 '집단주의'는 여전히 강력한 힘으로 작동한다. 학교도 예외는 아니다.

학교는 상대적으로 보수적인 기관이다. 시설은 좋아졌지만 교육의 소프트웨어는 70년 전과 별 차이 없다. 고정된 틀에서 상황을 분석하고 불안을 제거하려는 보수적 정체성은 교육이 새롭게 진보하는 데 걸림돌이 되는 경우가 많다.

교사 집단의 보수적 정체성은 은연중에 교사의 정체성이 된다. 조금 불편하게 들리겠지만, 교사들에게 강력하게 작용하는 가치 가운데 하나가 '안정'일 것이다. 불확실성보다 확실성을, 도전보다 안정을, 변화보다 유지를, 차이보다 통일을, 발산보다 취합을, 실천보다 계획을, 갈등보다 타협을, 소신보다 유행을, 사실보다 공문을, 저항보다 순응을, 열정보다 이성을 선호한다. 안정을 추구하는 교사 집단에서는 다른 생각을 당당하게 말하기 어렵다.

공동체와 상호작용하는 과정이 소거된 상태에서 집단의 가치가 개인의 가치를 압도하게 되면 교사는 매너리즘에서 벗어날 수 없다. 집단은 기본적으로 변화보다는 안정을 추구하기 때문에, 개인 역시 변화보다는 안정을 추구하게 된다. 안정은 자신이 늪에 빠져 있다는 감각을 빼앗고, 그곳에서 벗어나야겠다는 열정을 귀찮은 것으로 만든다. 이것을 극복하려면 교사 집단에 어른이 있어야 하지만, "내가 무엇을 도와주면 좋을까?"라고 묻는 어른보다 "조금만 더 버티면 된다니까!"라고 말하는 사람이 훨씬 많다. 어른과 소통이 사라진 집단주의는 교사 공동체 형성의 동력이 아니라 매너리즘 양산의 원흉일 뿐이다.

그렇다면 어떻게 해야 할까? 집단을 뛰쳐나와야 할까? 아니다. 교사 자신이 바뀌면 된다. 자신이 바뀌기 위해서는 '내가 당연하게 여기는 가치'들을 역사적 시각에서 다시 해석해야 한다. 그런데 막상 하려고 하면 어디서부터 시작해야 할지 막막하다. 쉽게 적용할 수 있는 방법은, 우리가 잘 말하지 않는 가치들을 먼저 떠올려보는 것이다.

우리가 의도적으로 몰아내고 소외한 가치들을 떠올려보면, 언제나 그 반대편에는 교사가 순응하도록 만드는 가치들이 자리 잡고 있다. 이러한 사실을 제대로 이해하기 위해서는 '대감호(大監護)'라는 역사적 사건과 마주해야 한다.

'잘 아는 것'부터 격리하기

대감호, 모두 가둔다는 말이다. 광인들은 르네상스 시대까지 사람들과 섞여 살면서 직관적 경험과 열정적 삶을 보통 사람들에게 보여주었다. 그런데 17세기, 즉 고전주의 시대의 시작과 함께 그들의 입지는 급격히 좁아진다. 푸코는 이러한 변화의 원인을 데카르트에서 찾는다. 데카르트는 이성의 절대화를 선언한 철학자다. 플라톤 이후로 이어진 이성적이고 관조적인 삶에 대한 숭상이 데카르트에 와서 정점을 찍었다. 이성적이지 않은 사람들은 인간으로 대접받지 못하고 동물과 같은 취급을 받는 시대가 열린 것이다.

이제 타깃은 정해졌다. 비이성적인 사람들을 모조리 정상인(?)으로부터 격리하자는 여론이 형성되기 시작했다. 대감호가 시작된 것이다. 정부는 구빈원을 설립하여 비이성적인 사람들을 모조리 가둔다. 그런데 중요한 사실은 구빈원에 격리당한 사람들이 광인만이 아니었다는 것이다. 부랑자, 극빈자, 나태한 사람, 충동적 성격을 가진 사람도 광인들과 함께 감금되었다. 푸코에 의하면, 17세기 파리에 구빈원이 생기고 나서 파리 인구의 1퍼센트에 달하는 6천 명이 그곳에 수용되었다고 한다. 엄청난 수다. 정확한 분류 기준도 없이 '좀 이상하다' 싶으면 모두 잡아들였다. 이 모든 일이 '이성'을 기준으로 이루어진 것이다.

> 이성을 특권으로 규정하는 것이 관례인 시대에 사람들이 광기에 대해 어떤 느낌을 가졌는가를 알기 위해서는 바로 이러한 인식 방법을 살펴볼 필요가 있다. 수용의 공간을 설정하면서 이 공간에 격리의 권한을 부여했고 광기에 새로운 출생지를 지정한 행위는 아무리 일관성 있고 합의에 기초를 두고 있다 할지라도 단순하지 않다.
>
> 《광기의 역사》, 130쪽

'광인들의 배'에 타고 있던 광인들은 유랑하는 사람들이지, 어디에 정착하는 사람들은 아니었다. 그래서 어딜 가든 환영받았다. 잠시 머무는 손님이었기 때문이다. 하지만 고전주의 시대부터 이들은 유랑하지 않고 한곳에 머무르게 된다. 이제 그들은 잠시 머무는 손님이 아니라 그 나라의 시민으로 살아야 했다. '손님'이 아니라 '시민'이 되는 순간, 배제가 시작되는 것이다.

예전에 광인이 사회에 받아들여진 것은 그가 다른 곳에서 왔기 때문이다. 그러나 이제 광인이 배제되는 까닭은 그가 바로 이곳에서 생겨난 존재이기 때문이다. 그리고 가난한 사람, 궁핍한 사람, 부랑자 사이에 끼기 때문이다. 광인을 받아들이는 환대는 불확실한 상황 속에서, 광인을 회로(回路) 밖으로 내모는 숙정(肅正) 조치가 될 것이다.

같은 책, 141쪽

위 글은 우리가 살면서 어떤 것을 의식적으로 배제하는 행위가 어떻게 일어나는지 잘 설명해 준다. 흔히 우리는 배제하려는 이유가 그것에 대해서 잘 모르기 때문이라고 생각하기 쉽다. 잘 모르는 것이 주는 두려움을 피하기 위해서 배제가 이루어진다고 착각한다는 말이다.

하지만 생각해 보면 그렇지 않다. 잘 모르는 것에 대해서는 '그래도 한번 해볼까?'라는 생각은 한다. 하지만 우리가 잘 아는 것, 다시 말해 그것이 어떤 특징을 가지고 있으며, 나에게 어떤 부정적인 결과를 가져올지 명확하게 아는 것은 절대로 가까이하지 않는다. 푸코의 말을 빌리자면, '숙정'을 하게 된다. 말 그대로 엄숙하게 단속해서 내 삶에서 배제한다. 따라서 격리와 배제는 '잘 모르는 것'이 아니라 '잘 아는 것'에 대한 반응이다.

교사들이 배제하는 가치들도 교사들이 잘 아는 것들이다. 그 가치들을 선택하려면 안락함을 벗어나서 타인의 삶에 본격적으로 뛰어들어야 한다. 아니면 시간을 많이 들여서 새로운 기획안을 다시 구상해야 한다. 사람들을 일일이 찾아다니면서 그들의 생각과 결핍을 묻는 수고로움을 감수해야 한다. 이렇게 하면 어떤 고단함이 펼쳐질지 교사들은 누구보다 훤히 알고 있다. 그러니 교사들은 이런 열정보다 안정이라는 세계를 선택하는 것이다. 열정이 사라진 안정의 세계는 교사를 자유롭게 하지도 못하고, 교사를 행복하게 하지도 못한다. 두 세계를 자유롭게 오갈 수 있는 균형을 잃어버리면 교사의 삶은 배제로만 채워질 것이다.

푸코는 《광기의 역사》 1부 2장 〈대감호〉를 《돈키호테》 이야기로 끝마친다. 《돈키호테》는 이성의 독백을 거부하고 진정한 자유를 그린 작품이기 때문이다. 푸코는 《돈키호테》가 세상에 나오고 반세기도 되지 않아서 광기는 고립되었고, 자유정신은 몰락하기 시작했다고 분석한다.

돈키호테와 자유정신

《돈키호테》는 〈전편〉과 〈속편〉으로 이루어져 있다. 세르반테스는 〈전편〉을 발표한 뒤 많은 인기를 누렸지만, 판권을 출판사에 넘기고 돈을 거의 받지 않았다. 그러다 죽기 1년 전에 〈속편〉을 완성하고 숨을 거둔다. 그는 죽는 순간까지 인간의 존엄성에 대한 희망을 놓지 않았다. 그러한 철학이 녹아 있는 작품이 《돈키호테》이다.

"한쪽 문이 닫히면 다른 쪽 문이 열린다." 이 유명한 문장은 〈전편〉 21장에 나오는 말이다. 스페인 라만차 지방에 살고 있던 쉰 살 정도의 신사는, 중세 시대 기사를 주제로 한 책에 심취해서 어느 순간 광인이 된다. 이후 마을에 있는 산초라는 소작인을 데리고 모험을 떠나게 된다. 풍차를 기사로 착각해서 창을 들고 돌진하고, 양들을 군사로 오해하기도 한다. 언제나 마음속에 품고 있던 둘시네 공주도 가상의 인물이다. 그렇게 삶을 즐기던 돈키호테는 고향에 있던 친척들의 협공으로 다시 마을로 돌아오게 되고, 그 즉시 이성을 되찾는다. 그리고 자신이 벌였던 일들에 대해 사과하고 숨을 거둔다.

돈키호테는 이성을 회복한 삶, 정확하게 말하면 이성이 지배하는 삶을 견디지 못했다. 그가 보여주는 광기는 열정에만 치우친 것이 아니었다. 가난한 소시민(산초)이 꿈을 이룰 수 있도록 도와주는 이성적 지혜와 자신의 삶을 끝까지 밀고 나갈 수 있는 열정적 흥분이 균형을 이룬 상태였다. 다만 광기는 마음속에 잠들어 있던 진심을 깨워준 스위치일 뿐이었다. 결국 세르반테스는 "우리 내면에 잠들어 있는 본성을 깨워야 합니다."라고 말하고 있는 것이다. 안영옥은《돈키호테의 말》에서 세르반테스의 메시지를 다음과 같이 적었다.

《돈키호테》의 메시지로 각자 내면의 선한 본성을 깨우시기 바랍니다. 나와 타인과 세상을 이해하고 제대로 다스리고 운영하여 진정으로 행복한 삶을 사는 방법을 확인할 수 있기를 바랍니다.

《돈키호테의 말》, 24쪽

푸코 역시 본성과 행복에 집중한다. 이성과 본성의 자유로운 조화(푸코가 말한 '통일성')에서 행복이 오기 때문이다. 푸코의 '역사적 시각'에 의하면, 17세기 초까지는 이러한 소설이 많이 등장하지만 고전주의 시대로 접어들면서 '본능으로의 회귀'를 떳떳하게 주장하는 작품들이 사라지기 시작했다고 한다. 이는 '자유정신'의 사라짐과 궤를 같이한다.

> 17세기에 이성과 비이성의 커다란 근본적 단절이 실현되면서 이성과 비
> 이성의 통일성은 깨진다. 수용은 이와 같은 단절의 제도적 표현일 뿐이
> 다. 이성과 비이성의 인접, 그리고 흔히 혼동의 불안한 경험이 바탕을 이
> 루었던 17세기 초의 '자유사상'은 바로 이러한 이유로 인해 사라진다.
>
> 《광기의 역사》, 197쪽

자유사상은 균형적 삶을 살고자 하는 용기다. 인류 역사는 데카르트
가 등판하기 전까지 이성과 광기가 적절히 조화된 균형을 유지했다. 그
러나 데카르트 이후 이성이 모든 것을 감시하기 시작하면서, 열정과 직
관 같은 광기는 격리되고 말았다. 자유정신이 가능해지려면 광기를 인
정하는 사회적 분위기가 뒷받침되어야 한다. 물론 그 광기는 이성과 조
화될 수 있고, 통제할 수 있는 광기를 말한다.

이성을 견제할 수 있는 것은 광기밖에 없다. 변화보다 현재 상태를 유
지하려는 거대한 움직임, 개인보다는 시스템을 강조하는 집단주의, 열
정보다는 온순함을 강요하는 강자 중심의 도덕률에 저항하기 위해서는
광기가 필요하다.

그런데 산업혁명과 함께 시작된 근대사회는 불안보다 안정된 성장을
추구해 왔다. 불안한 광기가 강력한 성장 동력인 이성을 방해하지 못하
도록 광기를 더욱 단단히 가두어버렸다. 근대인들은 광기의 구속과 함
께 저항정신도 잃어버렸다.

균형과 파수꾼

근대, 경쟁, 그리고 빠릿빠릿함

푸코는《광기의 역사》2부 1장 〈종(種)들의 정원에서의 광인〉에서, 광인이 고전주의 시대에 이르러 보통 사람들과 어울리지 못하고 고립된 '타자'로 머물게 되었다고 말한다.

> 광인은 다른 사람들에 대해 타자이다. 즉 보편적인 것이라는 의미에서 다른 사람들 사이에서 예외적인 것이라는 의미에서의 타자이다. 내재성(內在性)의 모든 형태는 이제 쫓겨난다. 광인은 명증한 존재이지만, 광인의 모습은 외부 공간에 뚜렷이 부각되고 광인을 규정하는 관계는 전적으로 합리적 주체의 견지에서 객관적 비교작용을 통해 광인을 드러나게 한다.
>
> 같은 책, 316쪽

이 인용글에서 교사가 주목해야 할 말은 '객관적 비교작용'이다. 과연 비교를 위한 객관은 어디서 나오는 것일까? 인류 역사에서 객관은 합리적 주체를 가리키는 '이성'뿐이었다. 푸코는 이성을 중심으로 이루어졌던 비교작용에 주목한다. 비교는 필연적으로 배제를 불러오기 때문이다.

고전주의를 지나 근대가 시작되면서 이러한 비교작용은 훨씬 심각한 상황에 이른다. 이성이라는 기준에 더하여 노동력이라는 새로운 기준이 추가되었기 때문이다. 보통 사람들과 광인들 사이에서 이루어졌던 비교가 '수용자들 사이'에서도 이루어진다. 근대는 노동력이 없는 사람을 배제하기 시작한다.

고전주의 시대에 부랑자, 극빈자, 광인 들을 구빈원에 수용한 이유는 그들을 사회에서 격리하기 위한 것이다. 그렇게 하면 보통의 사람들이 조금 더 좋은 환경에서 자신의 일을 하고, 사회도 보다 안정적으로 유지할 수 있다고 여겼기 때문이다. 그 시절의 일은 대부분 농업이었다. 농부는 자신의 리듬과 속도에 맞추어서 일을 진행할 수 있었다. 그래서 노동력을 비교하거나 통제할 필요가 없었다.

하지만 근대의 시작은 모든 것을 바꿔놓았다. 산업혁명 이후 대량 생산과 분업화가 시작된 것이다. 성장을 숭상하는 사회가 시작되자 노동력과 생산성이 사회에서 가장 중요한 가치로 떠올랐다. 생산성을 높이기 위해서 필요한 것이 '노동력'과 '감시'다.

산업혁명과 함께 가장 먼저 보편화된 것이 공장이다. 농업사회에서는 농부 혼자 모든 생산 공정을 처리했지만, 공장은 전체 공정을 나누어 처리한다. 그렇기 때문에 한 사람이라도 자리를 비우면 라인이 작동할 수 없다. 동시에 일하고 동시에 쉬어야 했다. 그래서 발명된 것이 시간표다. 공장 노동자는 끝없이 관리자의 감시를 받아야 했다. 화장실 가는 시간까지도 말이다.

공장의 형태는 교도소와 일치한다. 교도소에 수감된 죄수들은 자신의 모든 행동을 감시당하지만 그들을 감시하는 사람은 소수다. 푸코는《감시와 처벌》에서 이러한 효율적 감시 체제를 파놉티콘(Panopticon) 개념으로 설명한다. 파놉티콘은 공리주의 철학자 제레미 벤담이 제안한 생각이었다. 감옥에 갇힌 죄수처럼, 근대사회를 살아가는 노동자들은 지속적 감시의 대상이 된 것이다.

생산성이 중요해진 근대국가는 한 명의 일손이라도 더 확보하기 위해 눈에 불을 켜기 시작했다. 그때 그들의 레이더망에 들어온 것이 구빈원이다. 구빈원에 수용된 사람들 가운데 정상적인 노동을 할 수 있는 사람들을 추리기 시작한다.

이 유휴(遊休) 인구 전체를 생산 과정에 재투입하여 노동력이 가장 부족한 지점에 우선적으로 배분하는 것이야말로 단 하나의 합리적 대책이다. 빈민, 부랑자, 온갖 유형의 추방자와 이주자를 활용하는 것은 국민국가들 사이의 경쟁에서 패배하지 않고 국부를 쌓는 비결의 하나이다.

같은 책, 639쪽

구빈원에서 놀고먹던 사람들 가운데 정상적인 노동을 할 수 있는 사람들은 이때 풀려나게 된다. 정부는 국부를 쌓기 위해 풀려난 사람들을 낮은 임금으로 활용한다. 그렇게 구빈원에서 풀려난 사람들이 빈민, 부랑자, 추방자 들이다.

푸코는 이러한 과정을 '새로운 분할'이라고 정의한다. 분할의 기준은 '노동력'이었다. 근대의 시작과 함께 일은, 얼마나 잘하는지의 영역이 아니라 얼마나 빨리 끝낼 수 있는가의 영역이 된 것이다. 푸코는 이러한 '끝내기 위주'의 노동 형태가 등장한 원인을 국가 간의 경쟁에서 찾는다. 경쟁은 일단 빠른 기간 내에 끝내서 많은 성과를 올리는 것을 원하지, 일의 의미까지 생각하는 것을 허락하지 않았다.

어떤 일을 잘한다는 것은 효과성(그 일을 의미 있게 하는 것)과 효율성(적은 노력으로 빠른 기간에 해내는 것)이 균형을 맞춘 상태다. 농업사회에서는 이러한 균형이 유지되었다. 그러나 산업사회의 시작과 함께 그 균형은 완전히 파괴되었다. 교사는 효율성이 효과성을 압도하고 있는 시대에 살고 있다.

어떤 일을 빨리 처리한다고 그 일을 잘하는 것은 아니다. 특히 교육과 관련한 일은 더욱 그렇다. 조금 늦더라도 그것의 방향과 의미를 숙고하는 것이 중요하다. 그런데 경쟁은 그러한 시간을 허락하지 않는다.

베테랑의 느긋함이 필요한 학교

노동력을 기준으로 새로운 분할이 시작되었다는 푸코의 말을 들으면, 자연스럽게 학교라는 공간을 떠올리게 될 것이다. 학교에서 교사를 분할하는 기준은 무엇인가? 아마도 '업무 수행 능력'일 것이다. 이는 인사철이 되면 더욱 극명하게 드러난다.

교사들은 정기적으로 학교를 옮긴다. 연말에 이루어지는 대화 가운데 가장 큰 이슈는 누가 오고 누가 가는지에 대한 것이다. 교사 사회는 좁기 때문에 몇 다리만 건너면 누가 어떤 사람인지 파악할 수 있다. 그래서 인사 발령이 나는 날은 하루 종일 전화가 뜨겁다. 일단 첫마디는 "그 선생님 어때?"라는 질문으로 시작한다.

대답을 하는 사람의 반응은 대개 '긍정'과 '약한 긍정' 두 가지로 나뉜다. 긍정은 정말 그 사람이 좋은 경우다. 한마디로 말해 뭐든 잘하는 사람이다. 약한 긍정은 그 사람이 별로인 경우에 나오는 반응이지만, 그 이유는 다양하다. 동료와 어울리지 못하든지, 고집이 강하든지, 보수적이든지, 업무를 잘 못하든지…… 이유는 수없이 많다.

이런 사람일 경우에 돌아오는 대답은, "음…… 일단 사람은 좋아. 그런데…… 사람은 참 좋아. 그러니까 상당히 능력도 있으신 분인데…… 하여튼 직접 겪어봐." 같은 형태가 많다. 그런데 긍정과 약한 긍정 양쪽에 모두 포함된 요소가 '업무 능력'이다. 정확하게 말하면 '빠른 업무 처리 능력'일 것이다.

학교에 부임하는 교사에 대해서 물어볼 때 "그분 수업 잘해?"라고 묻기보다는 "그분 일 잘해?"라고 묻는 경우가 더 많을 것이다. "그분 일 잘해?"라는 말 안에는 여러 가지 암묵적 질문이 녹아 있다. 물론 업무도 교사의 일에 포함된다. 그러니 교사의 능력을 평가하는 데 포함하는 것이 당연할 수 있다. 그런데 문제는 시간이 갈수록 업무만으로 평가하는 경향이 강해지고 있다는 것이다. 이러한 현상은 교사가 느긋함을 배척하고 빠릿빠릿함만을 추구하도록 만든다.

10여 년 전만 해도 학교의 중요한 일이 있을 때 언제나 베테랑 선배들이 함께했다. 연구학교 계획서, 보고서, 발표회뿐 아니라, 지금은 거의 없어진 학교평가, 또는 학교에 꾸려지는 각종 TF팀 같은 것에 언제나 그분들이 함께했다. 젊은 사람들이 '빠릿빠릿'이라는 효율성을 담당했다면, 베테랑은 '느긋함'이라는 효과성을 담당했다.

젊은 교사들이 이것저것 계획서에 담아 오면 베테랑 교사들은 그것들 가운데 빼야 할 것들을 말해줄 수 있었다. 문서 작업은 하지 않더라도, 전체적인 방향을 알려주고 자신들이 할 수 있는 일들을 묵묵히 해주는 사람들이었다. 계획의 방향이 맞지 않을 때는 잠시 멈추고 다시 생각해 보자고 브레이크를 걸 수 있는 사람들이었다. 그 시절 젊은 교사들은 막히는 것이 있으면 언제든지 선배에게 물어보았고, 선배들은 후배가 오기 전에 먼저 그들의 교실에 찾아갔다.

지금 생각해 보면, 베테랑 교사가 빠릿빠릿할 줄 몰라서 그렇게 했던 것은 아니었다. 다만 그들이 브레이크를 걸었던 이유는, 자신들의 시행착오를 후배들이 반복하지 않았으면 하는 이유였다고 생각한다. 그들 역시 젊은 시절에 그런 과정을 다 겪어봤기 때문에, 실제로 하지도 않을 것들을 문서에 욱여넣는다고, 그래서 예산을 많이 따낸다고 교육적으로 좋은 효과만을 가져오지 않는다는 것을 체험한 사람들이다. 그러니 베테랑의 느긋함은 빠릿빠릿함의 반대말이 아니라 과잉을 덜어내는 소신에 가까운 것이다.

그런데 학교에서 베테랑의 모습이 사라지기 시작했다. 베테랑 교사들 가운데 학교의 중요한 일에 참여할 수 있는 사람은 승진 트랙에 있는 사람들뿐이다. 과거에는 승진 트랙에 있지 않던 분들도 자신의 몫이 있었지만, 지금의 학교에서 효과성을 말하는 사람이 참여할 수 있는 공간은 거의 없다. 그러니 교사들 대부분이 효율성만을 외치고 있는 꼴이다.

베테랑의 이른 퇴진은 연쇄작용을 불러온다. 그들의 빈자리를 젊은 교사들이 메우고 있다. 수업에 대해서 제대로 연구하지도 못한 채 과도한 업무에 입문하게 된다. 그러다 보니 베테랑과 젊은 교사 사이에 낀 40대 교사들의 고충도 만만치 않다. 그들은 이제 일 좀 그만하고 싶다고 호소한다. 그렇게 지쳐서 50세도 되기 전에 나가떨어지는 것이다. 이래서는 곤란하다.

어떤 조직이든 구성원이 건강하게 성장하기 위해서는 선배가 후배에게 당당히 조언할 수 있어야 한다. 후배는 그런 선배를 진심으로 존경할 수 있어야 한다. 그런데 지금 학교에 그런 당당한 선배가 설 자리는 거의 없다. '베테랑들의 후퇴'는 필연적으로 '교육 내용의 후퇴'로 나타난다. 경쟁은 필연적으로 내용보다는 형식을 추구하기 때문이다.

다름을 배척하면 껍데기만 남는다

이런저런 일로 교육청에 들어갈 때가 있다. 보통 아는 분의 부탁으로 장학 자료를 만들거나, 교육청에 들어온 계획서나 보고서를 심사하는 일이다. 주기적으로 그러한 일을 하다 보니 눈에 보이기 시작한 것이 있다. 시간이 갈수록 문서들의 형태가 비슷해진다는 것이다. 비슷해진다는 것은 내용이 아니라 형식이 닮아간다는 말이다. 형식이 비슷해도 내용의 깊이가 있으면 그것은 같은 문서로 보이지 않는다.

그런데 이제는 거의 비슷하다. 일단 내용보다 꾸미는 일에 더 신경을 쓴다는 것이 확연하게 드러난다. 장학 자료도 그렇고 계획서도 그렇고, 아무리 읽어봐도 도대체 무슨 말인지 모를 때가 많다. 비문은 말할 것도 없고, 내용의 방향을 짐작하기 어려운 경우가 허다하다.

많은 내용을 예쁘게 담으려다 보니 말은 점점 짧아지게 되고, 활동 계획과 성과들도 과도하게 압축되어 있다. 알록달록 고운 색으로 버무려진 불량 식품을 보는 것처럼, 알맹이는 빠진 채 형식만 갖춘 문서들이 많아지고 있다. 풍부한 경험과 수많은 시행착오를 겪은 노장들의 숨결은 한순간도 끼어든 흔적이 없는 문서들이다.

껍데기만 남은 문서의 정점은 알파벳 축어로 나타난다. 심사위원 눈에 들기 위해서 추진하고자 하는 내용을 영어 단어로 추리고, 그 단어들의 앞글자를 따서 제목으로 삼는 것이다. 그런 작업 방식은 필연적으로 주객전도를 불러온다. 학교의 상황에 맞게 단어를 조합해 보면 말이 안 되거나 끌리는 단어가 안 나온다. 그러니 단어에 맞게 내용을 다시 만들거나 끼워 맞춘다. 간혹 운 좋게 좋은 단어가 나온다고 하더라도, 줄여 놓은 알파벳만 봐서는 그게 도대체 무슨 말인지 이해할 수 없다. 뒤에 나오는 내용을 한참 읽어야 겨우 내용을 알 수 있다. 누가 언제부터 시작한 것인지 모르겠지만, 하루빨리 없어져야 할 조악한 끼워 맞춤 또한 학교에서 효율성을 중시하는 결과라고 볼 수 있다.

그런데 이러한 현상이 교사들의 책임만은 아니다. 푸코가 말했듯이 경쟁이 낳은 결과이고, 경쟁을 부추기는 교육청과 일부 관리자들의 책임이 더 크다. 학교별로 경쟁을 하다 보니 무엇이 바른 것인지, 어떤 방향이 맞는지, 그 예산을 교육적으로 어떻게 활용할지에 대한 숙고는 환영받지 못한다. 일단 예산과 사업을 따내는 데 목숨을 걸게 된다. 그러니 "잠시 멈춥시다."라고 말하는 사람은 아예 팀에서 배제된다. 효율을 위해서 다름을 배척하는 것이다.

학교의 상황이 이렇다 보니, 젊은 교사들이 내용과 맥락을 배울 기회가 없다. 젊은 교사들은 내용의 빈곤에 허덕이게 되고, 베테랑 교사들은 아무도 찾지 않는 교실에 혼자 있다가 퇴근한다. 업무가 교사의 성장에 기여하려면, 빠릿빠릿함만을 추구하는 학교 문화부터 개선되어야 한다. 경쟁은 교사들에게 알맹이가 아닌 껍데기만 던져준다. 그 껍데기를 몰아내야 교사는 자신의 일상에서 진정한 의미를 형성할 수 있다.

매너리즘은 눈에 보이지 않는 것에서 온다

이제《광기의 역사》의 끝이 보인다. 정상 노동을 할 수 있는 사람들이 모두 풀려난 이후 구빈원에 남겨진 광인들은 어떻게 되었을까?

수용의 사라짐은 사회 공간에서 광기가 편입될 지점을 없애버리고, 사슬에서 풀린 위험 앞에서 사회는 한편으로는 이제 막 생겨나고 있는 이상에 부합하는 일단의 장기적 결정, 이를테면 정신이상자만을 위한 시설의 건립을 통해, 다른 한편으로는 광기를 통제할 수 있게 해주는 일련의 즉각적 조치, 즉 진보의 관점에서 이 역사를 헤아려보고자 한다면 퇴보적 조치라고 말할 수 있는 것을 통해 대응한다.

같은 책, 661쪽

이제 광인은 '정신이상자'로 불리게 된다. 중세와 르네상스 시대에 풍부한 영감을 주던 광기는 사회에서 완전히 사라지게 되었다. 돈키호테처럼 기존의 질서에 저항하는 열정적 광기도 사라졌다. 광기는 오로지 정신이상자를 지칭하는 단어가 된 것이다. 이제 남은 질문은 하나다. '그렇다면 누가 광인과 광인 아닌 자를 구분하는가?' 푸코는 엘리트 권력층으로 대표되는 의사라고 말한다.

(그는) 의료인의 전능에 거의 신적 지위를 마련함으로써 기적 실행자로서의 의료인상을 확대시켰다. …… 의료인을 절대적 시선, 순수하고 언제나 신중한 침묵, 언어조차 받아들여 주지 않는 심판에 따라 처벌하고 보상하는 재판관으로, 광기가 거의 요지부동한 움직임 속에서 스스로 몰입하고 스스로로부터 벗어나는 거울을 만들었다.

같은 책, 776쪽

푸코가 말하는 이성의 독백은 의사라는 '엘리트 집단'에 의해 유지된다. 의사들은 자신의 전문성을 바탕으로 광기를 진단하고, 그들을 감금할 수 있는 권한을 행사하게 된다. 푸코는 의사들의 전문성을 의심하거나 정신질환자들이 적절한 치료를 받아야 한다는 것을 부정하는 것이 아니다. 광기가 이성에 의해서 억압되어 왔으며, 감금의 대상에서 치료의 대상으로 전락하게 되었다는 역사적 시각을 보여주는 것이다. 그리고 이 과정에서 의사로 대표되는 '지식'이 사회를 움직이는 정치적 '권력'과 결합하게 되었다는 것을 강조하는 것이다. 여기서부터가 중요한 내용이다.

과거에는 누군가 권력을 행사하게 되면 모두가 그것을 관찰할 수 있었다. 전제군주는 군대와 공권력을 통해서 권력을 행사하기 때문에, 시민들이 힘의 행사를 눈으로 감지할 수 있었다. 그러나 르네상스와 고전주의 시대를 거치면서 권력은 점점 '지식(인)'과 결탁하게 된다. 푸코는 근대사회 이후로 우리가 받고 있는 수많은 억압과 부당한 대우가 바로 이러한 지식과 권력의 결탁으로 일어난 것이라고 주장한다. 따라서 푸코는 우리가 이러한 사실을 인지하여 보이지 않는 '부드러운 압력'에 저항하라고 말하고 있는 것이다.

푸코의 관점에 따르면, 우리가 접하는 있는 권력의 이면에는 억압과 배제가 숨어 있다. 부당하게 주어지는 권력은 언제나 부드럽고 온화한 가면을 쓰고 있다는 것이다. 공권력은 이미 '엘리트 카르텔'을 형성하고 있고, 우리가 모르는 사이에 시민의 자유와 권리를 억압하고 있다. 설움을 견디지 못하다가 폭발한 약자에게, "흥분하지 말고 이성적으로 해결합시다."라고 말하는 사람들의 뒤에는 강력한 지식과 권력이 숨어 있는 경우가 많다. 이러한 사회에서 보통의 시민들이 자유로운 삶을 살기란 매우 어려운 일이다. 강자에 순응하게 되고, 일상의 안정으로 도피하게 된다. 이러한 사회의 모습은 교사에게 가장 큰 고통이 된다.

이성(지식)이 카르텔과 비슷한 말이 되어버린 우리 사회에서 교사는 아이들에게 어떻게 이성을 가르쳐야 할까? 교사들은 어떻게 매너리즘을 극복할 수 있을까? 궁극적으로 교사는 어떻게 자유로운 삶을 살 수 있을까? 그 답은 저항과 포용에 있다.

저항을 가르치는 교사

교사가 매너리즘을 극복하는, 그래서 자유로운 삶을 누리는 가장 좋은 방법은 아이들에게 저항을 가르치는 것이다. 이 말은 '광기를 품은 이성'을 실천하는 삶이라고 볼 수 있다.

저항은 자유와 열정을 촉발하는 전제 조건이다. 이러한 생각이 담겨 있는 책이 카뮈의 《시지프 신화》이다. 카뮈는 부조리에 맞서는 시지프의 태도를 '저항(반항)'이라고 말한다. 그는 나와 세계, 나와 타자, 나 자신, 나와 시간, 나와 죽음 같은 삶의 결정적 요소들이 나와 단절되어 있다고 느끼는 부조리를 극복하기 위해서 자신만의 처방을 내린다. '반항', '자유', '열정'이 그것이다. 카뮈가 제시한 세 가지 처방은 푸코의 관점에서 보면 시민들의 삶에서 지속적으로 억압되고 배제되었던 가치들이다.

카뮈는 시지프가 바위를 굴려 올리기 위해서 바위와 접하고 버티는 순간을 저항으로 설명한다. 그런데 그런 거대한 바위와 마주하는 것은 광기가 없으면 불가능하다. 저항을 포기하는 순간, 인간은 부조리라는 거대한 바위에 짓눌려 죽게 되는 것이다. 그래서 교사가 가장 먼저 해야 할 일이 저항(반항)이다. 거대한 부조리와 마주하는 것이 저항이고, 저항은 자유와 열정으로 연결된다. 카뮈는 이것의 연속이 바로 삶이라고 말한다.

> 자신의 삶, 반항, 자유를 느낀다는 것, 그것을 최대한 많이 느낀다는 것, 그것이 바로 사는 것이며 최대한 많이 사는 것이다. 명증한 정신이 지배하는 곳에서는 가치의 척도는 무용해진다.
>
> 《시지프 신화》, 94쪽

교사는 아이들에게 저항에서부터 자유와 열정이 시작되며, 그래야 진정한 삶을 살 수 있다는 것을 가르쳐야 한다. 대신 그 저항은 이성적인 저항이어야 한다. 도덕적이고 윤리적인 반항이어야 한다. 저항을 가르치기 위해서는 교사부터 저항하는 삶을 살아야 한다. 교사가 저항하는 삶을 산다는 것은, 이성을 품은 광기를 실천하는 것이다.

태백광노와 저항하는 교사

《백암 박은식 평전》에는 박은식 선생의 책인 《한국통사》에 대한 자세한 설명이 들어 있다. 박은식 선생은, 일제에 나라를 빼앗겼지만 국혼을 잃지 않으면 우리 민족이 반드시 부활할 수 있다는 믿음을 이야기한다. 그래서 이 책의 제목에 있는 '통'은 흔히 역사책에 붙이는 '꿰뚫을 통(通)'이 아니라 '아플 통(痛)'이다. 일제에 나라를 빼앗기기 직전의 이야기에서 출발하여 당시 우리 민족이 겪은 고통에 이르기까지, 우리 민족의 삶을 치밀하게 기록한 책이다. 내용도 물론 중요하지만 교사들이 주목해야 할 부분은, 이 책을 적을 당시 그의 필명이 '태백광노(太白狂奴)'였다는 사실이다.

> 박은식은 《한국통사》를 태백광노(太白狂奴)라는 필명으로 썼다. 스스로 '백두산 아래 나라 잃은 망국노'의 뜻을 담아 쓴 것이다. '통사'라는 제명이나 '태백광노'라는 자호에서 민족적 아픔과 비통함이 함께함을 보인다.
>
> 《백암 박은식 평전》, 94쪽

태백광노의 뜻을 풀어보면 '백두산 아래 광인이 된 사람'이라는 뜻이다. 그 시절은 미치지 않고서 버티기 어려운 시절이었다. 단단한 이성만을 부여잡고 있던 사람들은 순응이 주는 안락함을 놓지 못하고 친일파가 되었다. 하지만 박은식 선생은 보장된 안락함을 과감히 벗어던진 인물이다. 민족의 고통에 공명하기 위해서 스스로 광기를 뒤집어쓴 인물이었다. 민족의 고통을 모두가 잊지 않길 바라는 마음에서, 자신의 광기를 이성으로 녹여 역사서를 남기게 된 것이다. 그러니 박은식 선생이야말로 '광기를 품은 이성'을 묵묵히 실천한 인물이라고 볼 수 있다.

포용이 사라진 사회

포용의 가치가 사라진 디스토피아적 미래 모습은 소설과 영화의 단골 소재다. 소설로는 조지 오웰의 《1984》, 올더스 헉슬리의 《멋진 신세계》가 대표적이고, 영화로는 〈스타워즈〉와 〈브이 포 벤데타〉가 떠오른다. 이 중에서도 포용이 사라진 사회가 어떤 비극을 불러올 수 있는지를 잘 보여주는 작품이 《멋진 신세계》이다.

이 소설의 배경은 2540년 정도의 미래사회다. 이 사회는 문명사회와 야만사회로 구분된다. 문명사회는 이성이, 야만사회는 광기가 지배하는 사회다. 문명사회는 얼핏 보면 유토피아로 보인다. 자연분만은 사라지고 모든 아이는 기계에서 태어난다. 하지만 태어나는 순간 계급과 할 일이 정해진다. 모든 사람은 60세까지만 살 수 있고, 이후에는 모두 안락사된다. 그래서 문명사회의 사람들은 어떠한 불안도 없이 자신이 주어진 일을 이성적으로 해나간다.

무료함이 찾아와도 걱정할 필요 없다. '소마(soma)'라는 약을 먹으면 우울증과 불안감이 사라지고 곧바로 행복감이 밀려오기 때문이다. 그래서 이 소설에 등장하는 사람들은 단체로 몰려다니면서 성적 쾌락과 약물만을 추구한다. 겉으로는 유토피아처럼 보이지만 자세히 들여다보면 지독한 디스토피아다.

그런데 왜 이들은 자신의 처지를 개선하려고 노력하지 않을까? 자신의 삶에 대해서 생각할 틈이 없었기 때문이다. 그리고 자신이 왜 그런 삶을 살 수밖에 없는지 궁금해하지도 않는다. 이들에게는 역사가 없기 때문이다. 멋진 신세계를 창조한 '무스타파'만이 과거의 역사를 알고 있다.

이러한 세계에는 언제나 저항하는 인물이 등장하기 마련이다. 야만 사회에서 온 '존'이다. 그는 태어날 때부터 야만사회에서 자랐지만 다른 사람들과는 다르다. 어린 시절부터 셰익스피어를 읽고 자신이 어떤 존재인지 끝없이 고민한다. 그래서 존은 등장인물 가운데 유일하게 이성과 광기를 균형적으로 갖춘 인물이다. 우연한 기회에 문명사회에 가게 된 그는, 안정과 이성이 지배하는 통제사회를 살아가고 있는 사람들에게 커다란 파장을 일으킨다. 그가 사람들을 선동하자 통제관인 무스타파 몬드가 그를 잡아들인다.

무스타파는 "사람들에게서 눈물과 슬픔을 제거하고 쾌락과 안락함을 주었는데 왜 사람들을 선동하느냐?"라고 묻는다. 야만인 존은 다음과 같이 말한다.

> "나는 안락함을 바라지 않아요. 나는 신을 원하고, 시를 원하고, 참된 위험을 원하고, 자유를 원하고, 선을 원합니다. 나는 죄악을 원합니다."
>
> 《멋진 신세계》, 305쪽

존은 경탄과 역동이라는 광기가 사라진, 그래서 밋밋한 이성만 남은 삶을 원하지 않았던 것이다. 소설 《뻐꾸기 둥지 위로 날아간 새》에서 모든 것을 안정적으로 통제하려는 간호사 래치드에 대항하는 맥머피와 비슷하다. 이들이 행한 소란과 갈등은 이성만 존재하는 삶에 광기라는 균형을 돌려달라는 외침이었다.

통제는 기본적으로 가치의 빈곤을 동반한다. 강자는 자기 마음대로 재단하고 판단하며, 안정을 유지하기 위해 다양한 가치를 배제한다. 약자를 위한 것이라도 그것이 필요하다면 충분히 인정하고 포용해야 하지만, 부드러운 권력은 다양한 목소리를 인정하지 않는다. 문제는 여기서 발생한다.

약자들을 위한 가치와 상징을 생성하지 못하는 사회에는 반드시 조커가 등장한다. 포용이라는 균형이 사라진 사회는 '광기의 독백'을 막을 수 없다.

광기의 독백과 자기 객관화

포용이 사라진 사회에서 가장 고통받는 존재는 약자다. 그들이 포용이라는 관계 속에서 스스로를 객관화하지 못하면, 자신이 겪고 있는 절망을 극단적인 방법으로 극복하는 시도를 한다. 대표적인 사례가 일본의 '지하철 사린가스 사건'이다.

1995년 3월 어느 날 아침, 옴진리교를 맹신하던 신자 다섯 명이 도쿄 지하철 5개 전동차에서 사린가스(나치가 개발한 신경가스)를 무차별 살포한다. 이 사건으로 12명이 죽고 5000명이 넘는 사람이 심각한 중독 증상에 빠졌다. 소설가 무라카미 하루키는 이 사건에 충격을 받고, 피해자와 옴진리교 신도들을 대상으로 수년에 걸쳐서 인터뷰를 진행하여 그 결과를 《언더그라운드》라는 책으로 펴낸다.

그는《잡문집》의 〈도쿄 지하의 흑마술〉이라는 글에서 자신이 조사한 범인들의 삶을 요약하여 설명한다. 나아가 왜 평범한 일본 시민들이 그토록 처참한 테러를 저질렀는지를 분석한다. 그가 조사한 바에 의하면, 범인들은 하나같이 엘리트 교육을 받은 사람이었다. 누구보다 높은 교육을 받은 이들이었지만, 이미 성장이 멈춘 일본 사회에서 이들이 진입할 공간은 어디에도 없었던 것이다. 사회적 포용력이 사라진 것이다.

하루키의 표현을 빌리면 "잔치가 끝난 후의 나른한 시대"를 살아가는 젊은이들이었다. 이들은 기성세대가 만들어놓은 시스템을 거부하고 새로운 시스템을 찾기 시작했으며, 마침 옴진리교 교주였던 아사하라 쇼코가 일본 사회를 전복하자는 비전을 제시한다. 이들은 여기에 매료되어 이상과 현실을 구분하지 못했다는 것이 하루키의 분석이다. 결국 일본 사회는 청년과 약자를 위한 가치와 상징을 만들어내지 못했고, 안정적 시스템을 뜯어고치자는 목소리를 받아들이지 않았던 것이다. 그들의 가치를 포용하지 못했던 것이다.

문제는 사회의 시스템에 "노"라고 외치는 사람들을 받아들일 만한 활력 있는 서브시스템이 일본 사회에는 선택지로 존재하지 않았다는 데 있다. 그것이 현대 일본 사회가 안고 있는 불행이며 비극일지도 모른다.

《잡문집》, 231–232쪽

푸코가《광기의 역사》에서 균형을 말한 것도 광기의 독백을 경계하기 위한 것이라고 볼 수 있다. 광기와 이성이 균형을 이루지 못하고 어느 하나의 독백이 이루어질 때, 그 사회를 살아가는 시민들은 자신의 판단을 객관적으로 분석하지 못한다. 이는 자신이 처한 환경에 순응하는 것을 최고의 덕목으로 여기도록 만들고, 자신이 소유한 것으로 타인을 억압하는 갑질을 용인한다.

교사가 아이들에게 이성적으로 저항하는 법을 가르치지 않는다면, 우리 사회에도 광기의 독백이 등장할 수 있다. 비록 힘든 일이기는 하지만, 모두가 자신의 이익만을 생각하는 사회에서 "너의 안락함이 어디에서 왔는지 한번 생각해 봐."라고 말할 수 있는 사람은 결국 교사뿐이다. 푸코가 교사의 삶을 보았다면 그는 분명 교사를 응원할 것이다.

역사적 시각과 균형적 시각을 갖추는 데 과학소설도 유용하다. 과학소설만큼 세상을 균형적으로 인식하는 시각을 쉽게 배울 수 있는 장르도 없기 때문이다. 웰스의 소설《투명인간》은 자기중심적 사고방식에서, 《타임머신》은 현재 중심적 사고방식에서,《우주전쟁》은 인간 중심적 사고방식에서 벗어나도록 도와준다. 나아가 세상을 새로운 관점에서 균형적으로 해석하는 방법을 알려준다. 또 버틀러의 단편을 모아놓은《블러드 차일드》같은 작품은 매너리즘을 벗어나서 새로운 시도를 하려는 교사에게 묵직한 위로를 줄 수 있을 것이다.

교사라는 파수꾼

끝으로 매너리즘을 극복한 교사의 정체성은 무엇이 될 수 있을까? 결론부터 말하면, 매너리즘을 극복한 교사의 소신은 아이들의 삶, 자신의 삶, 나아가 약자의 삶을 지켜주는 파수꾼이 될 것이다.

셀린저의 소설 《호밀밭의 파수꾼》은 당시 억압되어 있던 미국 청소년들에게 폭발적인 반응을 불러일으켰다. 소설의 주인공 홀든은 공부만 강요하는 교사와 부모의 등쌀에 못 이겨 여러 기숙학교를 전전하던 아이다. 홀든은 다니던 학교에서도 적응하지 못하고, 몰래 기숙사를 빠져나와 뉴욕 거리를 며칠 동안 방황한다. 소설은 이러한 방황에 대한 이야기로 구성되어 있다. 소설에서 가장 인상적인 인물은 홀든의 여동생 피비일 것이다. 길거리를 방황하던 홀든은 평소 아끼던 동생 피비를 만나기 위해서 부모 몰래 잠시 집에 들른다.

그날 피비는 홀든에게 매우 철학적인 질문을 던진다. '오빠가 진정으로 원하는 삶은 무엇인지, 앞으로 어떻게 살고 싶은지'에 대해서 당차게 묻는다. 사실 이러한 질문은 어른들이 해야 할 질문이지만, 이 소설에 등장하는 어른들은 아무도 이것을 묻지 않는다. 홀든은 머뭇거리다가 '호밀밭의 파수꾼'이 되겠다고 말한다.

나는 늘 넓은 호밀밭에서 꼬마들이 재미있게 놀고 있는 모습을 상상하곤 했어. 어린애들만 수천 명이 있을 뿐, 어른이라곤 나밖에 없는 거야. 그리고 난 아슬한 절벽 옆에 서 있어. 내가 할 일은 아이들이 절벽으로 떨어질 것 같으면, 재빨리 붙잡아 주는 거야.

《호밀밭의 파수꾼》, 229쪽

절벽이 있다는 사실을 모르고 호밀밭에서 신나게 뛰어놀던 아이들이 절벽으로 떨어질 것 같으면, 홀든이 그 아이들을 붙잡아 주는 파수꾼이 되겠다는 것이다. 홀든은 어른이 사라진 사회에서 자신만이라도 최후의 파수꾼이 되고 싶다고 선언하는 것이다.

교사라면 이 인용글을 읽으면서 '절벽 옆'이라는 단어에 주목할 필요가 있다. 이는 교사의 열정을 억누르는 매너리즘을 극복할 수 있는 가장 담백한 처방이 숨어 있는 말이기도 하다. 교사는 홀든의 결심처럼 아이들을 지켜주는 파수꾼이 되어야 한다. 그러니 교사의 위치도 '절벽 옆'이 되어야 한다는 것이다. 절벽은 가장 아찔한 공간이지만, 자신의 소신을 끝까지 밀어붙이는 삶을 선택한 사람이 다다르는 상징적 공간이기도 하다.

대부분의 어른들은 아이들을 지켜주겠다고 말하기는 하지만, 자신이 직접 절벽 끝에 서려고 하지 않는다. 이 소설에 등장하는 어른들은 하나같이 아이들을 절벽으로 내몰 뿐, 자신이 직접 절벽에 서지 않는다. 절벽에 다가서지 않는 사람들은 필연적으로 안락함을 추구하게 되고, 소유적 가치를 포기하지 않는다.

이렇게 찾아온 권태는 삶을 황폐화시키고, 삶의 열정과 본질을 회색빛으로 만든다. 그래서 페르난도 페소아는 《불안의 책》에서 권태를 "황폐함이고 영혼 전체의 난파 상태이자, 모든 것의 본질이 죽어버린 상태"라고 말한다. 홀든은 스스로 영혼의 난파 상태에서 벗어나고자 몸부림친 인물이다. 기성세대가 말하는 논리에 저항하고 일탈을 실천하는 청년이다. 그는 삶을 가르치지 않는 학교를 탈출하여 진정한 삶과 마주하게 되면서 세상의 본질을 이해하게 된다. 틀을 벗어나려는 사람은, 그래서 삶의 본질과 마주하려는 사람은 근본적으로 자신을 옭아매는 세상의 부조리 끝에 서야 한다. 그 자리가 절벽일 것이다.

그러니 파수꾼은 절벽 끝에 서는 사람이다. 버티고 견디면 달콤하고 로맨틱한 삶이 기다리고 있다는 말만을 늘어놓는 사람이 아니다. 삶 속에는 어른들이 말하지 않는 고통과 왜곡이 숨어 있다는 것을 말해줄 수 있는 사람이다. 자기가 직접 절벽 끝에 서서, 저기 밑에 낭떠러지가 있다는 것을 알려주는 사람이다. 그래서 아이들이 자신의 삶을 건강하게 살아갈 수 있도록 묵묵히 지원하는 사람이다. 간단하지만 고단한 일을 반복하는 사람일 것이다.

그러니 교사는 결국 절벽 끝에 설 수 있는 용기를 가져야 한다. 절벽은 안정과 불안의 경계라는 점에서, 교사가 머무를 수 있는 새로운 길이 될 수 있다. 반복이 주는 고통이 괴로운 교사라면 절벽으로 한 걸음 더 걸어가 보기를 추천한다. 그러한 용기 있는 교사 곁에는 언제나 아이들이 있을 것이다. 아이들만큼은 교사를 떠나지 않을 것이며, 교사는 아이들의 귀한 성장을 오롯이 자신의 눈에 담을 수 있을 것이다. 교사의 일보다 더 귀하고, 존엄하고, 품격 있는 일은 아무것도 없으리라.

1장. 학교 가기 싫을 때 – 교사보다 먼저 병든 학교

- Bauman Z.(2010), 《Letters From the Liquid Modern World》, 조은평 외 옮김(2017), 《고독을 잃어버린 시간》, 동녘.
- Buber M.(1923), 《Ich und Du》, 표재명 옮김(2017), 《나와 너》, 문예출판사.
- Camus A.(1956), 《La Chute》, 이휘영 옮김(2015), 《전락》, 문예출판사.
- Chekhov A., 박현섭 옮김(2002), 《체호프 단편선》, 민음사.
- Dewey J.(1927), 《The Public and Its Problems》, 정창호 외 옮김(2014), 《공공성과 그 문제들》, 한국문화사.
- Dewey J.(1916), 《Democracy and Education》, 이홍우 옮김(2007), 《민주주의와 교육》, 교육과학사.
- Dickens C.(1859), 《A Tale of Two Cities》, 성은애 옮김(2014), 《두 도시 이야기》, 창비.
- F. Nietzsche.(1872), 《Geburt der Tragodie aus dem Geiste der Musik》, 이진우 옮김(2005), 《니체전집 2 – 비극의 탄생/반시대적 고찰》, 책세상.
- Harari Y.(2011), 《Sapiens》, 조현욱 옮김(2015), 《사피엔스》, 김영사.
- Harari Y.(2015), 《Homo Deus》, 김명주 옮김(2017), 《호모데우스》, 김영사.
- Harari Y.(2018), 《21 Lessons for the 21st Century》, 전병근 옮김(2018), 《21세기를 위한 21가지 제언》, 김영사.
- Kafka F.(1922), 《Das Schloss》, 권혁준 옮김(2015), 《성》, 창비.
- Lowry L.(1993), 《The Giver》, 장은수 옮김(2007), 《기억 전달자》, 비룡소.
- MacIntyre A.(1997), 《After virtue》, 이진우 옮김(1997), 《덕의 상실》, 문예출판사.
- Plato, 《The Republic》, 이환 옮김(2014), 《국가론》, 돋음새김.

- Popper K.(1945), 《The Open Society and It's Enemies 1: The Spell of Plato》, 이한구 옮김(2006), 《열린사회와 그 적들》, 민음사.
- Sontag S.(2003), 《Regarding the Pain of Others》, 이재원 옮김(2004), 《타인의 고통》, 이후.
- Thomas B.(2008), 《Etre heureus avec Spinoza》, 이지영 옮김(2018), 《비참한 날엔 스피노자》, 자음과모음.
- Tocqueille A.(1856), 《L'Ancien Regime et la Revolution》, 이용재 옮김(2013), 《앙시앙레짐과 프랑스혁명》, 지식을만드는지식.
- 고병권(2018), 《화폐라는 짐승》, 천년의상상.
- 김연수 외(2011), 《소설가로 산다는 것》, 문학사상.
- 신영복(2016), 《담론》, 돌베개.
- 엄기호(2018), 《교사도 학교가 두렵다》, 따비.
- 한병철(2013), 《시간의 향기》, 문학과지성사.
- 황현산(2013), 《밤이 선생이다》, 난다.

2장. 승진에 도전할지 고민될 때 – 점수, 그 지울 수 없는 허무함

- Berlin I.(2002), 《Liberty: Incorporating Four Essays on Liberty》, 박동천 옮김(2014), 《자유론》, 아카넷.
- Bhave V., 《Thoughts on Education》, 김성오 옮김(2014), 《아이들은 무엇을 어떻게 배워야 하는가》, 착한책가게.
- Carver R.(1983), 《Cathedral》, 김연수 옮김(2007), 《대성당》, 문학동네.
- Conrad J.(1899), 《Heart of Darkness》, 이상옥 옮김(1998), 《암흑의 핵심》, 민음사.
- Dahl R.(1989), 《Democracy and Its Critics》, 조기제 옮김(1999), 《민주주의와 그 비판자들》, 문학과지성사.
- Dante A., 《LA DIVINA COMMEDIA》, 다니구치 에리야 엮음(1996), 양억관 옮김(2010), 《단테의 신곡》, 황금부엉이.
- Fromm E.(1978), 《To Have of to Be?》, 최혁순 옮김(2017), 《소유냐 존재냐》, 범우사.
- Kumar S. 외, 보리 편집부 엮음(1997), 《작은 학교가 아름답다》, 보리.
- Lee H.(1960), 《To Kill a Mockingbird》, 김욱동 옮김(2001), 《앵무새 죽이기》, 문예출판사.
- Russell B.(1976), 《History of Western Philosophy》, 서상복 옮김(2009), 《서양 철학사》, 을유문화사.
- Sachs V. 외(2009), 《The Development Dictionary by Wolfgang Sachs》, 이희재 옮김(2010),

《反자본 발전사전》, 휴머니스트.

- Shakespeare W., 《King Lear》, 최종철 옮김(2005), 《리어왕》, 민음사.
- Vonnegut K.(2010), 《Welcome to the Monkery House》, 황윤영 옮김(2018), 《몽키하우스에 오신 것을 환영합니다》, 푸른책들.
- Whitehead A.(1929), 《The Aims of Education》, 오영환 옮김(2004), 《교육의 목적》, 궁리.
- 고미숙(2001), 《한국의 근대성, 그 기원을 찾아서》, 책세상.
- 고미숙(2013), 《두 개의 별 두 개의 지도》, 북드라망.
- 공자, 김형찬 옮김(2016), 《논어》, 홍익출판사.
- 김구, 도진순 엮음(2005), 《백범일지》, 돌베개.
- 김영하(2013), 《살인자의 기억법》, 문학동네.
- 김훈(2011), 《흑산》, 학고재.
- 맹자, 박경환 옮김(2005), 《맹자》, 홍익출판사.
- 박석무(2014), 《다산 정약용 평전》, 민음사.
- 박지원, 김명호 외 옮김(2007), 《연암집》, 돌베개.
- 박지원, 김혈조 엮음(2017), 《열하일기》, 돌베개.
- 순자, 김학주 옮김(2008), 《순자》, 을유문화사.
- 신영복(2012), 《변방을 찾아서》, 돌베개.
- 아쿠타가와 류노스케, 정수윤 옮김(2016), 《문예적인, 너무나 문예적인》, 한빛비즈.
- 옌리에산, 주지엔구오(2000), 《중국제일사상가: 이탁오》, 홍승직 옮김(2005), 《이탁오 평전》, 돌베개.
- 이덕무, 강주역 엮음(2011), 《이덕무 선집, 깨끗한 매미처럼 향기로운 귤처럼》, 돌베개.
- 이지, 김혜경 엮음(2007), 《속분서》, 한길사.
- 장자, 김창환 옮김(2012), 《장자 잡편》, 을유문화사.
- 전호근(2015), 《장자강의》, 동녘.
- 정약용, 박석무 엮음(2009), 《유배지에서 보낸 편지》, 창비.
- 한병철(2012), 《피로사회》, 문학과지성사.
- 한비자, 김원중 옮김(2016), 《한비자》, 휴머니스트.
- 한정주(2016), 《조선 최고의 문장 이덕무를 읽다》, 다산초당.
- 허균, 정길수 엮음(2012), 《허균 선집, 나는 나의 법을 따르겠다》, 돌베개.

3장. 어른으로 산다는 것이 힘들 때 – 교사는 교실 속 유일한 어른

- Bradbury R.(1953), 《Fahrenheit 451》, 박상준 옮김(2009), 《화씨 451》, 황금가지.
- Gibran K.(1923), 《The Prophet》, 박철홍 옮김(2004), 《예언자》, 김영사.
- Gladwell M.(2008), 《Outliers: The Story of Success》, 노정태 옮김(2009), 《아웃라이어》, 김영사.
- Godstein D.(2014), 《The Teacher Wars》, 유성상 외 옮김(2019), 《교사 전쟁》, 살림터.
- Gorky M.(1986), 《Mat'》, 최윤락 옮김(2016), 《어머니》, 열린책들.
- Illich I.(1970), 《Deschooling Society》, 박홍규 옮김(2009), 《학교 없는 사회》, 생각의나무.
- Nussbaum M.(2010), 《Not for Profit》, 우석영 옮김(2011), 《학교는 시장이 아니다》, 궁리.
- Rawls J.(2005), 《A Theory of Justice》, 황경식 옮김(2003), 《정의론》, 이학사.
- Sandel M.(2009), 《Justice: What's the right thing to do?》, 김명철 옮김(2014), 《정의란 무엇인가?》, 와이즈베리.
- Szymborska W., 최성은 옮김(2007), 《끝과 시작》, 문학과지성사.
- 고미숙 외(2017), 《루쉰, 길 없는 대지》, 북드라망.
- 권정생(2012), 《빌뱅이 언덕》, 창비.
- 김삼웅(2013), 《저항인 함석헌 평전》, 현암사.
- 김용옥(2017), 《도올의 교육입국론》, 통나무.
- 루쉰, 허세욱 옮김(2014), 《광인일기 (외)》, 범우사.
- 류시화(2017), 《새는 날아가면서 뒤돌아보지 않는다》, 더숲.
- 박남기(2018), 《실력의 배신》, 쌤앤파커스.
- 우치다 타츠루(2002), 《교양인을 위한 구조주의 강의》, 이경덕 옮김(2010), 《푸코, 바르트, 레비스트로스, 라캉 쉽게 읽기》, 갈라파고스.
- 우치다 타츠루(2007), 《하류지향》, 김경옥 옮김(2003), 《하류지향》, 민들레.
- 우치다 타츠루(2008), 《거리의 교육학》, 박동섭 옮김(2012), 《교사를 춤추게 하라》, 민들레.
- 우치다 타츠루(2012), 《선생님은 훌륭하다》, 박동섭 옮김(2012), 《스승은 있다》, 민들레.
- 우치다 타츠루(2014), 《공동체론》, 김경옥 옮김(2016), 《어른 없는 사회》, 민들레.
- 이오덕(2011), 《삶과 믿음의 교실》, 고인돌.
- 이한(2012), 《정의란 무엇인가는 틀렸다》, 미지북스.
- 정재서(2010), 《이야기 동양신화》, 김영사.

4장. 자존감이 바닥일 때 – 대체할 수 없는 자기 이야기

- Borges J.(1995), 《Ficciones》, 송병선 옮김(2011), 《픽션들》, 민음사.
- Camus A.(1942), 《Le Mythe Sisyphe》, 김화영 옮김(1997), 《시지프 신화》, 책세상.
- Camus A.(1942), 《L'Étranger》, 김화영 옮김(2011), 《이방인》, 민음사.
- Charim I.(2018), 《Ich und die Anderen》, 이승희 옮김(2019), 《나와 타자들》, 민음사.
- Chiang T.(2002), 《Stories of Your and Others》, 김상훈 옮김(2016), 《당신 인생의 이야기》, 엘리.
- Christodoulou D.(2014), 《Seven Myths about Education》, 김승호 옮김(2018), 《아무도 의심하지 않는 일곱 가지 교육 미신》, 페이퍼로드.
- Dewey J.(1897), 〈My Pedagogic Creed〉, 이홍우 옮김(2007). 〈나의 교육 신조〉(《민주주의와 교육》 부록), 교육과학사.
- Dewey J.(1916), 《Democracy and Education》, 이홍우 옮김(2007), 《민주주의와 교육》, 교육과학사.
- Dewey J.(1925), 《Experience and Nature》, 신득렬 옮김(1982), 《경험과 자연》, 계명대출판부.
- Fanon F.(1954), 《peau noire, masques blancs》, 이석호 옮김(2014), 《검은 피부 하얀 가면》, 아프리카.
- Frankl V.(2005), 《Man's Search for Meaning》, 이시형 옮김(2005), 《죽음의 수용소에서》, 청아출판사.
- Freire P.(1970), 《Pedagogy of the Oppress》, 남경태 옮김(2002), 《페다고지》, 그린비.
- Levi P.(1958), 《Se questo e un uomo》, 이현경 옮김(2007), 《이것이 인간인가》, 돌베개.
- Machiavelli N.(1513), 《Quentin》, Skinner and Russel Price Eds.(1988), 《The Prince》, 강정인 외 옮김(1994), 《군주론》, 까치.
- Nietzsche F(1885), 《Also Sparch Zarathustra》, 장희창 옮김(2004), 《차라투스트라는 이렇게 말했다》, 민음사.
- Nietzsche F.(1872), 《Geburt der Tragodie aus dem Geiste der Musik》, 이진우 옮김(2005), 《니체전집 2. 비극의 탄생/반시대적 고찰》, 책세상.
- Parlmer P.(2007), 《Courage to Teach: Exploring the Inner Landscape of a Teacher's life》, 이종인 외 옮김(2016), 《가르칠 수 있는 용기》, 한문화.
- Sacks O.(1985), 《The Man Who Mistook His Wife for a Hat》, 조석현 옮김(2015), 《아내를 모자로 착각한 남자》, 알마.
- Sacks O.(2019), 《Everything in Its Place》, 양병찬 옮김(2019), 《모든 것은 그 자리에》, 알마.
- Saretre J.(1938), 《Nausea》, 방곤 옮김(1999), 《구토》, 문예출판사.

- Seligman M.(2011), 《Flourish》, 윤상운 외 옮김(2011), 《마틴 셀리그만의 플로리시》, 물푸레.
- Shelley M.(1823), 《Frankenstein: On the Modern Prometheus》, 오숙은 옮김(2011), 《프랑켄슈타인》, 열린책들.
- Sophocles, 천병희 옮김(2001), 《오이디푸스왕/안티고네》, 문예출판사.
- 백승종(2019), 《동학에서 미래를 배우다》, 들녘.
- 서근원(2009), 《수업에서의 소외와 실존》, 교육과학사.
- 서근원(2012), 《학교혁신의 패러독스》, 강현출판사.
- 서근원(2018), 〈배움중심수업을 버려야 배움중심수업이 산다〉, 배움중심수업 3차 포럼 발표문.
- 오쿠다 히데오(2004), 《공중 그네》, 이명이 옮김(2005), 《공중 그네》, 은행나무.
- 함석헌(2009), 《수평선 너머》, 한길사.
- 황현산(2018), 《황현산의 사소한 부탁》, 난다.

5장. 매너리즘에 빠졌을 때 – 교사에게 필요한 광기

- Benjamin W.(1928), 《Einbahnstrabe》, 김영옥 외 옮김(2007), 《일방통행로/사유이미지》, 길.
- Butler O.(1995), 《BloodChild and Other Stories》, 이수현 옮김(2016), 《블러드 차일드》, 비채.
- Camus A.(1942), 《Le Mythe de Sisyphe》, 김화영 옮김(1997), 《시지프 신화》, 책세상.
- Cervantes M.(1605), 《Don Quixote 1》, 안영옥 옮김(2014), 《돈키호테 1》, 열린책들.
- Cervantes M.(1615), 《Don Quixote 2》, 안영옥 옮김(2014), 《돈키호테 2》, 열림책들.
- Chekhov A.(1983), 박현섭 옮김(2002), 《체호프 단편선》, 민음사.
- Dawkins R.(1989), 《The Selfish Gene》, 홍영남 외 옮김(2018), 《이기적 유전자》, 을유문화사.
- Deleuze G.(1968), 《Differncec et Repetition》, 김상환 옮김(2004), 《차이와 반복》, 민음사.
- Diamond J.(1997), 《Guns, Germs, and Steel》, 김진준 옮김(1998), 《총, 균, 쇠》, 문학사상사.
- Foucault M.(1972), 《Histoire de la Folie Age》, 이규현 옮김(2003), 《광기의 역사》, 나남.
- Foucault M.(1975), 《Surveiller et punir》, 오생근 옮김(2003), 《감시와 처벌》, 나남.
- Gasset O.(1983), 《La Rebelion De Las Masas》, 황보영조 옮김(2005), 《대중의 반역》, 역사비평사.
- Haidt H.(2012), 《The Righteous Mind》, 왕수민 옮김(2014), 《바른 마음》, 웅진지식하우스.
- Hofstede G. 외(2010), 《Culture and Organizations》, 차재호 외 옮김(2014), 《세계의 문화

와 조직》, 학지사.

- Huxley O.(1932),《Brave New World》, 이덕형 옮김(1998),《멋진 신세계》, 문예출판사.
- Jahren J.(2016),《Lab Girl》, 김희정 옮김(2017),《랩걸》, 알마.
- Kazantzakis N.(1947),《Vios Ke Politeia Aleksi Zorba》, 이윤기 옮김(2008),《그리스인 조르바》, 열린책들.
- Nietzsche F(1885),《Also Sprach Zarathustra》, 장희창 옮김(2004),《차라투스트라는 이렇게 말했다》, 민음사.
- Pessoa F.(2010),《Livro do Desassossego》, 오진영 옮김(2019),《불안의 책》, 문학동네.
- Rilke R.(1929),《Briefe an einen jungen Dichter》, 송영택 옮김(2018),《젊은 시인에게 보내는 편지》, 문예출판사.
- Roy A.(1997),《The God of Small Things》, 박찬원 옮김(2016),《작은 것들의 신》, 문학동네.
- Salinger J.(1951),《The Catcher in the Rye》, 공경희 옮김(2001),《호밀밭의 파수꾼》, 민음사.
- Tolstoy L.(1886), 이강은 옮김(2012),《이반 일리치의 죽음》, 창비.
- Wells G. H.(1895),《The Time Machine》, 임종기 옮김(2012),《타임머신》, 문예출판사.
- Wells G. H.(1897),《The Invisible Man》, 임종기 옮김(2008),《투명인간》, 문예출판사.
- Wells G. H.(1898),《The War of the World》, 임종기 옮김(2003),《우주전쟁》, 책세상.
- 공자, 김형찬 옮김(2016),《논어》, 홍익출판사.
- 김구, 도진순 주해(1997),《백범일지》, 돌베개.
- 김삼웅(2017),《박은식 평전》, 채륜.
- 김수영(2015),《김수영 전집 2 – 산문》, 민음사.
- 김수영(2016),《김수영 전집 1 – 시》, 민음사.
- 무라카미 하루키(2011), 이영미 옮김(2011),《무라카미 하루키 잡문집》, 비채.
- 신영복(2015),《담론》, 돌베개.
- 안영옥(2018),《돈키호테의 말》, 열린책들.
- 이은정(2006),《김수영, 혹은 시적 양심》, 살림.
- 최인훈(2008),《광장/구운몽》, 문학과지성사.
- 최하림(2018),《김수영 평전》, 실천문학사.
- 하이타니 겐지로(1986/1997),《상냥함이라는 계단, 분노는 흐르는 물처럼》, 햇살과나무꾼 옮김(2016),《하이타니 겐지로의 생각들》, 양철북.

교사의 독서

바쁨과 순응 사이, 길을 찾는 교사들에게

1판 1쇄 발행일 2020년 5월 11일
1판 5쇄 발행일 2022년 6월 20일

지은이 정철희

발행인 김학원
발행처 (주)휴머니스트 출판그룹
출판등록 제313-2007-000007호(2007년 1월 5일)
주소 (03991) 서울시 마포구 동교로23길 76(연남동)
전화 02-335-4422 **팩스** 02-334-3427
저자·독자 서비스 humanist@humanistbooks.com
홈페이지 www.humanistbooks.com
유튜브 youtube.com/user/humanistma **포스트** post.naver.com/hmcv
페이스북 facebook.com/hmcv2001 **인스타그램** @humanist_insta

편집책임 문성환 **편집** 윤무재 **디자인** 한예슬
용지 화인페이퍼 **인쇄** 청아디앤피 **제본** 정민문화사

ⓒ 정철희, 2020

ISBN 979-11-6080-393-8 03300